袁同庆　高　宇◎主编

现代教育技术学

XIANDAIJIAOYU JISHUXUE

安徽师范大学出版社

责任编辑:吴顺安
装帧设计:王　芳　丁奕奕
责任印制:郭行洲

图书在版编目(CIP)数据

现代教育技术学 / 袁同庆,高宇主编.—芜湖:安徽师范大学出版社,2011.11
ISBN 978-7-81141-650-3

Ⅰ.①现… Ⅱ.①袁… ②高… Ⅲ.①教育技术学 Ⅳ.①G40-057

中国版本图书馆 CIP 数据核字(2011)第 222313 号

现代教育技术学
袁同庆　高　宇　主编

出版发行:安徽师范大学出版社
芜湖市九华南路 189 号安徽师范大学花津校区　　邮政编码:241002
网　　址:http://www.ahnupress.com/
发 行 部:0553-3883578 5910327 5910310(传真)　　E-mail:asdcbsfxb@126.com
经　　销:全国新华书店
印　　刷:安徽芜湖新华印务有限责任公司
版　　次:2014 年 1 月第 1 版
印　　次:2014 年 1 月第 1 次印刷
规　　格:710×1000　1/16
印　　张:21
字　　数:312 千字
书　　号:ISBN 978-7-81141-650-3
定　　价:31.50 元

前言

随着我国教育信息化建设深入发展，现代教育技术在基础教育中的重要地位日益突出，教师对信息化教学理论水平和教育技术能力的提高具有更加迫切的广泛需求。作为信息时代的一名合格的未来教师，应该学习和理解现代教育技术学的基本概念、基本理论，还必须努力掌握信息化教学的一些重要基本技能，以得心应手地应用于教学实践，实现信息技术与其它学科课程的整合。

现代教育技术学的内涵随着现代科学技术的发展在不断地充实和拓展，是时代性、理论性、综合性很强的学科。现代教育技术学课程是为高等师范类院校开设的一门公共基础课，是为提高师范生信息化教学基本理论素养和教学系统资源的设计、开发和应用能力而设置的。本课程的教材编写立足于高等师范教育培养目标和人才培养模式的要求，以未来教师岗位需求为目标，以学生教育技术应用能力为主线来组织和设计教学内容体系；以“应用能力培养”为主旨和特征构建课程体系，注重基础理论也要以应用为目的；要有针对性和实用性；要加强教学中的实践性等。

如何做到以上几点的统一，是确定教材的体系框架和编写教材时所考虑的重点。本教材的编写努力贯彻下述编写原则：

1. 基于任务驱动理念。以浅显易学的案例带动基本知识、基本理论的学习和应用技能的操作。各章大都以引导性问题开始，既为学习者搭建学习的脚手架，也使学习更有目的性；每部分内容都有实例，让学生在真实的情景中理解本部分内容的知识框架，掌握教学媒体和教育技术应用系统的应用，以培养学生的现代教育技术应用能力。但也不局限与于此，而是根据该学科发展的新趋势，丰富和扩充每一个设计要素的内容，并且对该领域所包含的主要概念和内容做了进一步的界定、诠释、修改和补充。

2. 整合其它学科教学。在教材内容选取上，以充分体现现代教育技术应用于其它学科的思想。

3. 理论与实践的统一。现代教育技术学是一门应用性很强的学科。本教材在立足于构建现代教育技术学理论体系整体框架、培养学生基本知识和技能的基础上,强调理论与实践的结合,不仅在每一设计要素的论述中列举反映教学改革实验的最新成果案例,还加强了实验教学的内容模块,并编写实验指导书。课程实验教学主要是以小组协作、分工合作、自主探索为主,必要时教师辅助应用讲授－演播的方法,提供示范和指导,帮助学生掌握现代教育技术的应用能力。

为了实现上述编写原则,本教材的每章都提供学习活动建议,为师生开展教与学的活动提供参考。在教学方法上,体现混合学习(blended learning)的思想,即自主学习和协作学习的结合、基于网络的学习和课堂面授的结合以及其他多种学习方式的融合。同时,建立《现代教育技术学》专题学习网站,把现代教育技术课的讲义、课件、相关网络资源、学生作品整合优化后放在学习网站上,给学生提供一个研究性学习的资源环境支持,方便学生自主学习。

本教材的编写引述和吸收了国内外教育技术学领域研究以及相关研究的众多成果,在此表示感谢。

本教材由袁同庆、高宇主编。全书共分五章,各章的编写人员分别为:袁同庆(第1章、第2章),高宇(第3章),袁同庆、谷伟(第4章),王清(第5章)。本教材的框架体系和结构是由现代教育技术学精品课程教学团队集体讨论的,在此深表谢意!全书由张新明、袁晓斌主持审定。

限于编者的知识、经验水平,本教材中难免会有不尽人意之处。为此,我们诚恳地希望各位同仁及读者能就本教材的有关内容提出宝贵意见,以便加以改正,更好地满足读者的需要。

张新明

2009年7月

目录

第一章　认识教育技术

时间:4学时	
内容提要: 本章通过引导学生进行案例研讨，帮助学生了解教育技术能做什么,并理解什么是教育技术。在分析我国《中小学教师教育技术能力标准(试行)》的基础上,认识学习现代教育技术课程的重要意义。最后,进一步深入学习教育技术的重要理论基础——教学理论、学习理论和传播理论。	
核心概念: 教育技术;教育技术能力;信息技术;教与学的理论;传播理论	
学习环节: □　感受和理解教育技术 □　教育技术的理论基础	**学习主要成果:** □　教育技术含义记录表 □　三大流派学习理论主要观点记录表

学习导入

20世纪70年代中期,美国开始提出教师专业化的口号。1986年,霍姆斯小组在《明天的教师》报告中,以及卡内基教育促进会发表的《国家为21世纪准备教师》报告,都提出确立教师的专业地位,培养教师达到专业化标准，提出以教师的专业化作为教师教育改革和教师职业发展的目标。由此,"教师专业化"成为世界各国教师教育改革与发展的趋势和核心。

未来的社会是信息的社会，教育信息化已成为现代教育发展的必然趋势。信息时代对人才也提出了更新的要求,1996年联合国教科文组织的教育文献《教育——财富蕴藏其中》中就指出：新一代的人才要具有学会认知、学会做事、学会共同生活、学会生存发展四大能力。信息技术引发了教育的变革，但技术能否真正促进教学发展，关键的因素在教师。教育信息化也对教师在教育教学理念、教育技术能力等诸多方面都提出了新的、更高的要求。

因此，具备一定的教育技术能力一方面既是教师专业发展的内在需要，同时也是教育信息化的必然要求。为了提高广大中小学教师教育技术能力和水平，促进教师专业能力的发展，教育部于2004年12月印发了《中小学教师教育技术能力标准(试行)》。2005年5月教育部决定启动实施全国中小学教师教育技术能力建设计划。教育技术能力标准的出台和教育技术能力建设计划的制定标志着全国中小学教师教育技术能力建设计划已经开始启动和实施。

第一节　感受和理解教育技术

时间：2学时	
学习目标： 通过案例观摩与研习，初步认识教育技术在教育教学中的作用。在此基础上，理解教育技术的基本概念及内涵。最后，通过研读国家《中小学教师教育技术能力标准(试行)》，了解教育技术能力的组成及其内涵。	
学习活动： ☐ 观摩研讨教学案例——《万里长城》 ☐ 观摩研讨教学案例——《网络教室中的数学探究》 ☐ 理解教育技术的定义及内涵 ☐ 认识教育技术在教育教学中的作用 ☐ 了解《国家中小学教师教育技术能力标准(试行)》	**学习作品：** ☐ 案例《万里长城》分析记录表 ☐ 案例《网络教室中的数学探究》分析记录表 ☐ 教育技术含义及术语自我理解表 ☐ 教育技术含义及术语记录表 ☐ 教育技术能力要求记录表

活动一 观摩研讨教学案例——《万里长城》(15分钟)

(案例来源:http://www.tt53.com/Article/jahc/200605/522-23.html,有整理)

教师:通过上节课的学习,我们初步了解了伟大的万里长城,同学们回去搜集了许多关于长城的资料,现在就请你们用一到两句话简单地说说你对万里长城的感受好吗?

教师小结:通过上节课的学习,同学们或深或浅地对长城有了一定的感受和理解,那课文中是怎么来概括长城的呢?请同学们快速浏览课文,找出关键词。

(板书:气魄雄伟,历史久远,工程浩大)

教师:也就是说,课文就是写了长城的这三个方面。那么找到关键词以后,接下来咱们该干什么了呢?想亲眼见见长城的气魄吗?

接着老师开始播放关于长城的教学视频录像。当学生看到电脑显示的长城巨龙般身躯时,他们被长城的气魄震撼了,有的同学甚至发出了"哇"的轻声惊叹。此时,任何语言都已失去了意义,优美的画面激发了学生的情感,为他们学习课文作了铺垫。学生在强烈的情感驱使下,听到了课文的配乐朗读,看到了气魄雄伟的长城,此时,他们心弦已被拔动了。

教师:看了录像,同学们有什么感觉?课文中哪些地方写出长城的气魄雄伟?随着老师在大屏幕上出示课文中的语句:它像一条巨龙横卧在我国北方的崇山峻岭上,从东头的鸭绿江到西头的嘉峪关,高高低低,蜿蜒曲折,全长6500多千米。

教师:看了这段录像同学们还有什么感受?接着教师播放视频,出示收集的相关资料,说明长城与"龙"不仅形式,而且神似,引导学生从"龙"体验长城的雄伟气魄。

教师:从龙你还能想到些什么吗?

学生:龙是我国古代传说的神异动物,身体长,有鳞,有角,有脚,能走,能飞,能游泳,能兴云降雨。

学生：中华民族的子孙都是龙的传人，龙是吉祥物。所以用巨龙来比喻长城，不仅因为形似，而且蕴涵着我国人民对长城的热爱和赞誉。

学生：我知道一些关于龙的成语，比如龙凤成祥，龙腾虎跃，这些都显得龙有吉祥，有气魄。

学生：古代帝王穿龙袍，坐龙椅子……可见自古龙都是至尊至贵的象征。

教师：对呀，你们有没有在电视上见过，咱们古代天子可以说与"龙"这个象征物是分不开的。看来龙一直是我们中华民族的象征，一种崇高、庄重、权威的象征，是一种精神象征。正如同学们说的，我们都是龙的传人呀！作者把长城比作龙也正是这个意思。

随即老师指导同学朗读相关描述长城雄伟气魄的语句。

教师在大屏幕上出示句子：成千上万的参观者登上长城，目睹了长城的坚强，刚毅，庄重的形象，无不赞叹："啊，确实了不起！"

接着，教师播放游客游览长城的视频，其中有白发苍苍的老人，戴着红领巾的少先队员，蓝眼睛的外国人，海外游子……播放过程中教师提问到：这成千上万的参观者中会有谁？他们都会说些什么呢？

教师：如此让人赞叹不已的长城，是一簇而就的吗？通过课文的介绍，我们知道，万里长城主要经历了哪几个朝代的修筑和扩建？接下来我们一起上网去找一找关于这些朝代的长城的资料，并集合全组人的智慧筛选出你们觉得最有意义的资料，用简单的几句话介绍或者展示给全班同学，好吗？接下来学生分成小组，合作上网搜索相关资料，进行自主学习。然后每组选派一位代表来展示所在小组搜集整理的成果。

教师：这巍然屹立的万里长城，真不愧是我国古代最伟大的建筑，是我们中华民族的骄傲。是古人给我们留下的历史文化遗产，更是我们中华民族的骄傲，可如今它却时刻在遭受着严重的破坏。老师昨天在上网的时候,在我们常去的红泥巴网站的论坛里发现这样一则消息，同时老师呈现在网络上找到准备好的论坛留言(内容标题:文化建设抢救长城),接着出示被破坏的长城的图片。

教师:看了署名老者的呼吁。你有什么想法?有什么可做的吗?现在我们马上可以做的就是也登陆论坛,响应老者的号召,为保护长城添一份力量。最后让我们在优美的歌声中结束吧!教师播放歌曲:长城长。

根据案例,请结合表1–1中所列的相关分析主题,进行自由讨论,并将结论填入表中。

表1–1 案例《万里长城》分析记录表

分析主题	分析结果
案例中教师使用了哪些技术?	
这些技术在课堂教学中有些什么作用?	
你对“教育技术能做什么”有何感想?	

活动二 观摩研讨教学案例——《网络教室中的数学探究》(15分钟)

(案例来源：上海市沪太新村第一小学，胡澜老师,http://courseware.ecnudec.com/zsb/zgx/zgx37/chapter0101/resource2vi.htm)

胡澜老师是上海市沪太新村第一小学老师。她任教的学科是数学。胡老师在自己的教学中最为看重的是教会学生学会分享与合作。胡老师教授的每堂课,气氛都活跃得不得了,学生们可爱上胡老师的课了!

作为一名数学老师,胡老师非常重视培养学生的数学思维,不过她从来都不是把解决问题的方法“硬塞”给学生,而是把数学问题用一个个活生生的问题展示出来,让学生通过解决实际问题来发展数学思维。胡老师认为数学应该以现实生活中的数与形为研究对象,要让学生在抽象、推理、应用的往复循环中逐步发展数学能力,让孩子们明白数学不是公式符号,而是生活中不可缺少的一部分。

在这种探究型课程中,教师要为学生展示一个真实复杂的蕴涵了真实数学问题的生活情境,学生要通过合作探究解决真实的数学问题,而解决问题的过程就是学习过程。在探究解决问题的过程中,学生要通过自己已有的知识,自主探索解决问题;学生们之间可以互相帮助,也可以借助网络寻找帮助解决问题的资源和线索,老师则更多的引导和帮助学生解决问题,而不是仅仅讲授数学知识。胡老师根据这种探究型教学设计方法设计了一堂课,叫做“我为新家来设计”。在这节课中,学生要学会根据教师展示的三维房型图,运用已有的数学知识计算各间房的面积大小;还要对自己感兴趣的一个房间进行设计。在房间设计中,学生们要经历自主选择装修材料,并计算出装修房间所需的各项预算费用等多种挑战。

胡老师对学生们的基本情况早就有了深入的了解,她针对“我为新家来设计”这一主题对自己班的学生做了一个分析。她发现:学生已经掌握了一些图形的计算方法,但对三维空间的感性认识还不够;学生对电脑设计有着浓厚的兴趣,但对信息的鉴别,筛选能力不强;学生喜欢在电脑中画立体图形,但有创意的作品不多,受生活环境的影响很大;学生的思维活跃,能积极参与讨论,且口头表达能力较强。

通过对学生的分析,胡老师明白了这节课除了要重点培养、锻炼学生的面积计算能力、运用数学知识进行装修预算的能力外，还要加强学生对三维空间的认识，提高学生利用网络对信息进行鉴别、筛选的能力。胡老师想到：如何让学生看到真实的三维空间的房型图呢？如何才能让学生们看到自己的装修的效果呢？怎么培养孩子们三维视觉空间感呢？……

针对这些问题，胡老师询问了自己学校的信息技术老师，也到网上进行了查询。结果找到了“3D HOME”软件。“3D HOME”软件能够让学生随心所欲地改变房间的地板、墙壁的颜色、材质，增删家具等，在这节课上作为学生的学习支持工具用再合适不过了。很快，胡老师就完成了详细的教学设计。胡老师在这个教学单元的第一节课中，向学生们介绍了“3D HOME”软件。孩子们学得很快，一会就掌握了基本操作。

上课了，胡老师首先展示了她的朋友购买房子的房型图，要求每个小组的同学们选择其中一个房间用“3D HOME”软件帮助她的朋友，完成一个装修的设计方案，并且要估算出装修所需要的预算。胡老师为学生们提供了几个网站的网址，那上面提供了很多装修的知识和材料的价格。

学生们在小组中兴高采烈的开始了设计。他们上网查资料、在计算机上做设计、选材料，忙得不亦乐乎。胡老师则对大家的学习情况进行着观察，一旦发现学生有了困难或者偏离了学习内容，她就及时地加以帮助和引导。学生们在课堂的前半段时间内就完成了设计，在后半段时间内，胡老师组织各个小组开始了交流和讨论。大家纷纷举手希望把自己的精心设计结果展示给大家。胡老师通过教室网络把学生们的作品展示在投影大屏幕上。让一些同学分别陈述了自己的设计风格、理由和预算。

这时候，胡老师开始抖开了“包袱”。“不同形状的地砖块数是怎么算出来的？”“你们小组怎么知道要用三桶涂料？”……没有认真思考的同学卡了壳。于是，学生们又开了一轮热烈的讨论。

在整节课的最后，同学们纷纷说出了自己的探究结果和探究体会。胡老师对这节课总结道:“数学知识来源于生活,又服务于生活。我们会用数学使我们的生活更加美好!”“在这堂课中,我看到了贴近生活的课堂的巨大生命力。但贴近生活的课堂,不应当成为教学的特例。”

胡老师认为贴近现实生活而又经过精心设计的教学活动,会建立起以人为核心的课堂文化。在这样的课堂中,师生、生生之间外显行为的互动,蕴含的是个体内在的新旧概念互动和群体之间心灵与情感的互动。如何在教学中促进这种文化的形成,“让课堂焕发出生命活力”,胡老师展开了新的旅程……

根据案例,请结合表 1–2 中所列的相关分析主题,进行自由讨论,并将结论填入表中。

表 1–2 案例《网络教室中的数学探究》分析记录表

分析主题	分析结果
案例成功之处何在?	
教师使用了哪些技术?	
这些技术在课堂教学中有些什么作用?	
你对“教育技术能做什么”有何感想?	

活动三　理解教育技术的定义及内涵(40 分钟)

通过对以上的两个案例的研习，我们对教育技术能做什么有了初步的了解和认识，请结合上述案例，思考以下问题：

- 你是如何理解教育技术的？
- 你是否还了解其他教育技术术语？

请将你对教育技术及其相关术语的理解填写在表 1–3 中。

表 1–3　教育技术含义及术语自我理解表

专业术语	我的理解
教育技术	

一、AECT'94 定义

1994 年，美国教育传播与技术协会(The Association for Educational Communications and Technology，简称 AECT）出版了由巴巴拉·西尔斯(Barbara B. Seels)和丽塔·里奇(Rita C. Richey)合著的《教学技术：领域的定义和范围》，书中对教育技术做出如下定义：

Instructional Technology is the study and practice of design, development, utilization, management and evaluation of processes and resources for learning.

该定义被翻译为多国文字，成为教育技术的最权威的定义。原作者使用的是“教学技术(Instructional Technology)”一词，考虑到我国已形成的关于此概念的习惯，我们选择了“教育技术”这一术语，因而可将上述定义翻译为：

教育技术是关于学习过程和学习资源的设计、开发、利用、管理和评价的理论与实践。

这一定义通常简称为 AECT'94 定义，上述定义明确指出了教育技术的两个研究对象（学习过程和学习资源），五个研究领域（设计、开发、利用、管理与评价），两种研究形态（理论和实践）。按照 AECT'94 定义的表述，教育技术的概念框架可以用图 1-1 来说明。

AECT'94 定义刻意将教育技术的研究范围聚焦于教学技术，并在其附加说明中指出使用这一名称是为了突破其应用范围的限制，即教学技术不仅仅用于传统的学校教育环境，也越来越多地用于企事业单位的培训中。

学习链接 AECT'04 定义

2004 年 6 月，AECT 的"定义与术语委员会"对教育技术定义作了进一步修订，关于教育技术领域研究中的新界定为：

Educational Technology is the study and ethical practice of facilitating learning and improving performance by creating, using, and managing appropriate technological processes and resources.

该新界定可翻译为：

教育技术是通过创造、使用、管理适当的技术过程和资源，促进学习和改善绩效的研究与符合道德规范的实践。

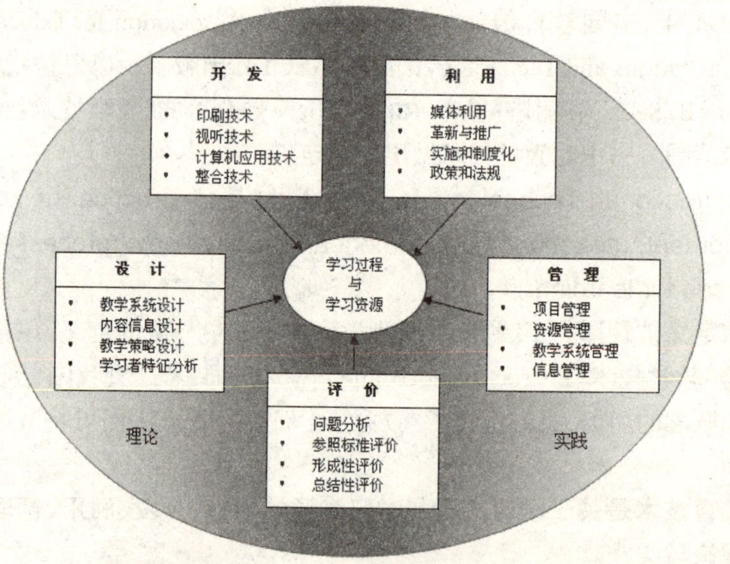

图 1-1 AECT'94 定义下的教育技术概念框架

二、教育技术名称的演变

实际上，教育技术这一概念是随着媒体技术的发展和理论观念的拓新而逐渐形成的。20 世纪初以来，视觉教育、视听教育、视听传播等概念被广泛应用于美国教育界，此后又相继出现了教学技术（Instructional Technology）、学习技术（Learning Technology）、教育技术（Educational Technology）等不同的名称，在我国，也曾经出现过电化教育、教育技术等不同的名称。

“电化教育”是我国特有的名词，它出现于 20 世纪 30 年代。较为正式地使用该词始于 1936 年，当时的教育部举办电化教育人员训练班，由各地选派学员参加。以后各级教育行政部门也陆续使用“电化教育”一词并沿用至今，如中央电教馆、各省市电教馆。

20 世纪 90 年代开始，由于学科的发展与国际沟通的需要，“教育技术”的概念开始取代“电化教育”而在我国普遍使用，其概念的界定大多吸纳了 AECT’94 定义的内涵。1993 年我国正式确定将“电化教育”专业更名为“教育技术学”专业，20 世纪 90 年代以来我国许多高校相继将电化教育中心改为教育技术中心，2002 年 11 月中国电化教育协会更名为中国教育技术协会。

2004 年 12 月 25 日，教育部印发了《中小学教师教育技术能力标准(试行)》，这是我国颁布的第一个有关中小学教师的专业能力标准。该标准对教育技术作了以下定义：

运用各种理论及技术，通过对教与学过程及相关资源的设计、开发、利用、管理和评价，实现教育教学优化的理论与实践。

20 世纪 90 年代后期，以计算机和网络为基础的现代化信息技术开始在教育中广泛应用，我国政府提出了以教育信息化带动教育现代化的战略方针，并实施了一系列推进现代化信息技术在教育中应用的重大项目，如普及中小学信息技术教育，实施“校校通”和农村现代远程教育工程等。新技术的引入必然引起概念的变化，教育信息化的结果也必将促成一种全新的教育形态——信息化教育。“信息化教育”这一概念，是指以现代化信息技术为支撑的教育方式或形态。

2004 年 6 月，南国农先生主编的《信息化教育概论》中提出，现代教育技术和信息化教育、电化教育三者的目的和研究对象相同，它们名称虽然不同，但基本实质是一样的，都是"在现代教育思想、理论的指导下，运用现代信息技术，优化教育教学，提高教育教学的质量和效率"，因而可以互相换用。

名称的演变在一定程度上反映了概念和理念的变化，"信息化教育"名称的流行表明教育技术发展进入了一个新阶段。但从学科角度而言，信息化教育属于教育技术学的研究范畴，我国目前将教育技术学作为教育学科下的二级学科。

三、教育技术与信息技术

"信息化教育"这一全新教育形态的出现标志着教育技术的发展进入了一个新的阶段，因而在谈及教育技术的应用时，很多人也许很快会联想到运用计算机或网络等信息技术来支持教学，在他们中间存在着一种相当普遍的、很有代表性的看法，那就是：信息技术就是教育技术；具备了信息技术能力就是掌握了教育技术能力。那么是不是在教学过程中运用了计算机或网络就标志着已经掌握了教育技术呢？如果不是的话，教育技术与信息技术又有何联系和区别呢？对于信息技术和教育技术的内涵以及信息技术培训和教育技术能力培训必须从以下两方面作严格区分：

1. 信息技术和教育技术二者属于不同的学科

事实上，信息技术和教育技术二者虽有较密切的联系，但却属于不同的学科，并有各自不同的研究对象和研究范畴。信息技术属于技术学科，其研究对象是信息，研究范畴是对信息的获取、存储、分析、呈现、变换、传输与评价；教育技术则属于教育学科，其研究对象是有合适技术支持的教学过程与教学资源，研究范畴则是对有合适技术支持的教学过程与教学资源的设计、开发、利用、管理与评价（这里所说的合适技术，包括现代技术、传统技术、有形的物化技术和无形的智能技术，当然在很多情况下是指信息技术，但是决不应把这里的"合适技术"仅仅理解为信息技术）。

2. 信息技术培训和教育技术能力培训所要达到的目标完全不同

通过信息技术培训是要使被培训者具有信息技术素养，即具有运用信息技术的意识、运用信息技术的能力与道德。其中，运用信息技术的能力是指获取、存储、分析、呈现、变换、传输与评价信息的能力。通过教育技术能力培训则是要使被培训者具有教育技术素养，即具有运用教育技术的意识、运用教育技术的能力与道德。其中，运用教育技术的能力是指对有合适技术支持的教学过程与教学资源进行设计、开发、利用、管理与评价的能力，也就是在有合适技术支持的教学环境下进行教学设计并有效地组织与实施教学活动的能力。

尽管教育技术能力培训中也会涉及大量信息技术的内容，但其目的是利用这类技术来优化教学过程以提高学习的质量与效率（而且不仅可以利用信息技术这一种有形的物化技术，还可以利用其他的有形物化技术和无形的智能技术），这和信息技术培训中完全以学习、掌握信息处理技术为目的有着本质上的不同。同样道理，尽管信息技术培训中也会涉及不少教学资源开发、教学软件利用和教学自动测评等教学应用的内容，但其目的是通过这类教学应用作案例去验证相关的信息处理技术的实用性与有效性（而且不仅可以通过教学应用去验证，还可以通过其他领域的应用去验证），这和教育技术能力培训中完全以学习、掌握如何进行教学设计和有效实施教学活动为目的也是不能相提并论的。

现在我们对教育技术的定义有了较为清晰和完整的认识，请你比较学习前后对教育技术理解的变化，并将你对教育技术的新的理解和认识重新填写在表 1–4 中。

表 1–4　教育技术含义及术语记录表

专业术语	含义
教育技术	
教学技术	
电化教育	
信息化教育	
信息技术	

活动四　认识教育技术在教育教学中的作用（15 分钟）

从以上的案例研习和教育技术概念剖析，我们已经对教育技术在现代教育中的作用有了一个初步的认识。接下来，我们系统地了解一下以现代信息技术运用为核心的教育技术，在现代教育教学改革和发展中所具有的多方面的显著作用。

一、促进实现终身教育、学习化社会和终身学习理念

现代教育技术以其特有的功能为学习的终身化、全民化和个性化提供了有效实施的途径、方式和方法。比如以现代信息技术为支持的学习型家庭、学习化社区、学习化城市、学习型组织，正在逐渐营造一个社会处处有教育、学习随时随地可进行的学习化社会；以学习者个性化为基础的网络化课程为每个愿意学习的个体提供了“量体裁衣、按需所求”式的“自助精神餐厅”；不断持续发展的互联网正在打造一个融生活、学习和工作一体化的人类生存与发展的崭新格局；具有非凡的超越时空局限的各种现代信息通讯技术，正在把原本支离破碎、画地为牢的各种教育机构整合成超级教育航母，等等。

二、引发和支持了教育文化多元化诸多方面的嬗变

有学者认为，现代信息技术改变了传统文化教育三大基石的内涵和方式。具体说来：

就阅读方式的变革方面来看，从文本阅读走向超文本阅读；从单纯阅读文字发展到多媒体电子读物；同电子资料库对话中高效率检索式阅读。

就写作方式的变革方面来看，从手写走向键盘输入、鼠标输入、扫描输入和语音输入；图文并茂、声情并茂的多媒体写作方式；超文本结构的构思与写作；在与电子资料库对话阅读与写作的一体化，在远程交流中写作的协同化、群体化。

就计算机方式的变革方面来看，从数字计算走向用基于代码和二进制的数字化模拟及高速运算；文字的数字化使计算机从语言上升为文化，并使传统文化教育的三大支柱（读、写、算）融为一体；图像、声音、影视的数字化使人类进入了虚拟现实中计算机仿真世界；使数字化成为人类把握历史、现实与未来的一种重要文化方式、生存方式、教育模式；多媒体数据库的设计与制作和人工智能技术的广泛运用，将创造出数字化生存环境中的各种新技能。

三、促进和改变了学习者的认知方式

这主要得益于现代信息技术特别是计算机技术的“认知工具”功能。

所谓现代信息技术的"认知工具"功能，是指学生借助信息技术，通过积极参与，获得充分的感知信息，激活思维、想象，引导分析、抽象、综合，促使理解、内化、转化，产生意义建构，从而促进认知能力和创新能力的发展。

现代信息技术促进和改变学习者的认知方式，或学习者如何借助信息技术的认知功能作用，改善和发展自身的认知方式，主要体现在以下几大方面。

(1)利用多媒体信息集成技术，创设和展示有意义的情境。利用多媒体技术、局域网络和互联网的优势，创设丰富生动的社会文化、自然情境或问题情境。这些情境可以是事实性、意境性、示范性、冲突性或探究性的，以激活学生的学习兴趣，唤醒学生已有的相关知识经验，激发学生的思考。创设情境的目的不仅是告知学生"这是什么"，更要让学生通过观察、思考、比较、辨别，理解它有什么特点，探索其原因，发现事物之间的联系，帮助学生思考"为什么"。

(2)利用大容量存储技术，提供多样化的学习资源，利用图形化交互界面技术，提供良好的自主学习环境。为了创设这种情境，教师应当把主要的工作放在设计、提供学生自主学习所需要的各种资源上，把精力放在有效引导学生利用资源进行自主学习的过程设计上，而不像传统的教学那样，把大量的时间放在讲解上。在实际的教学中，这种自主学习的环境构建，可以利用电子出版物提供形式生动、内容丰富、具有交互功能的学习资源；可以利用网络系统，从局域网或互联网中获取信息，达到学习资源的共享。

(3)利用超链接技术，构造教学信息内容结构，使之符合人类联想方式的思维特点。超文本和超媒体的技术，彻底改变了传统教学信息的表现形式和内在结构，使学习内容走向形式多样化、思维立体化、交叉化和综合化。在这种学习材料的作用下，有利于培养学生学会利用多样化的学习路径，学会从多角度、多层次思考问题，训练发散思维和聚合思维，从而锻炼创新思维。

(4)利用各种工具、平台，让学生利用平台创作电子作品(e-works)。例如学生可以通过文字输入、表格处理、图形变换等方式表达自己的观察和思考结果，可以归纳或概括自己或学习伙伴的观察、思考、协商、讨论的意见，进行意义建构，逐步形成自己的知识结构；可以利用几何画板进行数学、物理问题的探讨；利用绘画、作曲工具培养艺术创作能力；利用集成工具，培养信息组织能力等等。

（5）利用虚拟现实构建模拟学习环境。虚拟现实（VR）是指由多媒体计算机生成的交互式人工世界。在这个人工世界里，可以使人产生一种身临其境的感觉。它可以给系统使用者造成一种强烈的幻觉，全身心地沉浸在一个虚拟的世界中去，感受逼真的“现实”。在这种环境中学习的人，不仅能获得强烈的感知，而且能动手操作虚拟世界中的各种对象。如在同一个模拟驾驶舱中，学员可以完成各种天气状况、各种路面状况、各种车流密度等条件下的驾驶训练等等。或者通过学生交互操作，进行模拟实验，通过输入不同的参数，观察不同的实验结果，进行分析比较，学习科学探究的能力。

（6）利用网络传输技术，实现资源共享，实现协作学习。比如利用内联网系统，通过资源共享，使全体学生共同观察一个典型的问题情境，通过教师的调控，引导学生独立思考、分组讨论或合作学习，用自己的语言表述见解，评价学习伙伴的学习结果；引导学生通过互联网络对远程资源进行搜索、查询、分析和利用，利用多种 CMC（Computer-mediated Communication）技术进行远程通信、交流，如 E-mail（电子邮件）、voice mail（语音信箱）、BBS（在线讨论，电子公告板）、News group（新闻组）、chat room（聊天室）、listserv（邮件列表）、CD-ROM（光盘）、Computer Conferencing（计算机会议）、online course（在线课程）、online resource（在线资源）、www（万维网）、VOD（视频点播系统）等，以培养学生的信息交流、协作和创造能力。交流、协商、协作是促进认知发展的重要途径。

四、改善课堂学习和提升学生信息素养

2001 年，美国教育部教育研究与发展办公室资助了一项名为《技术与教育改革研究》的项目，就教育技术对课堂学习和学生的发展究竟有什么作用，依托一些定点学校进行了实地调查和测评分析。研究表明，技术对课堂学习和学生有以下积极的作用。

1. 有助于学生与教师角色的转变

研究表明，当学生利用技术与他人交流时，能改变以往被动接受信息的角色而成为主动的角色，主动地对如何创造信息、获取信息、使用信息、发布信息做出选择。与典型的以教师为主导的课堂教学相比，现代教育技术的利用允许更多的学生积极地对其所获得的信息进行思考，做出选择并锻炼操作的技巧。

现代信息技术这一工具的使用，使学生置身于一个主导的地位，在完成实际的任务过程中，他们必须自定目标，设计操作方案并评估进展情况。与此同时，教师不再是信息的施与者、课堂教学的中心，而更多地扮演服务者的角色，帮助学生设定课程目标，提供指导和资源，对学生的分组，组与组之间的合作交流提出建议，为学生提供任何所需的支持。

2. 能激发学生的学习动机，增强自尊感

教师反映最多、最普遍的是学生的学习主动性提高了。这种主动性充分体现在对某个特定的课题学习或研究过程中，也体现在学生的学习动机得到广泛的激发，如电脑的及时反馈使学生获得满足感，对技术操作应用使学生获得成就感和动力，对能够驾驭专业人员才能操纵的电脑工具使学生们感到自豪。

与此相关，有许多教师特别强调现代技术的应用增强了学生的自尊感。当学生完成了技术型的任务后，不仅提高了相关的能力，同时也更深刻地体会到技术在现存文化中的价值和意义，学生（也包括教师）都感到自我价值的提升。

3. 有益于掌握必备的技术技巧

学生即使是在小学阶段，也能初步掌握使用各种各样的电脑软件的技能。学生在基本上了解各种电脑工具的工作原理后，就容易对学会使用新的电脑工具拥有信心，因此，就会促使他们去学习新的应用软件。

4. 能使学生胜任更复杂的任务

教师们反映，在技术的支持下，凭借技术赋予的功能和能力，学生可以胜任更复杂的任务，并以更高层次的技巧去做更多的事情。

5. 有益于学生加强与同伴的合作

技术的应用，能使部分学生更乐于合作，更愿意为同伴提供指导。在课堂上，技术型的任务布置给各个小组之后，首先要解决技术本身如何使用的问题。技术型的任务往往包含若干子任务，当学生遇到问题时，最便利的办法是向同伴或邻组的同学求助。那些对电脑较为精通的学生通常会从帮助别人当中获得自豪和快乐。

6. 提高学生对外部资源的利用能力

大多数教师观察到，使用技术的另一个显著收益就是提高了学生对外部信息资源的利用能力，这一作用在那些通讯联网一体化的教室中体现得更为明显。

7. 提高学生的设计技巧，增强了关注受众的意识

在借助技术开发丰富的、多媒体产品的过程中，特别是在设计的工作是需要合作才能完成的情况下，学生们能深刻感受合作伙伴的意见及其表达方式。这种学习经历不仅能提高学生的交流水平、合作效率和设计水准，而且能增强他们关注受众的意识，更多的了解他人的需要和看法。在帮助学生如何以最好的方式把特定的想法表达出来，多媒体能予以学生更多的选择。

研究表明，教育技术的应用在培养学生具备适应新时代所需的信息素养方面有积极的作用。在现行的教育框架下，教育技术的应用能使学生成为：

- 熟练的信息技术使用者；
- 信息的搜集、分析和评价者；
- 问题的解决者和决策者；
- 能创造性地、有效地使用效能工具(productivity tools)；
- 交流者、合作者、发布者和制作者。

随着教育技术研究的深入，教育技术在教育教学中的应用会越来越深入与广泛。

活动五　了解《中小学教师教育技术能力标准》(15 分钟)

根据《中华人民共和国教师法》和《中小学教师继续教育规定》有关精神，为贯彻落实《2003－2007 年教育振兴行动计划》和《教育部关于加快推进全国教师教育网络联盟计划，组织实施新一轮中小学教师全员培训的意见》有关要求，提高广大中小学教师教育技术能力和水平，促进教师专业能力的发展，教育部于 2004 年 12 月正式颁布了《国家中小学教师教

育技术能力标准(试行)》。这是我国中小学教师的第一个专业能力标准，它的颁布与实施是我国教师教育领域一件里程碑性的大事，将对我国教师教育的改革与发展产生深远影响。

教师专业化（Teacher Professionalization）是指教师在整个职业生涯中，通过专门训练和终身学习，逐步习得教育专业的知识与技能并在教育专业实践中不断提高自身的从教素质，从而成为一名合格的专业教育工作者的过程。在教育信息化的浪潮中，在教师专业化的背景下，教育技术能力已经成为教师专业能力结构的重要组成之一。

一、制定教育技术能力标准的意义

1. 教师专业化发展的必要条件

众所周知，应用现代教育技术，促进各级各类教育的改革与发展，尤其是促进基础教育的改革与发展，已经成为当今世界各国教育改革的主要趋势和国际教育界的基本共识。国际教育界之所以会有这样的共识，是因为现代教育技术的本质是利用技术手段(特别是信息技术手段)优化教育教学过程，从而达到提高教育教学效果、效益与效率的目标。

- 效果的体现是各学科教学质量的改进；
- 效益的体现是用较少的资金投入获取更大的产出(即培养出更多的优秀人才)；
- 效率的体现是用较少的时间来达到教学内容和课程标准的要求。

现代教育技术所追求的这三个方面的目标，也是各级教育部门领导和校长们时时刻刻都在关注的目标。而确保这些目标的实现，正是现代教育技术的优势所在。但是技术是要靠人来掌握的，要让现代教育技术的上述优势得以发挥，需要靠教师去实施。这样，就对教师教育提出了更高的要求——在教师的专业技能中，提高应用教育技术的能力已变得越来越重要。《国家中小学教师教育技术能力标准》的制定就是要从制度上保证广大教师具有合格的应用教育技术的专业技能。

2. 基础教育课程改革的迫切需求

基础教育新课程改革的核心是要培养学生的创新精神，让青少年生动、活泼、主动地发展，这就要求教师改变在课堂上的教学方式与行为模式。而应用教育技术正是改变教师的教学方式与行为模式的最重要手段。

此外，信息技术与各学科教学的整合还是新课改成功的必要条件，而有关信息技术与课程整合的理论、方法（即如何在各学科教学中进行有效的整合）则是现代教育技术研究的基本内容。所以，制定《中小学教师教育技术能力标准》引导教师尽快提高应用教育技术的能力是基础教育课程改革的迫切需求。

3. 教师培训规范化的需要

中小学教师的教育技术能力培训是一个庞大的市场，由政府主持制定一套国家级教师教育技术能力标准，对于规范所有培训机构的培训要求与培训行为（不管这些培训机构是企业还是事业单位），以及建立准入制度和评价体系都具有重要的指导作用。

二、研习《国家中小学教师教育技术能力标准（试行）》

请仔细研读附录1中该《标准》全文，重点关注教学人员子标准，并概括教师教育技术能力四大组成部分的基本要求，填写在表1-5中。

表1-5 教育技术能力要求记录表

教育技术能力组成	基本要求
意识与态度	
知识与技能	
应用与创新	
社会责任	

我国的教育技术能力标准体系结构包含有4个能力素质维度，14个一级指标，N个概要绩效指标（对于教学人员、管理人员、技术人员这三类子标准，N依次为41、46、44）。4个能力素质维度，分别是：应用教育技术的意识与态度（包括信息需求意识、信息应用与创新意识、对信息的敏感性与洞察力以及对信息的兴趣与态度等）；教育技术的知识与技能（包括教育技术的基本理论与方法、基本操作技能、信息的检索加工与表达、信息安全与评价等）；教育技术的应用与创新（包括教学设计、教学实践、信息技术与课程整合、自主学习与协作学习等）；应用教育技术的社会责任（包括信息利用及传播有关的道德、法律、人文关怀等）。

《国家中小学教师教育技术标准(试行)》包含教学人员、管理人员、技术人员三个子标准。以教学人员子标准为例,其体系结构与基本内容如图1–2所示。管理人员和技术人员子标准的体系结构也与图1–2相同,但其基本内容则有差异(以反映不同人员的工作特点与需求)。

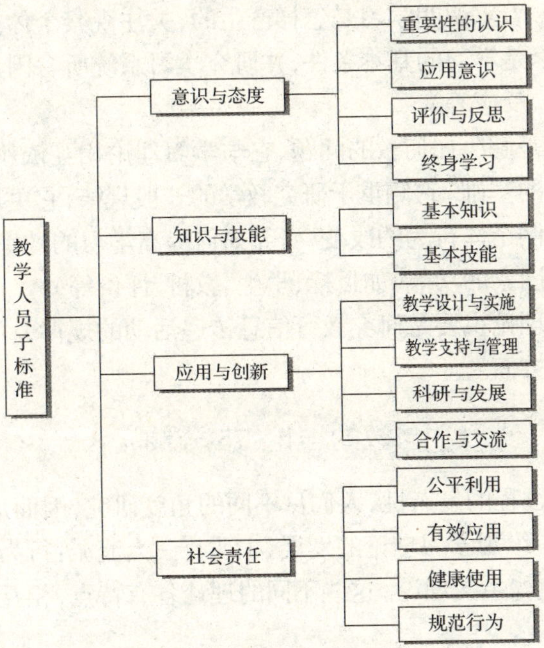

图1–2 教学人员子标准的体系结构

第二节 教育技术的理论基础

时间:2学时	
学习目标: 了解并初步掌握教育技术的主要理论基础,理解各种学习理论和教学理论指导下的基本教学原则和规律。	
学习活动: □ 研习学与教的理论 □ 研习教育传播理论	**学习作品:** □ 三大流派学习理论主要观点记录表

教育技术实践是在相关理论的指导下开展的，学习理论、教学理论和教育传播理论都是教育技术的重要理论基础。

学习理论是探究人类学习的本质及其形成机制的心理学理论，是对学习规律和学习条件的系统阐述，它主要研究人类与动物的行为特征和认知心理过程，着重说明学习是怎样产生的，关注观察个体行为永久性的变化，研究什么是学习的基本条件，并研究学习系统所含因素存在的理由（如动机、练习、反应等）。

教学理论是解决如何教的问题，它与学习理论相互依赖，学习理论构成了教学理论的基础。它侧重于研究教学的一般规律，它更加关注如何用特殊的方法控制个体行为的改变，研究如何提高学习的效率和效果，研究教学系统所含因素的功能（如目标、学生、教材、评价等）。

教育传播理论主要是研究教育信息传递活动的规律，关注教育传播的基本要素等方面。

活动一　研习学与教的理论（75 分钟）

由于学习过程的复杂性，人们从不同的角度研究，因而形成了各种学习理论的流派。纵观学习理论的发展，主要有三大流派：行为主义理论、认知主义理论、建构主义理论。这些不同的理论各有特点，相互补充，适用于不同的情形。

一、行为主义理论

行为主义学习理论，主要解释学习是在既有行为之上学习新行为的历程，是关于由“行”而学到习惯性行为的看法。行为主义认为，学习是反应与刺激的联结，有机体接受外界的刺激，然后做出与此对应的反应，这种刺激与反应的联结（S－R）就是所谓的学习。其代表主要有桑代克的学习联结－试误说与斯金纳的操作性条件反射学习理论。

1. 斯金纳的操作性条件反射学习理论和强化理论

斯金纳在用白鼠和鸽子作为被试对象进行研究后认为，机体并不一定需要接受明显的刺激才能形成反应。他把机体由于刺激而被动引发的反应称为“应激性反应（Respondents）”，而机体自主发出的反应称为“操作性反应（Operants）”。前者往往是种不随意的行为；后者大多是随意的或有目的的行为。斯金纳认为,人类从事的绝大多数有意义的行为都是操作性的,例如,步行上学、读书写字、回答问题,都是操作性行为的例子。

为了促进操作性行为的发生,必须有步骤地给予一定的条件作用,这是一种"强化类的条件作用",强化包括正强化和负强化两种类型,正强化可以理解为机体希望增加的刺激,负强化则是机体力图避开的刺激。增加正强化物或减少负强化物都能促进机体行为反应的概率增加。这一发现被提炼为"刺激-反应-强化"理论。这一理论可以用来指导教学工作:在学习过程中,当给予学习者一定的教学信息——"刺激"后,学习者可能会产生许多种反应(包括应激性反应和操作性反应)。在这些反应中,只有与教学信息相关的反应才是操作性反应,在学习者做出了操作性反应后,要及时给予强化,如学生答对时告诉他"好"或"正确",答错时告诉他"不对"或"错了",这样在下次出现同样刺激时作错误反应的可能性就会大为减小,从而促进学习者在教学信息与自身反应之间形成联结,完成对教学信息的学习。

2. 斯金纳的程序教学理论

斯金纳认为,只有通过机械装置才能提供必要的大量的强化系列。这也是斯金纳设计教学机器、提倡程序教学的主要出发点。程序教学是一种个别化的自动教学的方式。根据操作性条件反射和强化理论设计,后来发展成为不用教学机器只用程序课本的"程序教学"。斯金纳提出了程序教学的原则:

(1) 积极反应原则。程序教学不主张完全以教师授课的方式进行教学,而是以问题的形式,通过教学机器或教材给学生呈现知识,使学生对一个个问题做出积极的反应。即要求学生通过程序教学和教学机器,能自己动脑,自己动手去学习。

(2)小的步子原则。将教学内容按内在的联系设计成一系列小单元,并编成程序。材料一步一步地呈现,内容由易到难排列,单元间的难度变化比较小。学生每次只走一步,做对了,才可以走下一步,每完成一步就给予一次强化,这就使强化的次数提高到最大限度,从而促进学生主动、积极的学习。

(3)及时强化原则。斯金纳的操作性条件反射和强化理论认为,一个操作发生后，紧接着呈现一个强化刺激，那么这个操作力量就会得到增强。遵循这一规律,在教学中做到及时强化,即要求在每个学生做出反应后,必须使学生立即知道其反应是否正确。告知学生结果,也就是给予学生反应的及时强化,这也是程序教学中最常用的强化方式。

(4)自定步调原则。以学习者为中心,允许学生自己控制学习速度,鼓励每一个学生以最适合自己的进度进行学习。这样,学生可按各自不同的思维方式、速率来处理问题而不受其他人的影响。

(5) 低错误率原则。要求在教学过程中尽量避免学生出现错误的反应,错误的反应会得到令人反感的刺激,过多的错误会影响学习者的情绪和学习的进度。少错误或无错误的学习可以增强学生学习的积极性,提高学习效率。

斯金纳的教学理论指导和推动了 20 世纪五六十年代美国的程序教学运动。程序教学运动对教学方法带来了很大影响,在很长一段时间内,那些以操作条件反射为基础而设计的教学课件备受欢迎，在美国的大中学广为使用。尽管人们最终发现程序教学法并不能解决所有教学中的问题,及时强化也不是在任何时候都比延迟强化有效,但不管怎样,斯金纳的及时强化思想仍然在很多领域被证明是有效的，而且受到大多数教师的欢迎,其程序教学思想也影响了教材的编制。直到现在,无论是在教材编排还是在课堂教学方法方面,都能够看到程序教学的影子。

二、认知主义理论

认知主义流派认为,学习并非是机械的、被动的刺激－反应的联结,学习要通过主体的主观作用来实现。即人的知识不是由外部刺激直接给予的,学习过程是每个人根据自己的态度、需要和兴趣爱好,并利用过去的知识与经验,对当前的外界刺激做出主动的有选择的信息加工过程。当要求学习者产生行为时,必然要搜索长时记忆,将搜索到的信息和技能,提取到短时记忆,与新进来的信息相结合,形成新的学习能力,或通过反应器将信息转换成为动作。其主要代表人物有苛勒的顿悟说、布鲁纳的认知－发现说、奥苏贝尔的意义学习说、加涅的信息加工理论。

1. 加涅的信息加工理论

加涅认为,学习个体本身作用于环境,人的大脑的活动过程可以转化为具体的信息加工过程。人既然要生存，必然要与所处的环境进行信息交换；人作为认知主体，相互之间也会 不断交换信息。人总是以信息的寻求者、传递者甚至信息的形成者的身份出现，人们的认知过程实际上就是一个信息加工过程。人们在对信息进行处理时，也像通讯中的编码解码一样，必须根据自身的需要进行转换和加工。加涅的信息加工模式如图 1-3 所示。

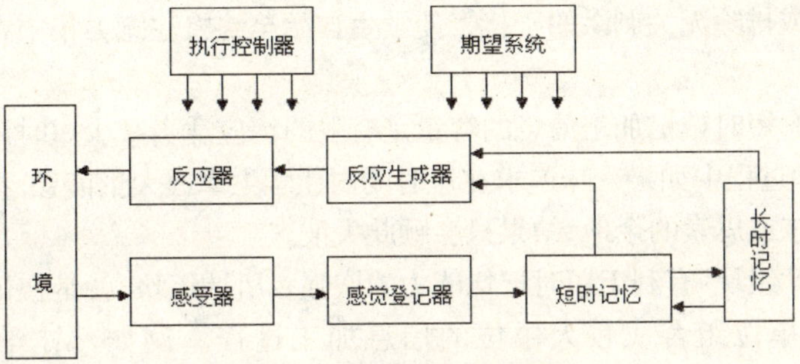

图 1-3 信息加工模式图

这个模型比较完整地描述了有机体内的信息加工过程，这个过程大致分为四个阶段：

第一阶段是注意刺激，当信号刺激人的感觉器官引起人的注意而被感觉登记时，人体内的信息加工系统就开始运作了，并且在感觉登记阶段就开始对刺激信号进行筛选，以保证一定数量的信息迅速进入短时记忆。

第二阶段是信息编码，就是对短时记忆中的信息进行组织，将大脑中储存的原有信息结构重组或改建。短时记忆加工信息的容量非常有限，但如果把信息组织成为有意义的组块，则能增加信息的摄取量并增强记忆保持。

第三阶段是储存信息，将信息以某种方式储存到长时记忆中，以便于日后的提取。

第四阶段是提取信息，即回忆和再现长时记忆中的信息的过程，提取线索与长时记忆中的信息距离越近，形成模式匹配，越易于提取。

在这个模式中，执行控制和期望是两个重要的结构，它们可以激发或改变信息流的加工。前者是已有的经验对当前学习过程的影响，起调节作用；后者是动机系统对学习的影响，起定向作用，它们可以对整个信息加工过程起调节和监督的功能。

加涅信息加工模式对有机体内信息加工过程的描述与分析，不仅有助于进一步了解人类学习的内部过程，而且为把握学习规律、寻求有效的教学策略、设计科学的教学活动，为学习提供了有益启示和科学依据。

(1)设计教学活动时，不能仅考虑到刺激本身的特征，更要关注学习者已有的信息或认知结构，在教学过程中，努力让学生明确学习目标，尽量减少或排除无关刺激的干扰，使学生自始至终将注意力集中在学习对象上。

(2) 短时记忆加工信息的容量是有限的，应适当减少短时记忆的负担。教学过程中如果一味追求在短时间内让学生掌握大量信息，不给他们留下加工或思索的余地，结果只会顾此失彼。

(3)"组块"有利于短时记忆能力的增强。所谓组块，就是在记忆中把许多小单位组合成较大单位的信息加工过程。例如，让学生记忆"149162536496481"这样的一个数目是很困难的，但如果告诉学生这是由1~8的平方数构成的，记忆起来就会很方便。因此，设计教学活动时，应加强知识间的纵横联系，将知识组成有意义的块状，构建有意义学习，减少机械学习。

2. 信息加工理论的教学运用

加涅从学习和记忆的信息加工理论中推论出九个重要而有序的阶段，他称之为学习过程。这九个阶段可以分为三个部分，即准备、操作和迁移。"准备"包括注意、预期目标和提取原有知识；"操作"包括选择性知觉、语义编码、反应和强化；"学习迁移""包括提取知识和技能一般化。

- 注意(attending)：使学生注意刺激；
- 预期(expectancy)目标：使学生预设学习目标；
- 提取原有知识(retrieval to working memory)：使学生回忆起过去所学的知识和技能；
- 选择性知觉(selective perception)：使重要之刺激特征暂存于短期记忆中；
- 语义编码(semantic encoding)：将刺激特征和相关信息转移至长期记忆；

- 反应（responding）：要求学生反应；
- 强化（reinforcement）：证实学生学习目标达成；
- 提取知识（retrieval clues）：为日后学习结果的回想提供额外线索；
- 技能一般化（generalize）：增进学习迁移至新的情境。

加涅认为，将学习过程与教学事件相联系对有效的教学设计来说，有深远的意义。因此加涅十分重视设计促进和激发学习者内部过程的外部活动。“准备”对应的教学事件是指引起注意、告知目标和提示回忆原有知识。“操作”对应的教学事件是呈现教材、提供学习指导、引出作业和提供反馈。“迁移”对应的教学事件就应该是评估作业和促进保持与迁移。学习阶段和教学事件对应关系参见表1–6。

表1–6　加涅学习阶段与教学事件对应关系表

学习阶段	教学事件
注意	引起注意：变化刺激、吸引兴趣，改变体态、语调、音量
预期目标	告知目标：激起期望
提取原有知识	刺激回忆：明确同化新知识的经验范围
选择性知觉	呈示材料：注意考虑年龄、基础、学习类型等因素，安排顺序和份量
语义编码	提供指导：注意掌握指导的程度
反应	诱引行为：促使学生主动参与，积极作出反应
强化	及时强化：给学生行为及时反馈
提取知识	检查评价：独立测试、单元测试等方法
技能一般化	促进迁移：系统复习、及时布置新任务

三、建构主义理论

建构主义学习理论是行为主义发展到认知主义以后的进一步发展，该理论发展了早期认知学习论中已有的关于“建构”的思想，强调学生在学习过程中主动建构知识的意义，并力图在更接近、更符合实际情况的情境性学习活动中，以个人原有的经验、心理结构和信念为基础来建构和理解新知识。建构主义者认为，对事物的理解不是简单由事物自己决定的，事物信息要被人理解，这依赖于个体原有的知识经验，不同人常常会因此而建构不同的意义。

1. 建构主义的学习观

（1）学习不是由教师把知识简单地传递给学生，而是由学生自己建构知识的过程。学生不是简单被动地接收信息，而是主动地建构知识的意义，这种建构是无法由他人来代替的。

（2）学习不是被动接收信息刺激，而是主动地建构意义，是根据自己的经验背景，对外部信息进行主动地选择、加工和处理，从而获得自己的意义。外部信息本身没有什么意义，意义是学习者通过新旧知识经验间的反复的、双向的相互作用过程而建构成的。因此，学习并非是行为主义所描述的“刺激－反应”。

（3）学习意义的获得，是每个学习者以自己原有的知识经验为基础，对新信息重新认识和编码，建构自己的理解。在这一过程中，学习者原有的知识经验因为新知识经验的进入而发生调整和改变。

（4）同化和顺应，是学习者认知结构发生变化的两种途径或方式。同化是认知结构的量变，而顺应则是认知结构的质变。同化－顺应－同化－顺应……循环往复，平衡－不平衡－平衡－不平衡，相互交替，人的认知水平的发展，就是这样的一个过程。学习不是简单的信息积累，更重要的是包含新旧知识经验的冲突，以及由此而引发的认知结构的重组。学习过程不是简单的信息输入、存储和提取，是新旧知识经验之间双向的相互作用过程，也就是学习者与学习环境之间互动的过程。

2. 建构主义的学生观

（1）建构主义强调，学习者并不是空着脑袋进入学习情境中的。在日常生活和以往各种形式的学习中，他们已经形成了有关的知识经验，他们对任何事情都有自己的看法。即使有些问题从来没有接触过，没有现成的经验可以借鉴，但是当问题呈现在他们面前时，他们还是会基于以往的经验，依靠他们的认知能力，形成对问题的解释，提出他们的假设。

（2）教学不能无视学习者的已有知识经验，简单强硬的从外部对学习者实施知识的“填灌”，而是应当把学习者原有的知识经验作为新知识的生长点，引导学习者从原有的知识经验中，生长新的知识经验。教学不是知识的传递，而是知识的处理和转换。教师不单是知识的呈现者，不是知识权威的象征，而应该重视学生自己对各种现象的理解，倾听他们的看法，思考他们这些想法的由来，并以此为据，引导学生丰富或调整自己的解释。

(3)教师与学生,学生与学生之间需要共同针对某些问题进行探索,并在探索的过程中相互交流和质疑,了解彼此的想法。由于经验背景的差异,学习者对问题的看法和理解经常是千差万别的。其实,在学生的共同体中,这些差异本身就是一种宝贵的现象资源。建构主义虽然非常重视个体的自我发展,但也不否认外部引导,亦即教师的影响作用。

3. 师生角色的定位及其作用

(1)教师的角色是学生建构知识的忠实支持者。教师的作用从传统的传递知识的权威转变为学生学习的辅导者,成为学生学习的高级伙伴或合作者。教师应该给学生提供复杂的真实问题。他们不仅必须开发或发现这些问题,而且必须认识到复杂问题有多种答案,激励学生对问题解决的多重观点,这显然是与创造性的教学活动宗旨紧密相吻合的。教师必须创设一种良好的学习环境,学生在这种环境中可以通过实验、独立探究、合作学习等方式来展开他们的学习。教师必须保证学习活动和学习内容保持平衡。教师必须提供学生元认知工具和心理测量工具,培养学生评判性的认知加工策略,以及自己建构知识和理解的心理模式。教师应认识教学目标包括认知目标和情感目标。教学是逐步减少外部控制、增加学生自我控制学习的过程。

(2)教师要成为学生建构知识的积极帮助者和引导者。教师应当激发学生的学习兴趣,引发和保持学生的学习动机。通过创设符合教学内容要求的情景和提示新旧知识之间联系的线索,帮助学生建构当前所学知识的意义。为使学生的意义建构更为有效,教师应尽可能组织协作学习,展开讨论和交流,并对协作学习过程进行引导,使之朝有利于意义建构的方向发展。

(3)学生的角色是教学活动的积极参与者和知识的积极建构者。建构主义要求学生面对认知复杂的真实世界的情境,并在复杂的真实情境中完成任务,因而,学生需要采取一种新的学习风格、新的认识加工策略,形成自己是知识与理解的建构者的心理模式。建构主义教学比传统教学要求学生承担更多的管理自己学习的机会;教师应当注意使机会永远处于维果斯基提出的“学生最近发展区”,并为学生提供一定的辅导。

(4)学生要用探索法和发现法去建构知识的意义。在建构意义的过程中要求学生主动去搜集和分析有关的信息资料，对所学的问题提出各种假设并努力加以验证。要善于把当前学习内容尽量与自己已有的知识经验联系起来，并对这种联系加以认真思考。联系和思考是意义建构的关键,它最好的效果是与协商过程结合起来。

4. 建构主义的学习环境观

建构主义认为,学习者的知识是在一定情境下,借助于他人的帮助,如人与人之间的协作、交流、利用必要的信息等等,通过意义的建构而获得的。理想的学习环境应当包括情境、协作、交流和意义建构四个部分。

(1)情境,学习环境中的情境必须有利于学习者对所学内容的意义建构。在教学设计中,创设有利于学习者建构意义的情境是最重要的环节或方面。

(2)协作,应该贯穿于整个学习活动过程中。教师与学生之间,学生与学生之间的协作,对学习资料的收集与分析、假设的提出与验证、学习进程的自我反馈和学习结果的评价以及意义的最终建构都有十分重要的作用。协作在一定的意义上是协商的意识。协商主要有自我协商和相互协商。自我协商是指自己和自己反复商量什么是比较合理的;相互协商是指学习小组内部之间的商榷、讨论和辩论。

(3)交流,是协作过程中最基本的方式或环节。比如学习小组成员之间必须通过交流来商讨如何完成规定的学习任务达到意义建构的目标,怎样更多的获得教师或他人的指导和帮助等等。其实,协作学习的过程就是交流的过程,在这个过程中,每个学习者的想法都为整个学习群体所共享。交流对于推进每个学习者的学习进程,是至关重要的手段。

(4)意义建构,是教学过程的最终目标。其建构的意义是指事物的性质、规律以及事物之间的内在联系。在学习过程中帮助学生建构意义就是要帮助学生对当前学习的内容所反映事物的性质、规律以及该事物与其他事物之间的内在联系达到较深刻的理解。

5. 建构主义的教学模式和教学方法

与建构主义学习理论以及建构主义学习环境相适应的教学模式为:“以学生为中心,在整个教学过程中由教师起组织者、指导者、帮助者和促进者的作用,利用情境、协作、会话等学习环境要素充分发挥学生的主动性、积极性和首创精神，最终达到使学生有效地实现对当前所学知识的意义建构的目的。”在这种模式中，学生是知识意义的主动建构者；教师是教学过程的组织者、指导者、意义建构的帮助者、促进者；教材所提供的知识不再是教师传授的内容，而是学生主动建构意义的对象；媒体也不再是帮助教师传授知识的手段、方法，而是用来创设情境、进行协作学习和会话交流，即作为学生主动学习、协作式探索的认知工具。显然，在这种场合，教师、学生、教材和媒体等四要素与传统教学相比，各自有完全不同的作用，彼此之间有完全不同的关系。但是这些作用与关系也是非常清楚、非常明确的，因而成为教学活动进程的另外一种稳定结构形式，即建构主义学习环境下的教学模式。

在建构主义的教学模式下，目前已开发出的、比较成熟的教学方法主要有以下几种：

（1）支架式教学（Scaffolding Instruction）。支架式教学被定义为：“支架式教学应当为学习者建构对知识的理解提供一种概念框架(conceptual framework)。这种框架中的概念是为发展学习者对问题的进一步理解所需要的，为此，事先要把复杂的学习任务加以分解，以便于把学习者的理解逐步引向深入。”

支架原本指建筑行业中使用的脚手架，在这里用来形象地描述一种教学方式：儿童被看作是一座建筑，儿童的“学”是在不断地、积极地建构着自身的过程；而教师的“教”则是一个必要的脚手架，支持儿童不断地建构自己，不断建造新的能力。支架式教学是以前苏联著名心理学家维果斯基的“最近发展区”理论为依据的。维果斯基认为，在测定儿童智力发展时，应至少确定儿童的两种发展水平：一是儿童现有的发展水平，一种是潜在的发展水平，这两种水平之间的区域称为“最近发展区”。教学应从儿童潜在的发展水平开始，不断创造新的“最近发展区”。支架教学中的“支架”应根据学生的“最近发展区”来建立，通过支架作用不停地将学生的智力从一个水平引导到另一个更高的水平。支架式教学由以下几个环节组成：

● 搭脚手架——围绕当前学习主题，按“最邻近发展区”的要求建立概念框架。

● 进入情境——将学生引入一定的问题情境。

● 独立探索——让学生独立探索。探索内容包括:确定与给定概念有关的各种属性,并将各种属性按其重要性大小顺序排列。探索开始时要先由教师启发引导，然后让学生自己去分析；探索过程中教师要适时提示,帮助学生沿概念框架逐步攀升。

● 协作学习——进行小组协商、讨论。讨论的结果有可能使原来确定的与当前所学概念有关的属性增加或减少，各种属性的排列次序也可能有所调整,并使原来多种意见相互矛盾、且态度纷呈的复杂局面逐渐变得明朗、一致起来。在共享集体思维成果的基础上达到对当前所学概念比较全面、正确的理解,即最终完成对所学知识的意义建构。

● 效果评价——对学习效果的评价包括学生个人的自我评价和学习小组对个人的学习评价,评价内容包括:①自主学习能力;②对小组协作学习所作出的贡献;③是否完成对所学知识的意义建构。

(2)抛锚式教学(Anchored Instruction)。这种教学要求建立在有感染力的真实事件或真实问题的基础上。确定这类真实事件或问题被形象地比喻为“抛锚”,因为一旦这类事件或问题被确定了,整个教学内容和教学进程也就被确定了(就像轮船被锚固定一样)。建构主义认为,学习者要想完成对所学知识的意义建构,即达到对该知识所反映事物的性质、规律以及该事物与其它事物之间联系的深刻理解，最好的办法是让学习者到现实世界的真实环境中去感受、去体验(即通过获取直接经验来学习),而不是仅仅聆听别人(例如教师)关于这种经验的介绍和讲解。由于抛锚式教学要以真实事例或问题为基础(作为“锚”),所以有时也被称为“实例式教学”或“基于问题的教学”或“情境性教学”。抛锚式教学由这样几个环节组成:

● 创设情境——使学习能在和现实情况基本一致或相类似的情境中发生。

● 确定问题——在上述情境下,选择出与当前学习主题密切相关的真实性事件或问题作为学习的中心内容。选出的事件或问题就是“锚”,这一环节的作用就是“抛锚”。

● 自主学习——不是由教师直接告诉学生应当如何去解决面临的

问题，而是由教师向学生提供解决该问题的有关线索，并特别注意发展学生的“自主学习”能力。

● 协作学习——讨论、交流，通过不同观点的交锋，补充、修正、加深每个学生对当前问题的理解。

● 效果评价——由于抛锚式教学的学习过程就是解决问题的过程，由该过程可以直接反映出学生的学习效果。因此对这种教学效果的评价不需要进行独立于教学过程的专门测验，只需在学习过程中随时观察并记录学生的表现即可。

(3)随机进入教学(Random Access Instruction)。由于事物的复杂性和问题的多面性，要做到对事物内在性质和事物之间相互联系的全面了解和掌握、即真正达到对所学知识的全面而深刻的意义建构是很困难的。往往从不同的角度考虑可以得出不同的理解。为克服这方面的弊病，在教学中就要注意对同一教学内容，要在不同的时间、不同的情境下、为不同的教学目的、用不同的方式加以呈现。换句话说，学习者可以随意通过不同途径、不同方式进入同样教学内容的学习，从而获得对同一事物或同一问题的多方面的认识与理解，这就是所谓“随机进入教学”。显然，学习者通过多次“进入”同一教学内容将能达到对该知识内容比较全面而深入的掌握。这种多次进入，绝不是像传统教学中那样，只是为巩固一般的知识、技能而实施的简单重复。这里的每次进入都有不同的学习目的，都有不同的问题侧重点。因此多次进入的结果，绝不仅仅是对同一知识内容的简单重复和巩固，而是使学习者获得对事物全貌的理解与认识上的飞跃。随机进入教学主要包括以下几个环节：

● 呈现基本情境——向学生呈现与当前学习主题的基本内容相关的情境。

● 随机进入学习——取决于学生“随机进入”学习所选择的内容，而呈现与当前学习主题的不同侧面特性相关联的情境。在此过程中教师应注意发展学生的自主学习能力，使学生逐步学会自己学习。

● 思维发展训练——由于随机进入学习的内容通常比较复杂，所研究的问题往往涉及许多方面，因此在这类学习中，教师还应特别注意发展学生的思维能力。

● 小组协作学习——围绕呈现不同侧面的情境所获得的认识展开小组讨论。在讨论中，每个学生的观点在和其他学生以及教师一起建立的社会协商环境中受到考察、评论，同时每个学生也对别人的观点、看法进行思考并做出反应。

● 学习效果评价：包括自我评价与小组评价，评价内容包括：①自主学习能力；②对小组协作学习所做出的贡献；③是否完成对所学知识的意义建构。

通过以上学习，我们对教与学的理论有了初步的了解，请将你的认识填写在表 1–7 中。

表 1–7 三大流派学习理论主要观点记录表

主要流派	主要观点	教学启示
行为主义		
认知主义		
建构主义		

活动二 研习教育传播理论(25 分钟)

教育是一种典型的文化信息传播活动。无论是传统的课堂教学，还是现代化的教学活动，其实质都是一种信息流动过程。因此，学习和掌握传播学理论，对理解教育以及现代教育技术是大有裨益的。

一、传播的概念

传播一词译自英语 Communication，源于拉丁语 Communis，有传递、交流、通信、传达、交往、沟通、传通等译意。关于传播的定义很多，我们认为传播是传受双方通过信息而实现的相互作用。

传播活动的普遍性决定了传播类型的多样性。广义的传播包括宇宙间一切事物的信息传播活动，包括大自然的传播、动物的传播、人的传播和机器的传播等几种类型。人类传播是最活跃、最进步的一种传播活动，我们研究传播,当然是以研究人的传播为主。

根据传播范围的大小,可将人的传播分成以下几种类型:内在传播、人际传播、组织传播和大众传播。

二、传播过程

传播活动是一个过程,其实质是一种信息传递与交换的复杂过程。人们为了研究方便,常常将整个传播分解为若干组成单元(要素),然后去分析这些要素在传播过程中的地位与作用。传播学者还进一步把这些要素以一定的形式(文字、图解、数字公式等)表达出来,成为一种传播模式。

任何一个传播过程几乎都包括以下基本要素:传者、受者、信息、媒介、编码、译码、噪声、反馈与效果等。

1. 传者与受者

传者处在传播过程中发出信息的一端,他拥有可以向别人发送的信息,他需要把这些信息、要求、知识、技能的信息转换为信号才能传送出去;受者处在传播过程中接收信号的终端,他把接收到的信号转移为自己所熟悉的符号,并按接受者的经验译成信息意义,并出现思想和行为变化,亦即传播产生了一定的效果。这些变化会通过各种途径再回送给传者,就是反馈,或者再向别人传送他取得的信息,这时受者也就成了传者。

2. 信息与媒介

信息是传播的内容和事实。它首先转换为某种符号,然后经由某种媒介才能传送出去。

媒介是指传送信息符号的有关工具,包括印刷媒介和电子媒介两大类。广义的媒介还包括人所使用的语言甚至人自身。

3. 编码与译码

传播过程中,在发送端将信息转换为信号,称之为"编码";在接收端将信号转移为信息意义,称之为"译码"。

4. 噪声

传播过程中的噪声是指对传播信息和信号的干扰和歪曲,它可以产生于传播过程的各个要素中

5. 反馈

反馈指传播者获知关于其预期的接收者是否和如何真正接受了信息

的过程。反馈可以由多种形式表现出来,如听觉的、视觉的、触觉的、味觉的和嗅觉的;反馈可以从他人的行为反应中得到,也可以从自己的音讯中得到。

6. 效果

传播总会有一定的效果,这也是传播目的之所在。传播的效果以受者的行为变化为体现,表现在知识经验的增加、态度与行为的改变。

三、传播模式

传播过程是一个复杂的过程，传播学者试图用一些简化的模式去描述它。在众多的传播模式中,以下模式比较具有代表性。

1. 拉斯威尔模式

拉斯威尔提出了一个用文字形式简述的线性传播过程模式。它用一句话表示:“Who says What in Which channel to Whom with What effects”(谁,说了什么,通过何种渠道,对谁,产生了什么效果),这就是所谓的“5W”模式。从“5W”模式的五个传播要素,可以得到传播研究的五大内容:

- 控制分析:研究“谁”,也就是传者,进而探讨传播行为的原动力。
- 内容分析:研究“说什么”(或称信息)以及怎样说的问题。
- 媒介分析:研究传播通道,除了研究媒介的性能外,还要探讨媒介与传播对象之间的关系。
- 受众分析:研究既庞大而又很复杂的受播者,了解一般的与个别的兴趣与需要。
- 效果分析:研究受者对接收信息后所产生的意见、态度与行为的改变等。

拉斯威尔模式是一个经典模式,曾获得广泛的应用。但这一模式也有其缺陷,即它的信息传播是单向的,忽略了“反馈”的要素;同时也没有重视“为什么”或动机的研究问题。

2. 商侬－魏佛模式

商侬、魏佛在研究电报通信问题时，提出了一个双向反馈式传播模式,用来解释人类一般传播过程。该模式把传播过程分成七个组成要素,带有反馈的双向模式。这一模式是用图解形式表示的,如图 1–4 所示。

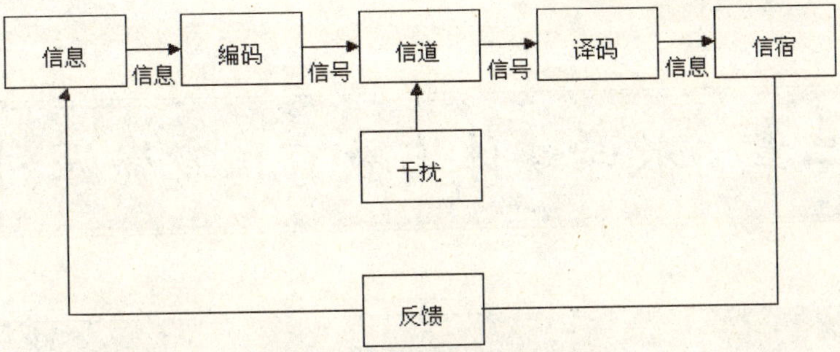

图 1-4 商依 - 魏佛传播模式

商依 - 魏佛传播模式对有关传播的其他模式和理论的发展，具有重要的影响和启迪作用，成为其他许多传播模式的基础。

思考与练习

本模块主要介绍了教育技术的基本概念及其作用、国家中小学教师教育技术能力标准、教育技术的理论基础。请思考并回答下列问题：

1. 什么是教育技术，它的主要研究领域包括哪些方面？

2. 教育技术与信息技术有何区别与联系？

3.《国家中小学教师教育技术能力标准》教学人员子标准由______、______、______、和______四部分组成。

4. 教与学的理论有哪些主要流派？它们的主要观点是什么？对教学又产生了哪些影响？

5. 拉斯威尔提出的“5W”模式指的是什么？

第二章 教学媒体与教育信息资源利用

时间:8学时	
内容提要: 本章在学习教学媒体的概念及其特点的基础上,帮助学生熟悉常见现代教学环境的教学媒体配置及功能。在学习教育信息资源的概念、特点及其类型的同时,引导学生根据教学需要,准确搜索、获取并规范使用教育信息资源。最后,学习多媒体素材的类型,并掌握简单的多媒体素材加工处理方法。	
核心概念: 教学媒体;教学环境;教育信息资源;搜索引擎;多媒体素材。	
学习环节: ☐ 教学媒体概述 ☐ 教育信息资源的检索与获取 ☐ 多媒体素材的获取与制作基础	**学习主要成果:** ☐ 教学媒体含义、分类记录表 ☐ 图像素材、音频素材和视频素材

学习导入

随着科技的进步与发展,现代社会已进入一个信息社会。世间万物之间无时无刻不在进行着信息的传递,而一切信息的传递都必须依赖媒体这个中介物。同样在教学上,多种多样的媒体已被引进教学领域,在教与学活动中运用的媒体被称之为教学媒体。为了有效地实施教学活动,教师必须考虑如何选择和使用教学媒体。而学习资源作为教育技术的研究对象之一是指在学习过程中可被学习者利用的一切显现的或潜隐的条件,包括支撑教学过程的各类软件资料和硬件系统,广义上也包括一切可为教学目的服务的人、财、物。在数字化信息技术不断被引入教学领域的今天，教师还必须具备基本的多媒体素材加工处理能力和教育信息资源获取能力,并且能够做到合理规范的使用网络教育信息资源。

第一节　教学媒体概述

<table>
<tr><td colspan="2">时间:2学时</td></tr>
<tr><td colspan="2">学习目标:
认识教学媒体,理解教学媒体的特性及作用;熟悉常见教学环境的媒体配置。</td></tr>
<tr><td>学习活动:
☐　观摩教学案例——忆江南
☐　研讨教学媒体的概念和分类方法
☐　研讨教学媒体的教学支持作用
☐　熟悉常见的教学环境</td><td>学习作品:
☐　案例《忆江南》教学媒体使用记录表
☐　教学媒体分类记录表
☐　教学媒体功能和特性表
☐　教学环境配置模式表</td></tr>
</table>

活动一　观摩教学案例——《忆江南》(15分钟)

(案例来源:http://v.youku.com/v_show/id_XMjA1O-DQyMTY=.html,秦皇岛市北戴河区蔡各庄小学,司慧老师)

请同学们观看"《忆江南》教学视频案例,关注在教学过程中所使用的媒体设备及其运用特点，并将观察结果记录在表2-1中。

表2-1　案例《忆江南》教学媒体使用记录表

教学媒体	相关设备	媒体运用特点

活动二　研讨教学媒体的概念和分类方法(35 分钟)

请和你的同学相互交流案例中对教学媒体运用情况的观察记录，同时思考以下有关教学媒体的问题，然后将讨论结果填写在表 2–2 和表 2–3 中。

- 什么是媒体和教学媒体？
- 在教学中常用到的教学媒体有哪些？
- 现在使用的教学媒体和以往使用的教学媒体的区别是什么？
- 这些教学媒体是如何分类的？

表 2–2　教学媒体含义记录表

相关概念	含　义

表 2–3　教学媒体分类记录表

分类数据	分类类型	教学媒体举例

你可以阅读下面的相关知识以便完成上述教学媒体含义记录表和教学媒体分类记录表。

一、媒体

"媒体"一词源于拉丁语"Medium",意为两者之间,是指在信息传播过程中,从信息源到受信者之间承载并传递信息的载体或工具。也可以把媒体看作为实现信息从信息源传递到受信者的一切技术手段。媒体有两层含义:一是承载信息的载体,二是指存储和传递信息的实体。媒体是指载有信息的物体,如印刷有新闻消息文字和图片的报纸、录有电视节目的录像带。反之,没有承载信息的物体,如空白的纸张、空白的录像带,则不能说是媒体,只能说是书写、印刷或录制用的材料。

广义的媒体是实现信息从信源传递到信宿的一切技术手段。在这一层含义上,媒体作为连接信源和信宿的中介物,其范围更加广泛。如电视广播过程,摄像机从信源物摄取图像信息符号并转换为电信号(或用录像机记录电信号后再重播),电信号经过通道(闭路电视为线路、开路广播电视为空气)传递至接收端,再由电视接收机将接收到的电信号还原为图像信息符号。信宿看到图像符号,解释为信源的信息本意。在这一信息传递过程中,摄像机、录像机、录像带、线路、空气以及电视机,都成为信息存储和传递的媒体。

麦克卢汉(Marshall Mcluhan)提出了"媒体是人体的延伸"的著名论点。如印刷品是人眼的延伸、无线电是人耳的延伸、电视则是人耳和眼睛的同时延伸等,这实质上表明了各种媒体对受传者的感官刺激是不同的。

二、教学媒体

当某一媒体被用于教学目的时,就可以被称为教学媒体。例如,通常视为休闲、娱乐的电影,只要赋予其明确的教学目的、内容和对象,就称为教学电影,亦即成为教学媒体。再比如,专门用于课堂教学的计算机软件,由于具有明确的教学目的、教学内容和教学对象,称之为课件,同时也成为一种教学媒体。

因此,媒体成为教学媒体需要具备两个基本要素:用于储存与传递以教学为目的的信息;用于教与学活动。

三、多媒体

多媒体一词来自"Multimedia",通常指多媒体信息和多媒体技术,所谓多媒体信息是指集数据、文字、图形与图像为一体的综合媒体信息。而多媒体技术则是指计算机综合处理多种媒体信息——文本、图形、图像、声音、视频等,使多种信息建立逻辑连接,集成为一个具有交互性的系统。集成型、交互性和控制性是多媒体技术的三个最基本的特征。

四、教学媒体的分类

教学媒体发展至今,已是品种繁多,五彩缤纷。为了方便使用和研究,应该将它们分门别类。下面介绍几种当前常用的分类方法。

1. 按媒体发展先后分类

按教学媒体的发展先后,通常把过去传统教学中常用的媒体称为传统教学媒体,而将20世纪以来利用科技成果发展起来的电子传播媒体称为现代教学媒体。

● 传统教学媒体

传统教学媒体通常指教学中常用的教科书、黑板、粉笔、挂图、标本、模型、实验演示装置等。甚至教师本人,包括教师的语言、表情、手势、体态、板书、板画等也是传统教学中常用的教学媒体。再扩大一点范围,传统教学中的校园环境、实验室、实验与实践基地,也可包括在传统教学媒体范畴。

● 现代教学媒体

现代教学媒体是指20世纪以来利用科技成果发展起来并被引入教学领域的电子传播媒体,在我国也称为电化教育媒体,主要包括有:幻灯、投影、广播、录音、电影、电视、录像、计算机等教学媒体。还包括它们组合的教学媒体系统,如:语言实验室、多媒体综合教室、计算机网络教室、视听阅览室、微格教学训练系统、闭路电视系统、校园计算机网络系统等等。

2. 按媒体印刷与否分类

按媒体印刷与否分类可分为印刷媒体与非印刷媒体。

● 印刷媒体

印刷教学媒体指各种印刷出版的教学资料,如:教科书、挂图以及教学参考资料(如辞典、杂志、报纸和教与学的指导书等)。

● 非印刷媒体

非印刷媒体泛指各类非印刷的电子传播媒体和部分非印刷的传统教学媒体。

3. 按使用媒体的感知器官分类

按学习者使用媒体的感知器官可分为：

● 听觉型媒体：如口头语言、广播录音等。

● 视觉型媒体：如教科书、板书、板画、挂图、模型、标本、幻灯、投影等。

● 视听型媒体：如配录音的幻灯、电影、电视等

● 交互型媒体：如计算机辅助教学课件、语言实验室、微格教学训练系统等。

4. 按媒体的物理性质分类

根据教学媒体的物理性质可分为四大类：

● 光学投影教学媒体

包括有幻灯机和幻灯片、投影机和投影片、电影机和电影片等。这类媒体主要通过光学投影，把小的透明或不透明的图片、标本、实物投射到银幕上，呈现所需的教学信息，包括静止图像和活动图像。

● 电声教学媒体

包括有电唱机、扩音机、收音机、语言实验室以及唱片、录音带等。它将教学信息以声音形式存储和播放传送。

● 电视教学媒体

主要有电视机、录放像机、影碟机、录像带、视盘、校园闭路电视系统和微格教学训练系统等。它的主要特点是存储与传送活动的图像与声音信息。

● 计算机教学媒体

包括有计算机、计算机课件、计算机网络教室、计算机校园网等。它能在各种教学活动中实现文字、图表、图像、活动图像等教学信息的传送，储存与加工处理，与学习者相互交互，开展有效的教学活动。

5. 按媒体的使用方式分类

根据使用方式不同，又可分为教学辅助媒体和学生自学媒体，自学媒体是指教师不在场的情况下，学生可进行自学的媒体，如：电影、电视、计

算机网络资源等;教学辅助媒体是辅助教师进行课堂教学的媒体,如:投影片、幻灯片、电视和计算机课件等。

可用于教学的媒体种类繁多,按照不同的分类依据,可以有不同的分类结果。当然除了以上所列举的分类方法外,还可以有其他的分类方法,你是否可以提出你自己的分类标准呢?

活动三 研讨教学媒体的教学支持作用(10 分钟)

根据上一活动的讨论,结合教学案例《忆江南》,请你思考教学媒体的教学功能。你可以从以下几个方面考虑:

(1)案例《忆江南》中教学媒体的功能:

____

____

(2)你还了解熟悉其他哪些教学媒体:

____

____

(3)这些教学媒体的功能:

____

____

接下来,请和你的同学交流、讨论并概括总结常用教学媒体的功能和特性,将讨论结果填写在表 2-4 中。

表 2-4 教学媒体功能和特性表

教学媒体	功能特性	如何支持教学

在填写上表时请参照以下有关教学媒体特性的内容。

教学媒体承载的教育教学信息以各自不同的符号形式具体呈现出来，刺激受信者的感官，因此各种教学媒体的教学功能及特性不尽相同。同时教育教学信息的传递是一项系统复杂的活动，没有一种教学媒体可以包办所有的教学目标，因此在实际教学活动中应充分发挥各种媒体的长处，取长补短，组合使用，以取得最佳的教学效果。通常可以从以下几方面来分析。

一、呈现力

呈现力是指教学媒体表现客观事物空间、时间和运动特性的能力。

幻灯、投影在呈现事物的空间特性方面能力较强，但在表现时间和运动特性方面则不如电影电视和多媒体计算机。但由于它是以静止的方式表现事物，学生可以仔细地观察事物的细节。

无线电广播、录音是以时间因素来组织信息，并借助于语言、音乐和实际事物的音响来表现事物，因此对于事物空间特性的呈现是较为抽象的。

电影电视与多媒体课件都能够以活动的图像和同步的声音去呈现事物的运动变化过程。前者能全面呈现事物的空间、时间、运动特性，具有很强的信息呈现力，但由于它转瞬即逝，不利于学生细心观察与思考。后者则在呈现事物的空间特性上能力较弱。

多媒体计算机与多媒体综合教室，可以将文字、实物、标本、声音、图像、幻灯、投影、电影、电视等融于一体，综合运用，因而具有强大的呈现力。

二、重现力

重现力是指媒体不受时间、空间的限制，把记录、存储的内容随时重新使用的能力。

照片、幻灯、电影冲洗后才可使用，并可反复重现。投影则不需冲洗就可反复使用。

现场的无线电广播和电视直播要求传者和受者同步进行，不可重现。但录音机、录像机的出现可以将信息记录存储，随时重现，不受次数、时间、空间的限制。

多媒体计算机和网络型媒体是不受时空限制、能够随时重现的媒体。只要制作好并在互联网上发布，任何学习者无论什么时间，无论身处何地只要登陆进入相应的站点，都可以浏览相关的内容。

三、接触面

接触面是指把信息同时传递到接受者的范围，可分为无限接触和有限接触。

幻灯、投影、电影、录音、录像一般只是在教室范围内使用，因而接触面有限。

无线电广播和广播电视则克服了空间的限制，可以将声音和图像信息传送到无限广阔的范围。

网络型媒体则克服了时空的限制，无论距离远近都可实现信息的获取和交流。

四、参与性

参与性是指在媒体使用过程中，学生有共同参加活动的机会，可分为感情参与和行为参与。

放映幻灯和投影时，师生能以面对面方式呈现材料和进行学习、讨论，使学生在行为上积极参与。

电影、电视、广播则由于具有很强的表现感染力，易于引起学生情感上的反应、兴趣和注意，从而诱发学生情感上的参与。

多媒体计算机和网络型媒体具有很强的交互性，允许学习者本人选择学习内容、学习方式、学习路径，能够充分发挥学习者的积极主动性，使学习者无论在情感还是行为上均高度参与。

五、受控性

受控性是指使用者对媒体操纵控制的难易程度。

幻灯、投影、录音、录像、计算机都比较容易使用和操作，能有效地为不同的人提供不同的服务，实现个别化学习。电影放映则必须接受专门的训练，才能有效操作。无线电广播和广播电视，使用者无法掌握播出时间、播出内容和播出速度，只能被动的收听收看，所以难以控制。

多媒体计算机和网络型媒体则比较容易控制，学习者不用考虑时间和空间的限制，只要有条件上网，随时都可以使用网络学习资源进行学习。

活动四　熟悉常见的现代教学环境(40 分钟)

随着以计算机技术和网络通信技术为核心技术的现代信息技术的发

展和校园网络的逐渐普及并与中国教育科研网(CERnet)或中国教育卫星宽带网联通，学校的教学环境极大改善，为教师运用现代教育教学理论、教学模式和教学方法进行教学提供了很好的平台,同时也为学习者进行高质量、高效率的自主式的个别化学习提供了必要的条件。常用的现代教学环境有校园网络系统、多媒体综合教室、计算机网络教室、语言实验室、电子阅览室、校园闭路教育电视系统等。

一、多媒体综合教室

多媒体综合教室是根据现代教育教学的需要，将多种现代教学媒体集中在一个教室中,以利于开展多媒体组合的教学活动。多媒体综合教室是目前使用非常普遍的由现代教学媒体组合而成的应用系统。

1. 多媒体综合教室的组成

目前多媒体综合教室都是以多媒体计算机为核心，由投影机、大屏幕、视频展示台、录像机、激光影碟机(VCD 或 DVD)、录音机、功放、音箱等多种现代教学媒体组成,同时为方便对多种设备的操控,将全部媒体设备集中由中央控制系统管理控制,如图 2-1 所示。

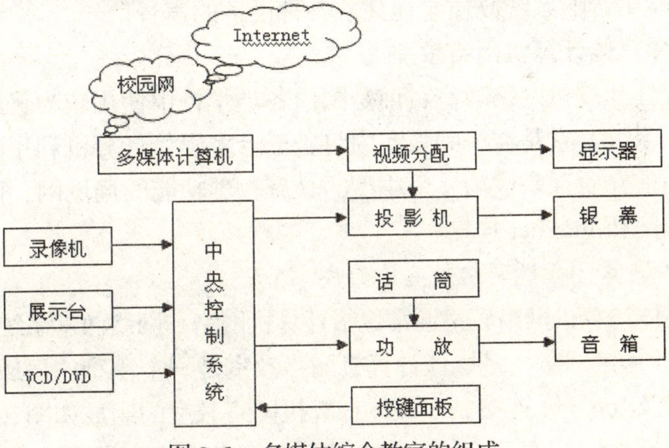

图 2-1 多媒体综合教室的组成

多媒体计算机是多媒体综合教室的核心，在系统中作为网络连接设备,可以和校园网或因特网连接;同时作为计算机教学媒体,其图像信号经过视频分配后,一路送显示器,一路直接输入到投影机,并在大屏幕上显示高清晰度的图像。录像机、视频展示台、VCD/DVD 等输出的视频信号经过视频切换也可以输入到投影机。音响系统将来自计算机、录像机、激光影碟机、话筒的音频信号输入功率放大器，通过音箱还原高保真的声音。

通过中央控制系统的按键控制面板或遥控器或计算机控制软件可以对录像机、激光影碟机、视频展示台、多媒体计算机、投影机、功放等设备进行电源和基本操作的集成控制，还可以控制教室内的环境设施，如电动屏幕的升降、电动窗帘的开关等。

2. 多媒体综合教室的功能

多媒体综合教室具备以下教学功能：

(1)利用多媒体计算机连接校园网、CERnet 和 Internet，使教师能方便地调用校园网和互联网上丰富的教学信息资源；利用多媒体计算机演示多媒体课件、网络课件，开展计算机辅助教学。

(2)连接校园闭路电视系统，播放电视教学片或进行视频点播，充分发挥电视媒体在教学中的作用；还应能够播放录像、VCD、DVD 等视频教学节目；利用视频展示台形成实物、模型、图片、照片、文字等资料的视频信号；并利用投影机将计算机信号和各种视频信号高清晰地显示在银幕上。

(3)能用音响系统高质量地播放各种设备的声音信号。

二、多媒体计算机网络教室

多媒体计算机网络教室目前是国内各类学校中使用较为普遍的一种网络教学系统。它是在一间教室内将若干台多媒体计算机利用网络互联设备和通信介质互联成为一个小型的具有教学功能的局域网，同时可以通过校园网和 Internet 连接。

1. 多媒体计算机网络教室的组成

多媒体计算机网络教室通常包括计算机网络和网络教学系统两部分。

(1)计算机网络。多媒体计算机网络教室是一个小型的局域网，并可与校园网及 Internet 连接。多媒体计算机网络教室的组成如图 2-2 所示。

系统硬件组成主要有：服务器、多媒体学生用和教师用计算机（均带耳机 / 话筒）、集线器或交换机、网卡并通过双绞线连接。加上录像机、激光影碟机、摄像机、投影机、大银幕、音响系统等设备，可形成功能齐全的视听型多媒体计算机网络教室。

系统软件包括教师机、学生机、服务器的操作系统。服务器上还存放有教学资源,并提供 Internet 的 WWW、FTP、E-mail 等常见应用服务。服务器还应安装代理软件，使学生机用户可以通过代理服务器访问校园网和 Internet。此外,教师机和学生机上安装有各种应用软件以及教学管理软件。

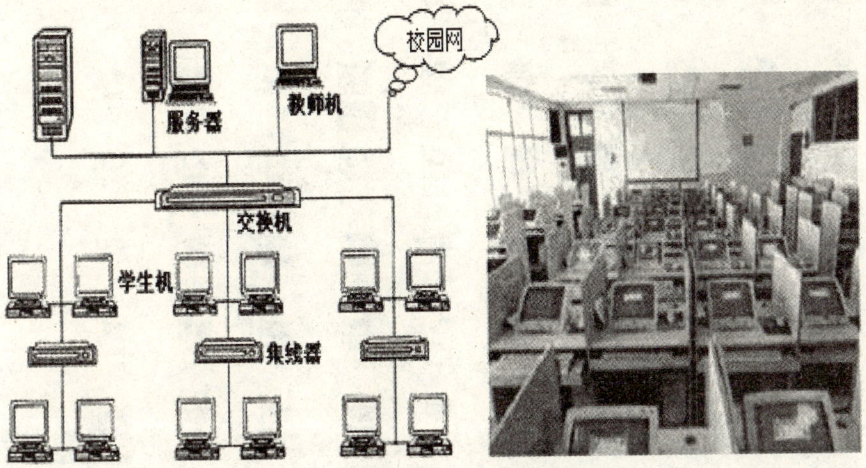

图 2-2 多媒体计算机网络教室组成

(2)网络教学系统。网络教学系统是在计算机网络的基础上为开展网络多媒体教学所需的控制系统,包括多媒体控制和教学管理两部分。多媒体控制部分是在计算机网络的基础上，通过在教师机和学生机上增加相应的硬件和软件,实现音频、视频和控制信号的传输。教学管理部分则直接支持多媒体计算机网络教室的网络教学，一般通过专门的教学管理软件实现,如图 2-3 所示。

2. 多媒体计算机网络教室的功能

多媒体计算机网络教室一方面能够充分满足学生个别化学习、分组讨论和集体学习的需要,并且学生可以利用校园网和 Internet 上丰富的学习资源,进行自主的探索式的学习,为学生创设了一个优良的信息化学习环境;另一方面,教师可以利用多媒体,开展多种形式的教学活动,同时利用网络教学系统,教师能够有效的控制、管理整个教和学的过程,并实现对学生学习的监督和指导。多媒体计算机网络教室可以实现以下主要的教学功能:

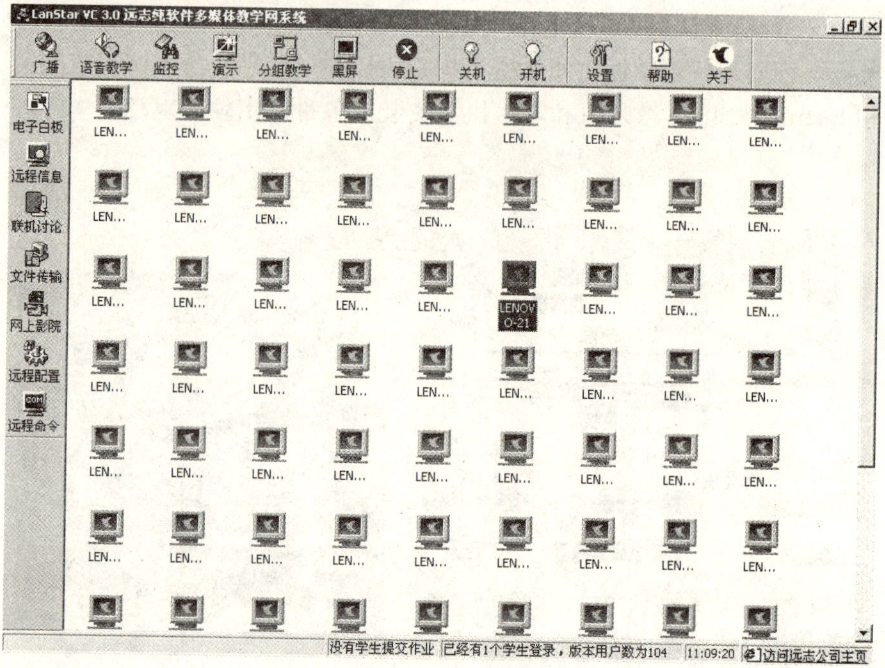

图 2–3 网络教学管理软件界面

● 资源共享

所有学生和教师都可共享校园网服务器上的学习资源(如多媒体素材、多媒体网络课件、网络课程、试题库等),同时也能够连入 Internet 共享更为丰富的资源,还能够进行软件下载、信息浏览、视频点播、邮件收发等活动。

● 广播教学

广播教学功能可以将教师机的屏幕画面同步传输给全部学生、或某组学生、或某个学生,从而使学生可看到教师的操作过程;同时,教师还可以将某个学生的屏幕画面同步转播,用学生的操作做示范。

● 监控功能

利用监控功能,教师可以在自己的计算机屏幕上监视全部、或部分、或某个学生的屏幕信息; 必要时可以通过语音或键盘方式对学生进行辅导,甚至锁定学生的键盘和鼠标,从而实现对教学过程的有效监控。

● 分组功能

利用分组功能,教师在教师机上可以任意指定若干人为一组,分成多组，让各小组成员进行在线讨论和合作学习。

● 控制功能

利用控制功能，教师可以实现对学生机的控制，对全部、或部分、或某个学生进行锁定 / 解锁键盘、锁定 / 解锁鼠标、黑屏、开关机等操作。

● 文件传输

利用文件传输功能，网络上的用户可以将文件或目录发送到其他用户的指定目录中去，也可从其他用户接收文件或目录，并存放在指定目录中。如将学生需提交的作业发送到教师机上的指定目录中。

● 电子举手

利用举手功能，学生在学习过程中如有问题提出时，可进行电子举手向教师求助，教师对求助的学生给予及时的指导。

● 联机讨论

教师和学生、学生和学生之间，可以通过联机讨论，互相交流信息。讨论过程中，在屏幕上会出现讨论的窗口，显示发送给对方的信息以及接收到的对方发来的信息。

● 语音和视频传输

在教师机上播放视频文件，并广播给全部、或部分、或某个学生。利用语音传输功能，教师可以将自己的语音传送给教学网络上的全部、或部分、或某个学生；同时教师也可以允许将某个学生的语音传送给自己，从而实现双方之间的语音交流。

三、校园网

校园网络系统通常是指在网络通信协议控制下，利用网络设备和通信介质将校园内不同位置的计算机和各种终端设备有机地集成在一起，并通过防火墙与外部的 Internet 连接，为教育教学和学校管理服务，并可实现资源共享、远程教育、远程信息交流等功能的局域网。

1. 校园网的网络结构及网络设备

校园网络采用"主干 + 分支"的结构，利用高速网络技术构建整个校园主干网，其中包含一个或多个出口连接外部 Internet，学校各部门的局域网或其他网络终端设备作为分支通过交换机或集线器连接到学校的主干网上，如图 2–4 所示。

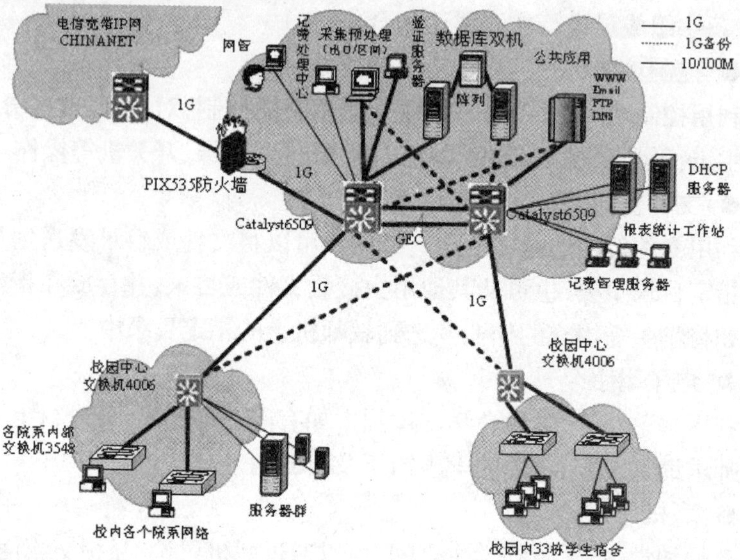

图 2–4 某大学校园网结构图

校园网中常用的网络设备有服务器、工作站、传输介质、网络适配器、网络互联设备等。

服务器(Server):是网络中为客户端计算机提供某种服务的计算机。服务器是网络系统的核心部分,要选用可靠性好、稳定性强、性能优良的计算机。按服务器可提供的服务功能,可分为文件服务器、数据库服务器、视频服务器、Web 服务器、FTP 服务器、网关服务器等多种。

工作站(Workstation):是一台客户机,即网络服务的一个用户,通过网络适配器与网络连接。工作时,工作站向服务器提出服务的请求,而服务器则响应请求,提供响应的服务,最后工作站接收服务器传回的数据。工作站有时也作为特殊应用服务器使用,如作为打印机的专用工作站。

传输介质:在校园网中,常用的有双绞线(Twisted Pair)和光纤(Fiber)。

网络适配器:又称网卡,是一种可以插入计算机主板插槽的电路板,用来提供与网络主机的接口电路,并提供网络电缆插入的连接头。

网络互联设备有集线器(HUB)、交换机(Switch)、路由器(Router)、防火墙(Firewall)等。

2. 校园网的功能

校园网应为学校的教学科研、教育管理、国际交流等各方面提供支持和服务，并具备以下基本功能。

● 通信服务系统

校园网不仅实现在校内的教育教学资源的共享和传输，还实现了与因特网的互联以及与之的资源共享和通讯。

校园网网页是学校对外宣传的窗口，主要内容包括：学校历史和现状、院系和机构设置、专业设置、招生和分配信息、教学和科研信息等。同时校园网主页上可以及时发布校园重大新闻事件、会议通知、各种文件和表格。

校园网还能够提供其他各种 Internet 服务，如：电子邮件（E-mail）、电子公告板（BBS）、文件传输（FTP）、聊天（Chat）、视频会议等。

● 教育管理系统

利用校园网的教育管理系统可以实现学校的各项管理工作，包括：行政事务管理、教学教务管理、科研管理、总务后勤管理（财务管理、资产管理等）、校园一卡通系统等。

● 教学应用系统

校园网的主要功能就是教学应用，应具备支持教师网络备课和授课、网上课程学习与练习、在线考试、网络教学评价、作业提交与批改、课程辅导与答疑、师生交流与互动等功能。具体应包括：

网络备课系统，包括图片素材采集、音视频素材采集、多媒体素材的集成和课件制作系统等。

教学演示系统，包括资料检索、多媒体演示、视频点播、视频广播等功能。

学生学习系统，利用该系统学生可以实现网上选课、网络课程学习、作业提交、小组协商讨论、资料查阅等功能。

题库管理系统，包括题库维护、组卷等功能。

考试与评价系统，包括网络在线考试与测试、测试评价、试卷分析等功能。

远程教育系统，可实现通过 Web 方式、视频点播方式或视频会议方式进行实时或非实时的学习，教师可以提问、在线辅导、答疑和批改作业，学生则可提出疑问、提交作业，师生之间也可就某一主题或问题进行交流讨论。

数字化图书馆，用户可以通过校园网访问图书馆的联机数据库，方便对图书馆的图书、文献资料进行检索、查询、借阅。

● 教学信息资源库

教学信息资源库是校园网建设和应用的核心，各种教学信息，特别是多媒体教学信息被放置在校园网上。教学信息资源库通常包括多媒体素材库、教案库、多媒体网络课件库、试题库、学科资料库等。用户在各自被允许的权限内，使用 Web 方式浏览各种教学信息和资源，系统还应提供分类目录检索和关键字检索方式，方便用户查找所需信息和资料。此外，资源库还应具备压缩打包、上传下载等功能。

以上介绍了多媒体综合教室、多媒体计算机网络教室、校园网三种常见的现代教学环境的配置及功能，你是否还了解其他的教学环境呢?请相互交流，并填写教学环境配置模式表，见表 2–5。

表 2–5　教学环境配置模式表

基本模式	基本配置与功能
多媒体综合教室	
多媒体计算机网络教室	
校园网	

第二节 教育信息资源的检索与获取

时间:2学时	
学习目标: 形成对教育信息资源的初步认识,掌握教育信息资源搜索和获取的技术和方法。	
学习活动: □ 研讨什么是教育信息资源 □ 掌握网络教育信息资源的检索与获取方法	**学习作品:** □ 教育信息资源分类表 □ 教育信息资源收集方式表

活动一 研讨什么是教育信息资源(35分钟)

在开展教育技术的应用研究中，信息资源建设是一项关键性基础工程。教育信息资源作为信息资源的重要组成部分,在提高教育教学质量,挖掘教育的发展潜力上发挥着重要的作用。

一、教育信息资源的含义

广义的教育资源是指支持教育、教学的资源，包括支持教与学的系统、教学材料与环境。它不仅指用于支持教与学过程的设备和材料,还包括人员、预算和设施,包括能帮助个人有效学习和操作的任何资源;信息技术教育资源是指在以网络和计算机为主要特征的信息技术环境下,为教学目的而专门设计的或者能用来为教学目的服务的各种资源，包括教育环境资源、教育人力资源和教育信息资源。

1. 教育环境资源

教育环境资源是指构成教育教学系统的各种硬件设备，如计算机设备、网络设备、通信设备等,以及维持教育教学系统正常运行的各类系统软件、应用软件、工具软件、教学软件等。

2. 教育人力资源

教育人力资源包括教育教学机构人员、任课教师、教辅人员、行政管理者，以及能通过互联网等现代通信工具联系到的各个领域的专家、学者等。

3. 教育信息资源

教育信息资源是指经过数字化处理，可以在多媒体计算机上或网络环境下运行的多媒体信息材料，它能够激发学生通过自主、合作、创造的方式来寻找和处理各种信息从而使数字化学习成为可能。

教育信息资源也可以狭义地理解为信息技术环境下的教育信息资源，以及为达到某种教学目的的教学支撑系统软件与资源管理软件系统等，包括数字视频、数字音频、多媒体教学软件、教育网站、电子邮件、在线学习管理系统、计算机模拟、在线讨论、数据文件数据库等等。需要说明的是，后文中提及的教育信息资源是指这层含义。

二、教育信息资源的特点

1. 多样性

教育信息资源内容以超媒体形式组织，其超媒体界面可以通过网络超链接到多个与主题相关的网站。教育信息资源形式，包括精美的画面、优美的音乐、逼真的动画和视频图像等，图文声像并茂，极大地丰富了信息内容的表现力。

2. 便捷性

教育信息资源的检索简单、快捷、方便，可通过网络终端随时随地获取，这样避免了其他媒体信息在查找时所受到的时间、空间等因素的限制。

3. 共享性

教育信息资源除了具备一般意义上的信息资源的共享性外，还能以网页的形式发布，供所有的网络用户随时访问，不存在传统媒体信息由于复本数量的限制所产生的信息不能获取现象。

4. 时效性

教育信息资源传播的时效性远远超过其他任何一种信息，网络媒体的信息传播速度及影响范围使得教育信息资源的时效性增强，更新频率加快。因此，常用因特网查找最新信息资料。

5. 交互性

教育信息资源具备同步与异步双向传递的交互功能，用户在接收到相关的信息后可针对该信息随时向信源提供反馈。

6. 广泛性

教育信息资源包含的内容非常广泛，可为各个学科领域的教与学提供参考。网络教育信息资源更为丰富，如最新的教学大纲与构思、教学资料、众多模式的教学软件、网络教程、丰富的课程参考文献、课程开发工具和图像资料、一线教师的教学经验，以及世界各地的学校的概况，教育管理部门的各种教育政策、措施、研究项目、网上期刊、印刷物以及各种动态性信息如每日新闻、快讯、消息、动态报道、会议通知等。

7. 创造性

教育信息资源可用于多层次的探究，可以通过计算机网络工具对教育信息资源进行整合处理，富有创造性。

三、教育信息资源的类型

教育信息资源主要包括媒体素材、试题和试卷、案例、教学软件、网络课程、文献资料、常见问题解答、资源目录索引、网络教学管理系统、教育信息资源管理系统等类型。

1. 媒体素材

媒体素材是传播教学信息的基本材料单元，可分为五大类：文本类素材、图形图像类素材、音频类素材、视频类素材、动画类素材。

2. 试题和试卷

试题是测试中使用的问题、选项、正确答案、得分点和输出结果等的集合。

试题素材是评价学生对知识掌握情况的依据，它也是教学过程中必不可少的一种教学资料。试题素材没有固定的储存格式，通常是以试卷或题库的形式存储的。试卷是用于多种类型测试的典型成套试题。题库通常是根据某种测量理论的数学模型建立起来的，一般包括两个组成部分：试题的组织和试题的管理。试题的组织包括对试题的编写要求、入库要求、组织要求的描述。试题的管理包括对试题的查找、录入、删除、修改等的管理，对组卷的管理和对试卷分析的管理等。

3. 案例

案例是指由各种媒体元素组合表现的有现实指导意义和教学意义的

代表性事件或现象。

简单地说，案例是对某事件的过程与结果的描述，以及对原因和效果的分析。案例通常是在教授某理论、原理或规律时作为典型实例提供给学生的，它能够启发和促进学生对教学内容的掌握。

4. 教学软件

在教育技术领域，教学软件泛指各种媒体化学习材料及相关的使用说明资料，如计算机辅助教学程序、教学音像带、教学投影片、幻灯片、电子讲稿等。

5. 网络课程

网络课程是通过网络表现的某门学科的教学内容及实施的教学活动的总和，它包括按一定的教学目标、教学策略组织起来的教学内容和网络教学支撑环境。

6. 文献资料

文献资料是指有关教育方面的政策、法规、条例、规章制度、对重大事件的记录、重要文章、书籍等。

7. 常见问题解答

常见问题解答是针对某一具体领域最常出现的问题给出全面的解答。

8. 资源目录索引

资源目录索引是列出某一领域中相关的网络资源地址链接和非网络资源的索引。通过资源目录索引可以为学习者在信息海洋里提供清晰的导航，促进学习的顺利进行。

9. 网络教学支持系统

网络教学支持系统是网络教学正常开展的保障，可为网上教育的施教者和学习者提供完整的教学辅助、教学管理与学习指导工具，包括网络课件写作工具、多媒体素材集成软件、网上答疑、网上讨论、在线测试等系统软件、工具软件以及应用软件等。

10. 教育资源管理系统

教育资源管理系统是通过对教育资源产生、教育资源分享、教育资源使用、教育资源评价的动态循环管理，对原始数据（如视频、音频、动画、图片等）、半成品（如课件）、成品（如教案）等形式的教育资源进行全面整合，实现校内资源管理、区域网络管理、Web 资源管理、教师评估管理和资源共建共享管理的多层次、多方位的管理系统。

四、网络教育信息资源

因特网(Internet)是世界上最大的信息网络系统,也是最大的信息资源库,其中有许多可以为教育目的服务,人们将这部分资源通称为网络教育信息资源。网络教育信息资源是指经过数字化处理,通过网络通信、计算机或者终端等方式能再现出来的文字、图像、声音、动画等多种形式的教育信息。为了便于利用,我们有必要对网络教育信息资源进行分类,按其形态与用途可以划分成如下八大类:

(1)电子书籍。这是以数字格式传播的正式书籍类出版物。

(2)电子期刊。包括电子报纸、电子杂志和期刊、电子新闻和信息服务(NIS)。电子期刊现在已经成为主要的网上信息资源。

(3)数据库。是指大量信息对象的集合,允许用户根据某些属性进行检索。网上有各种各样的数据库,例如专题数据库、图书目录和地址簿等,其中有许多可以为教育教学目的服务。比如中国万方数据库包括法律法规库、中文学位论文库等。

(4)虚拟图书馆。这里主要指由比较严肃的学术和科研机构建立的网上信息库。这些信息库往往集中于一个或几个专题,广泛收集网上的学术作品和相关网站地址,按一定规则进行分类编目,有的用超文本建立索引,有的用关键词检索。

(5)电子百科。电子百科全书(包括电子辞书)是近几年才开始发展起来的。不过,最著名的百科全书——《大英百科全书》在 1996 年 6 月份的时候就已经有了在线服务。

(6)教育网站。教育网站是一个广泛的概念,目前尚无统一的分类方法。为方便起见,我们可列出一些主要类型:

- 教学类:这类网站提供比较完整的课程教学或辅导,从一门、数门到上百门不等。国内目前有许多此类网站采取商业化运作方式,通常称之为网校。

- 教育类:这类网站把目标瞄准课外、校外教育,如社区教育、教育游戏、家庭教育、亲子教育等。

- 研究类:这类网站通常由教育研究者和学科教师创建,提供与课程教学研究相关的资源,包括课程大纲、教学法、教案、学生作品、参考资料等。

● 资源类:这类网站分门别类地提供各种教育资源,如课程标准、教材、案例、素材等,有的可纳入网上数据库范围。

● 综合类:在一定程度上综合了以上三类网站的功能特点,中国中小学教育教学网(http://www.k12.com.cn)基本上属于此类。

(7)电子论坛。由 Usenet、BBS 之类的技术支持的网上讨论统称为电子论坛。电子论坛中的信息不如电子百科那样权威和规范,不如电子期刊那样严肃和专业,但形式活泼,内容新鲜,也不乏真知灼见。

(8)虚拟软件库。虚拟软件库专门收集免费软件(Freeware)及试用软件(Shareware)。免费软件允许用户自由下载和无限期使用;试用软件虽可自由下载使用,但对使用期限有一定限制。

由于网络教育资源的广泛性和多样性,或许我们永远无法找到一种令人满意的分类。在实际应用中,我们可以根据自己的学科教学需要锁定资源范围,并提出自己觉得方便的教学资源分类方法。结合上述的讲解,请与你的同学进一步讨论教学信息资源如何分类的,不同类型的信息资源有何特点,并填入表 2–6。

表 2–6 教育信息资源分类表

分类方式	分类依据	资源举例

活动二 掌握网络教育信息资源的检索与获取方法(65 分钟)

前面我们已经对网络教育信息资源的类型做了介绍,接下来,我们进一步探讨网络教育信息资源的检索与获取方法。在学习之前，请回忆在日常学习过程中你是如何检索并获取信息资源的？并与你的同学交流、分享你的资源获取方法，将讨论的结果填入表 2–7。

表 2–7 信息资源收集方式表

信息资源名称（类型）	信息检索方式（包括检索工具、方法及步骤）	信息保存方法（包括保存工具、方法及步骤）

一、图书信息检索

图书馆以其丰富的藏书向我们提供多种信息，是我们获取资源的重要途径。传统的图书查询方法主要是通过卡片目录。按照款目的不同卡片目录分为分类目录、书名目录、著者目录三种。

分类目录是按照图书分类法的分类体系组织起来的一种目录形式。组织的依据首先是目录卡片左上角索取号中的分类号，按类号的层级大小依次排列次序，在分类号相同的情况下，再根据著者号的大小来进一步区分排列次序。此种目录可供读者按学科门类查找图书，同一门类的图书都集中在一起。

书名目录能从特定的书名向读者提供查找的线索，它是按照书名的字顺组织起来的目录。本馆使用的书名目录是按笔划、笔形的顺序来组织的。

著者目录主要从著作人(含个人著者和集体著者)方面来揭示馆藏,同一著者的著作(含著、译、注等)全部集中在此著者名下。它也是按著者姓名的字顺组织起来的。

现在,图书馆一般备有计算机书目检索终端,供我们检索查询图书。书目检索系统提供了书名、作者、索书号、ISBN 号、关键字等多种检索途径,读者可以根据自己的需要和所掌握的相关信息选择检索途径。还可以将掌握的几条信息组配起来,检索同时满足几个条件的记录,如图 2–5 所示。

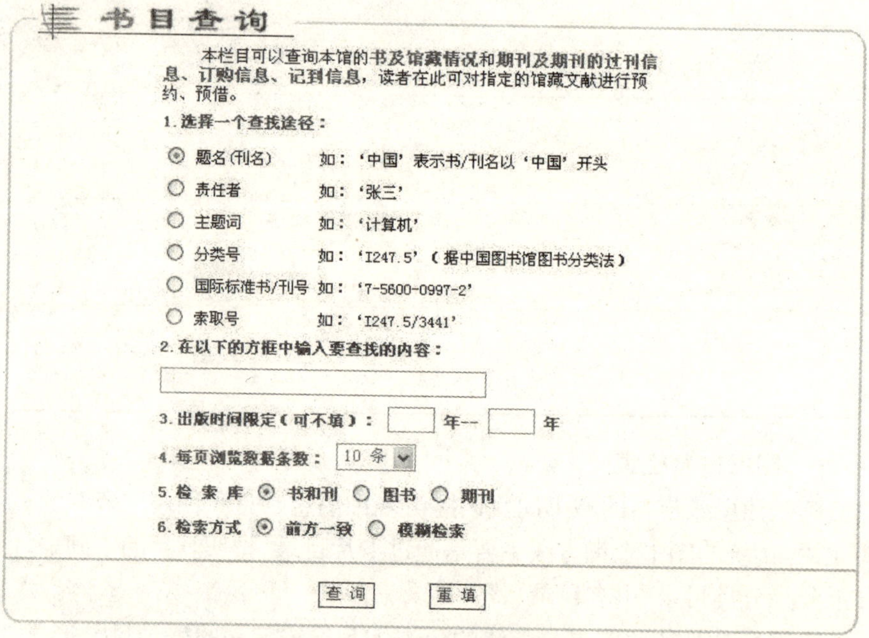

图 2–5 书目信息检索页面

二、科技文献检索

在日常的学习和科研中,很多情况下需要搜索大量的科技文献,如:学术论文、学位论文、重要会议论文等,我们可以采用专业的科技文献检索方法。目前,国内常用的科技文献数据库有中国学术期刊网、万方数据资源、人大复印资料等。

《中国学术期刊网》(www.cnki.net)是由清华同方光盘股份有限公司、中国学术期刊(光盘版)电子杂志社、清华大学光盘国家工程研究中心出版的。它是中国国家知识基础设施(China National Knowledge Infrastructure,简称CNKI)的核心内容之一,也是我国目前最权威的全文数据库之一,收录了1994年至今的5300种学术类核心或专业特色期刊全文,内容覆盖理工A(数理科学)、理工B(化学化工能源与材料)、理工C(工业技术)、农业、医药卫生、文史哲、经济政治与法律、教育与社会科学、电子技术与信息科学。分九大专辑,126个数据库。

《万方数据》是1997年8月由中国科技信息研究所、万方数据集团公司联合开发的网上数据库联机检索系统,目前该系统主要包括五个子系统的数据库:科技信息子系统、商务信息子系统、数字化期刊子系统、学位论文全文子系统、学术会议全文子系统。数字化期刊子系统目前已集纳了理、工、农、医、人文等5大类的70多个类目的2500多种科技类核心期刊,实现全文上网。

《人大复印资料》数据库是由中国人民大学书报资料中心与北京博利群电子信息有限责任公司联合开发制作,收录自1995年至今100多个专题全文复印资料,分为马列、社科、政治、哲学、法律、经济类、教育、文化、体育、语言、文学、历史、地理等专题。其内容选自国内公开和内部发行的报刊近3500多种,核心期刊全部被收录,现有专题120多个。

个人用户要浏览下载中国学术期刊网的资源,需要注册并支付一定费用,也可以通过访问各镜像站点获取资源。现在,很多高校都建立了中国学术期刊网的镜像站点,校园网用户可以通过镜像站点免费访问中国学术期刊网。下面通过访问安徽师范大学图书馆镜像站点说明中国学术期刊网的检索方法。

1. 进入检索页面

单击安徽师范大学图书馆主页(http://lib.ahnu.edu.cn/index.asp)常用链接中的中国期刊网,由中国学术期刊网本地镜像的访问入口http://210.45.204.34/kns50/进入镜像主页,选择数据库,如:中国期刊全文数据库,即可进入检索界面,如图2-6所示。

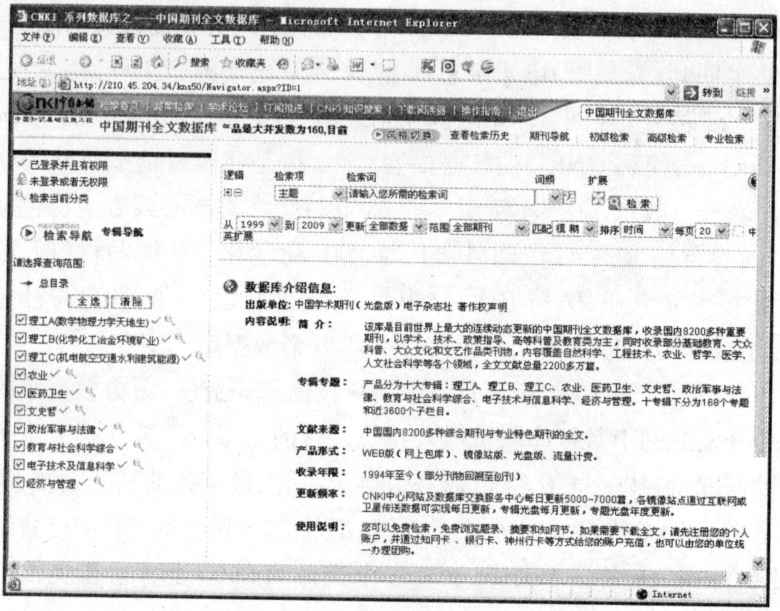

图 2-6 检索页面

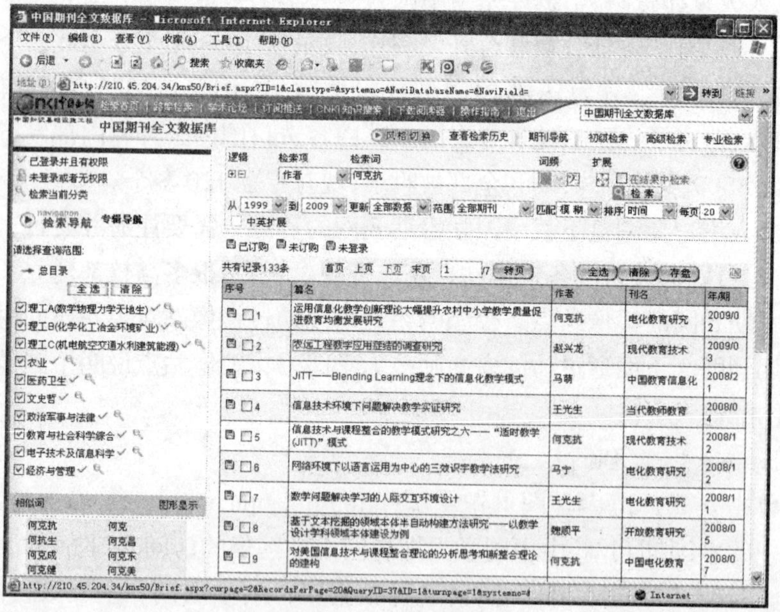

图 2-7 检索结果

2. 检索

系统默认进入“初级检索”界面，该方式有“全文”、“篇名”、“作者”、“机构”、“关键词”、“中文摘要”、“引文”、“中文刊名”、“基金”、“ISSN”、“年”、“期”、“主题词”、“第一作者”、“篇名/关键词/摘要” 共15个检索字段。

例如：要检索何克抗教授1999年以来发表的论文，只需将检索项选择为“作者”，在检索词中输入“何克抗”，选择检索时间范围是从1999～2009年，单击“检索”按钮就可以检索到何克抗教授1999年以来发表的论文，检索结果如图2–7所示。

你也可以单击“高级检索”进入高级检索方式，该方式可同时设置多项检索条件，各检索条件之间可以是“并且”、“或者”、“不含”三种方式。

3. 检索结果的输出

在中国期刊全文数据库检索到的结果，单击“文献篇名”，可以得到文献的题录文摘信息，如图2–8所示。单击“下载阅读CAJ格式全文”或“下载阅读PDF格式全文”，即可下载相应格式的论文全文。

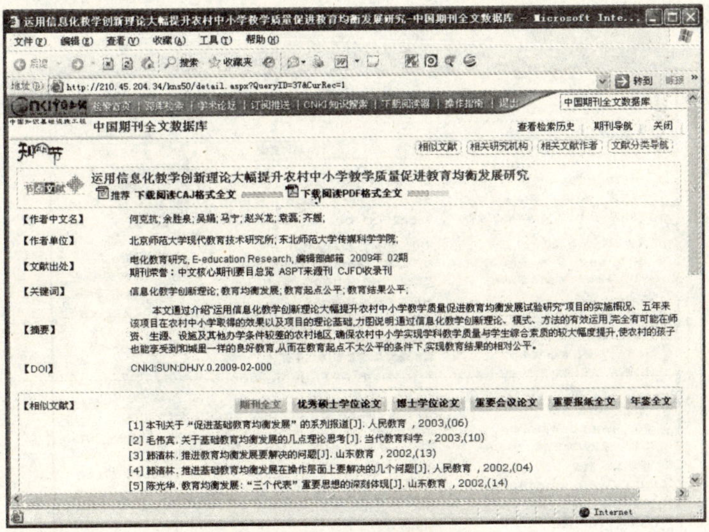

图2–8 检索结果的输出

三、目录型检索工具

为了帮助Internet上用户方便地查询到所需要的信息，人们按照图书馆管理书目的方法设置了网上目录。网上目录一般以主题方式来组织，大主题下又包括若干小主题，这样一层一层地查下去，直到比较具体的信息标题。

这就是目录型检索工具，也称主题目录或者主题指南，它是按等级排列的主题类索引，排列的方法有字母顺序法、时间顺序法、地点法、主题法等等，或者各种方法综合使用。它能让用户通过主题浏览 Web 站点列表、检索相关信息。现在许多网站专门收集 Internet 上的信息地址，并编制成目录提供给网上用户，如雅虎、搜狐、新浪等。创建于 1994 年的 Yahoo!网站是最早、最有代表性的目录型检索工具。Yahoo!将网络资源按内容分为若干大类，每个大类下又逐级链接多个小类，最后与相应的 Web 页面相链接。图 2–9 所示的是 Yahoo!推出的中文站点：雅虎中国（http://cn.yahoo.com）。

目录型检索工具的使用方法：

● 选择目录大类中的项目，然后一步步地缩小范围。

● 用一个含义较广的关键词（如教育、教育技术、信息资源等）查询，然后继续点击更详细的标题。

● 如果一个目录不能给你合适的结果，用另一个试试。通常目录间会有很大的差别。

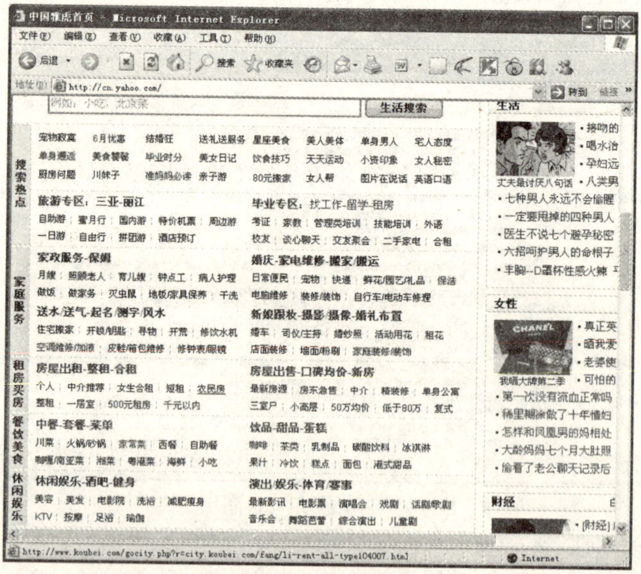

图 2–9 雅虎中国的主页

四、网页搜索引擎

如果希望得到与特定内容有关的具体信息，并且知道与之相关的标题词组或专用术语，可以使用搜索引擎来搜索信息。搜索引擎实际上是一类软机器人，会不停地访问 Internet 站点并自动生成网页目录。它的工作机制是首先搜索引擎派出网页搜索工具在网上搜索信息，并把信息带回搜索引擎；然后，将信息进行分类索引，建立网页数据库；最后，通过 Web 服务器端软件，为用户提供浏览器界面下的信息查询。对用户来说就是输入需要查询的关键字，点击"查询"之类的启动按钮，搜索引擎就会使用一定的检索算法从网页数据库中找出与查询关键字相匹配的记录，并以列表的形式显示给用户。

在大多情况下，搜索引擎是用来查找明确信息的最佳手段，比如已知的文档、图片或短语等。但另一方面，搜索引擎也存在一些缺陷，例如准确性较差，检索结果中可能会有很多冗余信息。此外，大多数搜索引擎不仅提供一个或多个关键字的简单查询，还提供附加的查询选项。常用的搜索引擎有百度(http://www.baidu.com)、谷歌 Google(http://www.google.cn)等。

搜索引擎的使用方法：

● 选择搜索引擎。例如，在浏览器地址栏输入 http://www.baidu.com，打开百度中文搜索引擎的主页，见图 2-10。

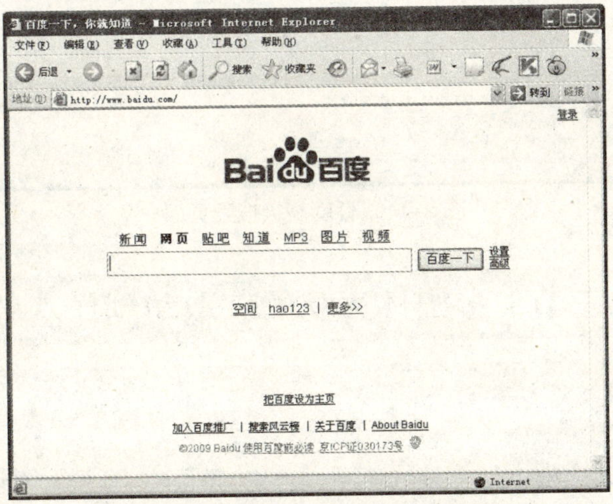

图 2-10 百度中文搜索引擎

● 确定搜索主题，如新闻、网页、图片、视频等。

● 决定搜索用的关键字，单击“百度一下”按钮就可以找到相应的内容。

● 缩小搜索范围。各种搜索引擎都有缩小搜索范围的功能，如Google的“高级搜索”和百度的“高级”等，只要对搜索条件进行限制，就能更精确地搜索到更有价值的资源。百度的“高级搜索”功能提供了根据关键字、语言、文件格式、时间、关键词位置等条件，如图2-11所示。高级搜索将搜索范围限制在某个特定的网站中，排除某个特定网站的网页，将搜索限制于某种指定的语言，查找链接到某个指定网页的所有网页，查找与指定网页相关的网页。

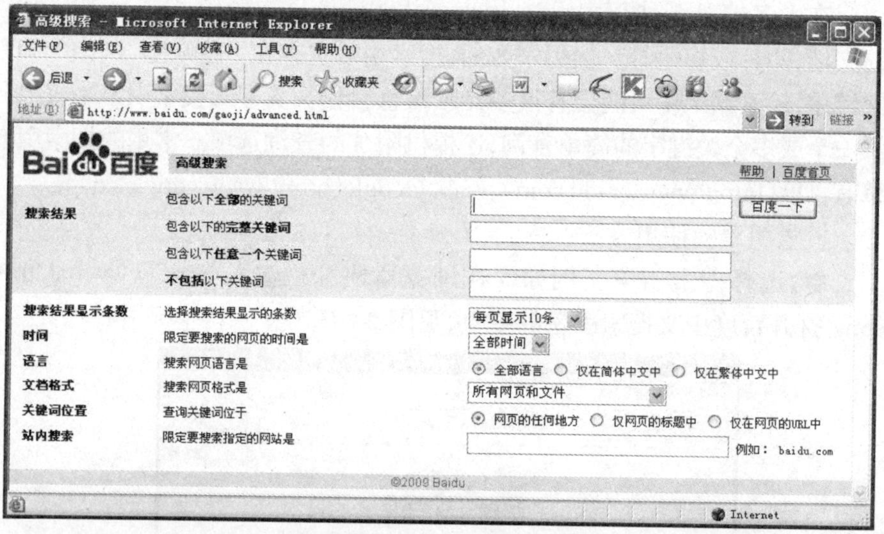

图2-11　百度高级搜索页面

第三节　多媒体素材的获取与制作基础

时间：4学时

学习目标：

掌握文本、图形、图像、音频、视频和动画媒体素材获取的一般方法和简单制作的方法。

学习活动：	学习作品：
□ 熟悉多媒体素材的类型	□ 多媒体素材类型记录表
□ 学习获取与制作文本素材	□ 图像素材作品
□ 学习获取与制作图像素材	□ 音频素材作品
□ 学习获取与制作音频素材	□ 视频素材作品
□ 学习获取与制作动画素材	
□ 学习获取与制作视频素材	

活动一 熟悉多媒体素材的类型(35 分钟)

多媒体教学可以生动形象地呈现各种知识,激发学习者的学习兴趣,其关键因素之一就是需要有足够的合适的素材。在开始学习多媒体素材类型的知识之前，请和你的同学相互交流并思考以下关于多媒体素材的问题,并将你们的讨论结果填写在表 2–8 中。

- 多媒体素材的类型有哪些?
- 常用、常见的多媒体素材文件扩展名有哪些?
- 不同媒体素材有什么特点?

表 2–8 多媒体素材类型记录表

多媒体素材类型	多媒体素材特点	素材常用的文件扩展名

你可以通过阅读下面的相关知识以便完成上述多媒体素材类型

记录表。

多媒体素材是传播教学信息的基本单元，依据其所表现的信息类型，可分为文本、图形图像、音频、视频、动画五大类。

一、文本

指各种文字，包括各种字体、尺寸、格式及色彩的文本。文本是计算机文字处理程序的基础，也是多媒体应用程序的基础。通过对文本显示方式的组织，多媒体应用系统可以使显示的内容更易于理解。文本也是多媒体课件制作中重要的一种媒体类型。文本可以表达概念、原则、方法、规律等教学内容信息，也可以表现菜单、标题、热字、按钮等教学控制信息。常见的文本文件格式很多，如纯文本文件格式(.txt)，Rich Text Format 文件格式(.rtf)，Word 文档格式(.Doc)，WPS 文件格式(.Wps)等。

二、图形图像

图形是由线条、颜色、位置和形状等内容构成的，计算机可以将它们转换成一系列绘图指令，以文件形式存储，形成矢量图(Vectorgraph)。矢量图在显示和打印时也是按照绘图内容的指令绘制出来的，即使随意改变其大小也不会失真。因此，矢量图所占存储空间小。许多 3D 软件都采用矢量图形。在网络上非常流行的 Flash 动画也采用矢量图形，以减小文件存储容量，易于在网络上传输。矢量图的存储文件格式有 DWG、WMF、CDR、TGA 和 SVG 等。

图像是一个矩阵，这个矩阵是由像素点所构成的点阵图，也称为位图(Bitmap)，位图文件格式为 BMP。位图图像适合于表现比较细腻、层次和色彩比较丰富、包含大量细节的图像，但是图像在放大的转换过程中会产生失真，且随着图像精度提高或尺寸增大，所占用的存储空间也急剧增大。

为解决位图图像文件数据量过大的问题，人们往往采用图像压缩技术来减少存储容量。图像压缩是根据图像数据中存在着大量的冗余信息而进行压缩的。冗余有空间冗余、结构冗余、知识冗余和视觉冗余等许多种。压缩技术利用这些冗余进行计算编码，使得重复存储的数据量大大减少。现在常用的压缩技术有无损压缩和有损压缩两类。能还原成与压缩前完全一致的压缩，称为无损压缩，比如 GIF、TIFF、PNG 图像文件就是无损压缩。有损压缩则是还原后改变了原始图像，使前后内容不一样，但是这种误差在人眼识别图像变化能力之内，所以人们并不会明显的感觉到图像的变化，比如 JPEG 格式图像就是有损压损，其压缩比可以达到 50:1。

三、音频

声音是一种波形，通过麦克风可以将声音转换成为模拟电信号，通过录音设备将声音录制下来。由于计算机设备只能处理数字信号，所以要将模拟声音信号转换成为数字信号才能存储和处理。对声音的数字化处理包括采样和量化两个步骤。采样是指每间隔一段时间读取一个声音信号的幅度，一般使用 44.1KHZ 的采样率，此外还有 22.05KHZ 和 11.025KHZ。量化是对模拟音频信号的幅度进行数字化，一般采用 16 位以确保采样的精度，此外还有 8 位和 32 位。当采样率和量化精度取较大的值时，能够提高声音的保真度，而存储容量也会随之剧增。

音频属于过程性信息，标准的解说、动听的音乐有利于集中学生学习的注意力、陶冶学生的情操、激发学生学习的积极性。

数字音频包括波形音频、Midi 音频、Mp3 音频等。波形音频是记录声音最直接的形式，对记录与播放的环境要求不高，因此在媒体教学软件中应用最多，其缺点是数据量大，其文件扩展名为.WAV。Midi（Musical Instrument Digital Interface）中文含义是电子乐器数字化接口，是用多媒体计算机直接合成音乐的标准。Midi 文件不是一段录制好的声音，而是记录声音发声的过程，即音乐演奏的过程，Midi 音频的数据量比较小，适合在呈现背景音乐的场合使用。Mp3 音频是数字音乐压缩格式文件，其所占空间也较小，同时失真又小，目前也是应用较广泛的音频之一。

四、视频

视频是由一帧一帧连续的画面组成，是对原始事实表现过程的真实记录。视频具有表现事物细节的能力，适宜呈现一些学习感觉比较陌生的事物。它的信息量比较大，具有很强的感染力。通常情况下，视频采用声像复合格式，即在呈现事物图像的时候，同时也伴有解说或背景音乐。当然，视频在呈现丰富色彩的画面的同时，也可能传递一些无关信息，如果不加鉴别，便会成为学生学习的干扰因素。

常见的视频格式有 AVI 格式、MOV 格式、MPEG 格式、MP4 格式、

flv 格式和 RM/RMVB 格式。AVI 英文全称为 Audio Video Interleaved，是 Microsoft 公司开发的一种伴音与视频交叉记录的视频文件格式。它对视频文件采用了一种有损压缩方式，但压缩比较高，因此尽管画面质量不是太好，但其应用范围仍然非常广泛。MOV 格式是 Apple 公司为在 Macintosh 微机上应用视频而推出的文件格式。同时 Apple 公司也推出了为 MOV 视频文件格式应用而设计的 QuickTime 软件，该软件有在 Macintosh 和 PC 机上使用的两个版本，因此，在多媒体 PC 机上也可以使用 MOV 格式。MPEG 格式是采用 MPEG 标准进行压缩的视频格式，包括 MPEG-1、MPEG-2 和 MPEG-4。MPEG-1 被广泛应用在 VCD 的制作上，MPEG-2 则被应用于 DVD 的制作，MPEG-4 则是为在国际互联网络上或移动通信设备(例如移动电话)上实时传输音 / 视频讯号而制定的最新 MPEG 标准。RM/RMVB 格式是 RealNetworks 公司所开发的一种新型流式视频文件格式，可以根据网络数据传输速率的不同而采用不同的压缩比率，在数据传输过程中边下载边播放视频影像，从而实现视频影像数据的实时传送和播放，客户端通过 RealPlayer 播放器进行播放。其他格式还有微软公司开发的 ASF 视频文件格式，VCD 中的视频文件 DAT 格式，DVD 中的视频文件 VOB 格式等。

五、动画

对于过程事实的描述只依赖于文本信息或数字图像信息是不够的，为了能获得更好的描述效果，常常需要利用动画。动画是对事物运动、变化过程的模拟。一般来讲，动画的制作需要借助专门的工具软件，有二维的，也有三维的。动画有利于描述事物运动、变化过程。此外，经过创造设计的动画更加生动、有趣，有利于激发学生学习的兴趣和积极性。

常见的动画格式有 GIF 格式、SWF 格式和 FLIC 格式。GIF 格式可以同时存储若干幅静止图像并进而形成连续的动画，多用于网页中。很多图形图象处理软件和动画软件也可以输出 GIF 格式的文件，如 Fireworks 和 Flash 等。SWF 格式是 Macromedia 公司开发的 Flash 动画软件产品的矢量动画格式。由于 SWF 属于矢量格式，故此类文件所占用的存储空间较小，缩放时不会失真，尤其适于发布在网上以供浏览。FLIC 格式是 Autodesk 公司在其出品的 Autodesk Animator/Animator Pro/3D Studio 等二维、三维动画软件中采用的彩色动画文件格式。FLIC 是 FLC 和 FLI 的统称，其中 FLI 是最初的基于 320×200 像素的动画文件格式,FLC 则是 FLI 的扩展格式，采用了更高效的数据压缩技术，分辨率也不再局限于 320×200 像素。

活动二 学习获取与制作文本素材(15 分钟)

在众多的媒体素材中,文本是教学中最基本、最主要的媒体资料,在使用计算机进行教学时,要处理大量的文本资料。如何快速高效地获取文本资料或许是你经常要面对的问题。以下列出并介绍文本素材的获取与制作方法。

一、使用已有的文本素材

对于已有的文本素材,可以直接采用复制、粘贴的方法。

二、输入待编辑文本素材

通过键盘,采用各种汉字输入方法将文本输入到计算机中。

三、扫描输入本文素材

文字的扫描输入是通过扫描仪将文本信息全部扫入，经过识别软件处理后,转换为字符信息,一般用于大量文字的快速录入。扫描输入的核心是光学字符识别软件 OCR(Optical Character Recognition),可对扫描仪输入的文字进行判断,将图像形式的文字转换成字符文字。

四、语音输入文本素材

语音输入是通过计算机话筒向计算机输入声音，输入的语音包括命令控制语音和听写语音两种情况。命令控制语音是向计算机发出一个简单的声音指令,控制计算机操作;听写语音是由计算机将人说话的声音写入到计算机中,即语音录入文字。

在安装 Office 2003 时,也会自动安装一个语音识别工具,如图 2–12 所示。

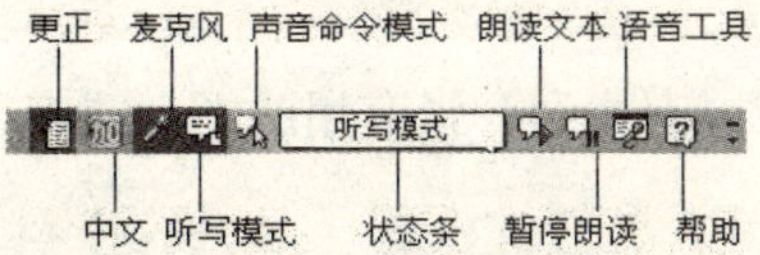

图 2–12 微软公司的语音识别工具

单击【工具】→【语音】命令，打开语音识别工具条。在语音识别工具条上单击“麦克风”按钮，再单击其右侧的“听写模式”按钮进入听写模式，这时就可以进入语音录入状态。在进行语音录入之前，系统会提示进行语音校正，校正后可提高语音的识别率。语音录入时最好是一句一句地念，对单个语音，系统不太容易识别。对姓名等内容，最好还是采用键盘输入的方式。

五、网络下载文本素材

在教学中，很多文本资料是通过下载得到的，如优秀教案等。下载的文档格式种类很多，除了前面所说的 Word 文档或文本文档，其它常见的文档格式还有 PDF、CAJ 等，它们需要专门的软件来读取，如 PDF 文档需要使用 Acrobat 软件，CAJ 文档要用 CAJViewer 软件来读取。

在以上文本素材获取技术中，文字的输入和编辑是获取文字素材最主要的方式。文字素材的编辑处理离不开文字处理软件。目前，较常用的文字处理软件是 Word。Word 软件提供了非常强大的文字处理功能，能够输入文字、进行格式设定、编辑版面、查错处理、图文混排等功能。

活动三　学习获取与制作图像素材(75 分钟)

如前所述，计算机中出现的各式各样的图片，包括矢量图形和位图图像两种形式，我们将它们统称为数字图像。数字图像的存储格式有多种，常见的有 BMP、JPEG、GIF 等。其中，JPEG 和 GIF 是当今网络上常用的数字图像格式。数字图像能够提供大量丰富的教学信息，而且形象直观，生动易懂。根据教学主题内容的需要，可以采用多种途径获取数字化图像素材，以下列出并介绍数字图像素材的获取与制作方法。

一、网络下载

网络下载是获取图像的最常用的方法。目前有一些专门网站收集图像素材，并按一定类别存放，你可以登录到相应网站并很容易下载到所需要的数字图像素材。

如果你在搜索过程中找到一张有用的图片或者照片，想把它保存下来，可以这样做：

- 右键单击你想要的图片，出现快捷菜单，单击【图片另存为】

命令。

● 出现“保存图片”对话框，在【保存在】下拉框中选择目标位置，在【文件名】文本框内输入文件名，然后单击【保存】按钮。

二、素材光盘

你也可以直接购买各类光盘素材，并根据需要对数字图像素材编辑加工后再使用。由于光盘中存储有大量数字图像，为选取合适的图像，首先需要学会浏览数字图像。图像浏览可以利用 Windows 缩略图方式显示图像，或者利用 Windows 图片和传真查看器，也可以利用专门的图像浏览工具如 ACDsee 来浏览图像。

三、屏幕截图

Windows 操作系统提供了屏幕拷贝功能，屏幕拷贝是将计算机屏幕显示的画面拷贝下来，存储为图像文件。按下键盘上的快捷操作键 PrintScreen，当前屏幕的画面将全部拷到剪贴板中；如果同时按住 Alt + PrintScreen 键，则屏幕上的当前窗口信息会被拷贝到剪贴板中，这时可利用任一款图像编辑软件，将剪贴板中的图像信息粘贴到一个图像文件里并进行编辑。

你也可以借助于屏幕抓图软件抓取屏幕上任意位置的图像。常用的屏幕抓图软件有 HyperSnap-DX、Capture Profession、PrintKey、SnagIt 等，这些软件可以在网络上下载试用版。下面就来看看如何使用一款小巧、实用的屏幕抓图软件——红蜻蜓抓图精灵来抓取屏幕图像。

● 从【开始】菜单中运行红蜻蜓抓图精灵后，其工作界面如图 2-13 所示。

● 根据需要，在【整个屏幕】、【活动窗口】、【选定区域】、【固定区域】、【选定控件】、【选定菜单】中选择相应的按钮后，单击【捕捉】按钮。

● 捕捉到的图像会显示在“捕捉预览”窗口中，如图 2-14 所示，可选择菜单【文件】→【图像另存为】命令，或者单击【另存为】按钮，在弹出的“保存图像”对话框里选择合适的存储位置、文件名和存储格式。

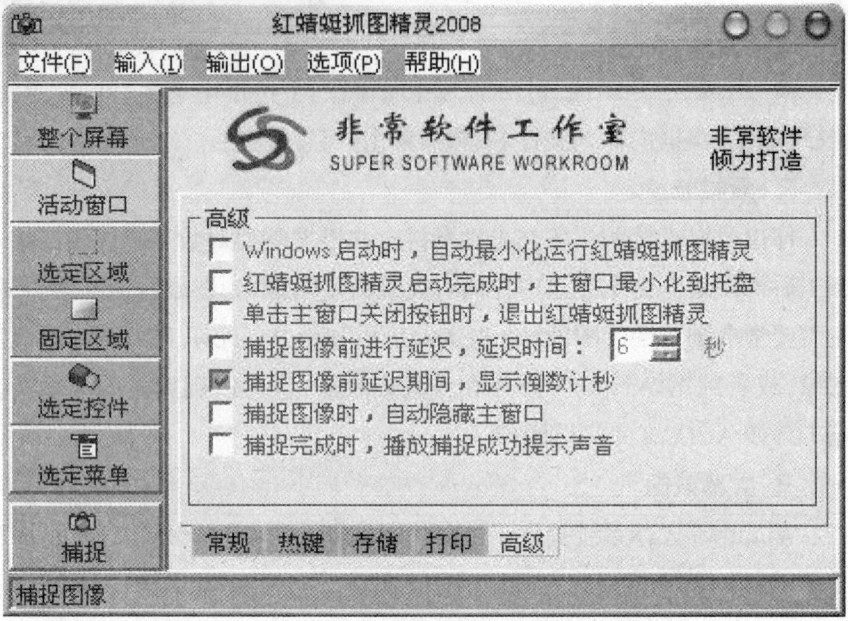

图 2–13　红蜻蜓抓图精灵工作界面

图 2–14　捕捉预览窗口

四、扫描输入

数字图像素材的获取很多时候是通过扫描来完成的，如课文中的插图、照片等。

五、数码相机

数码相机直接生成数字化图像，将数码相机通过 USB 接口直接接入计算机，就可以直接获取数码相机中存储的数字图像。

六、截取视频中的单帧图像

有的时候我们还想在播放 VCD 或 DVD 时，从动态视频中抓取静态图像，利用超级解霸可以实现该功能。

图 2-15　超级解霸工作界面

● 从【开始】菜单中运行超级解霸后，其工作界面如图 2-15 所示。

● 利用超级解霸播放 VCD 或 DVD，等到播放到所需要的画面时，单击【截图】按钮。

● 在弹出的“保存图片”对话框里选择合适的存储位置、文件名和保存类型，单击【确定】按钮既可以把截取的静态图像保存到指定位置。

七、利用图像编辑软件

你现在虽然获得了一幅数字图像，但很多时候图像并不理想，比如你可能会对图像的大小、排列和颜色等不满意。这时你可以利用图像编辑软件来对它进行修改编辑。这里我们将为你介绍 Windows 中自带的“画图”软件，你可以利用画图软件对图像作简单便捷的编辑处理。

● 选择 Windows 中的【开始】→【程序】→【附件】菜单，单击【画图】命令运行画图软件，其工作界面如图 2-16 所示。

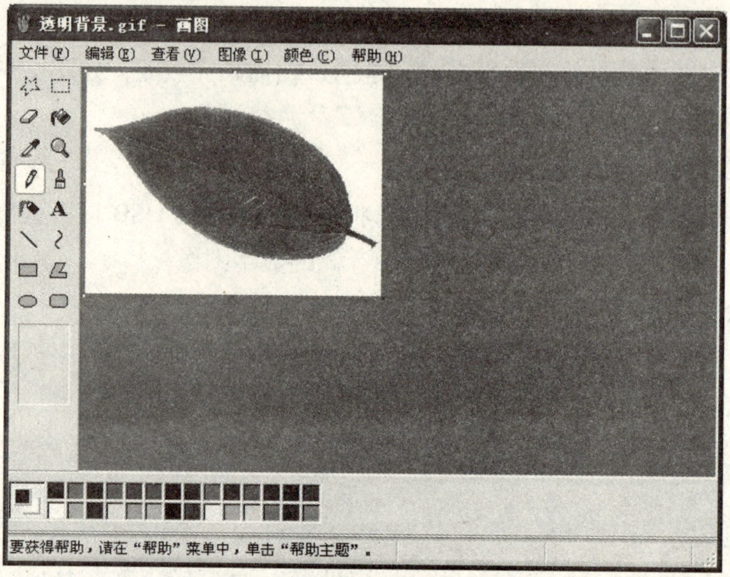

图 2–16　画图软件工作界面

● 打开【文件】菜单，可以新建文件，保存文件。保存命令可以转换文件的保存格式。

● 打开【编辑】菜单，使用粘贴命令，可以将剪贴板中的图像信息粘贴到当前图像里。

● 旋转图像。在【图像】菜单中，选择【翻转】→【旋转】命令就可以对图像进行旋转。

● 改变图像大小。在【图像】菜单中，选择【拉伸】→【扭曲】命令可以改变图像的形状和大小。或者用【属性】菜单命令修改图像大小。

● 文字输入。在画图窗口中左侧的工具栏中，选择【文字】按钮，然后在图像中拖动鼠标，拉出一个文字框，在文字框中输入文字即可。

● 添加图形。在工具栏中有画笔工具和图形工具，单击某一工具按钮，即可在图像中添加对应的图形图案。

学习链接　Photoshop 图象处理

除画图软件以外还有很多其他功能更为强大的图像处理软件，同学们将会在本教材“第 4 章 \ Photoshop 图像处理基础”中学习使用 Photoshop 进行图像处理。

活动四　学习获取与制作音频素材(40 分钟)

一段音频经过数字化处理之后,形成一个个音频文件,以下列出并介绍数字音频素材的获取与制作方法。

一、网络下载

一些网站提供了大量的声音素材，如 Mp3 音乐、Midi 音乐以及其他的声音文件,可下载使用。

二、购买光盘

音频素材的获取还可以通过购买光盘,利用光盘中提供的声音文件。在一些声卡产品的配套光盘中往往也提供许多 WAV 或 Midi 格式的声音文件。

三、抓取

使用专门的软件抓取 CD 音轨、VCD 或 DVD 光盘中的音乐,生成声源素材,再利用声音编辑软件对声源素材进行剪辑、合成,最终生成所需的声音文件。在此可利用超级解霸中的音频解霸来实现。

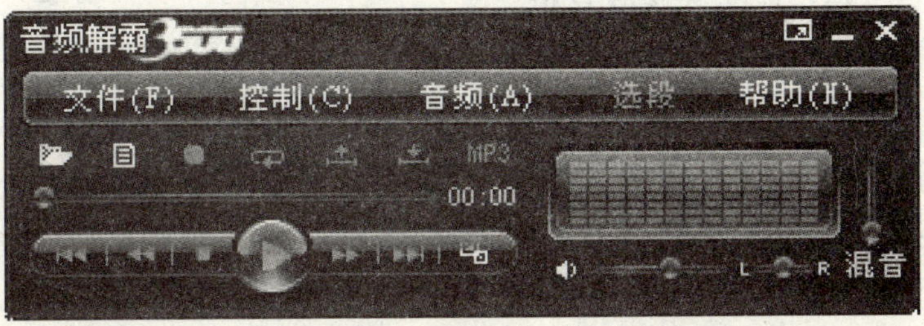

图 2-17　音频解霸工作界面

● 从【开始】菜单中运行超级解霸→音频解霸后,其工作界面如图 2-17 所示。

● 利用音频解霸播放 CD、VCD 或 DVD,单击【循环】按钮后,【选择开始点】和【选择结束点】按钮可以使用。

● 在播放条上单击,再单击【选择开始点】按钮,确定截取伴音初始位置。

● 在播放条上单击，再单击【选择结束点】按钮，确定截取伴音终止位置。

● 单击【保存为 Mp3】按钮 MP3，在弹出的“保存音频流”对话框中设置合适的存储位置和文件名，将此段伴音音频保存为 Mp3 文件。

四、录制

通过计算机中的声卡，从麦克风采集的语音生成 WAV 文件，如制作课件中的解说就可以采用这种方法；过计算机中声卡的 MIDI 接口，从带 MIDI 输出的乐器中采集音乐，形成 MIDI 文件；或用连接在计算机上的 MIDI 键盘创作音乐，形成 MIDI 文件；用线录法，将录音机、CD 以及视频电影中的声音，通过音频数据线将录音机、VCD 等设备的 Line out 口和声卡的 Line in 或 MIC 输入口连接在一起，再用录音软件进行录制。

五、声音编辑

如果需要对获取的声音进行再加工，可以利用专门的声音编辑软件，如 WaveEdit、SoundForge 等，可对声音进行剪切、加混响、音量调节、降噪、动态控制、变调等处理。

这里我们将介绍 Windows 中自带的一个音频处理软件——“录音机”，它可以录音，存储音频文件，还能对声音效果作简单的处理。你可以利用录音机软件对音频文件作简单便捷的编辑处理。这里请你利用录音机录制自己的一段语音并保存。

● 将麦克风插入计算机声卡中标有“MIC”的接口上。

● 设置录音属性。在用录音机软件进行音频处理之前，事先应当设置音频设备属性。在控制面板中，双击“声音和音频设备”图标，打开“声音和音频设备属性”对话框，确认设备安装且运行正常。见图 2–18 所示。

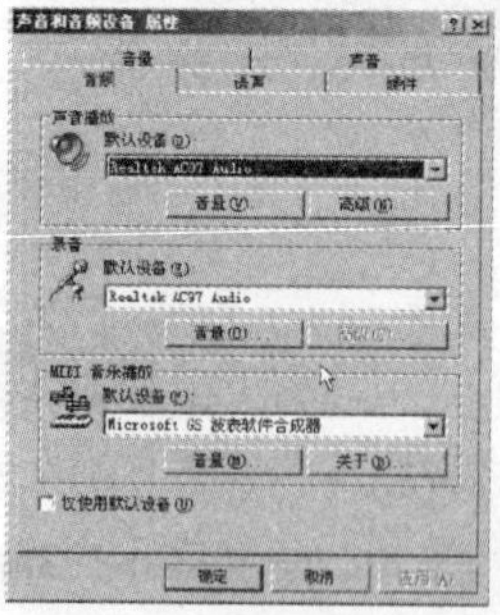

图 2–18 声音和音频设备属性对话框图

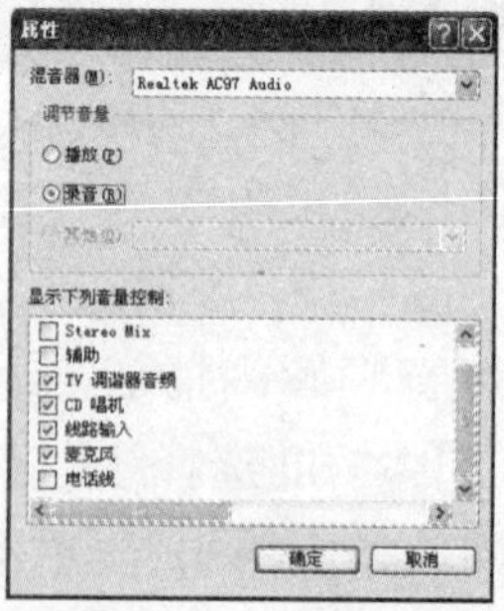

2–19 声音属性窗口

● 决定录音的通道。声卡提供了多路声音输入通道,录音前必须正确选择。方法是双击桌面右下角任务栏中的喇叭图标,打开“音量控制”,选择【选项】→【属性】命令,在打开的“属性”对话框中的“调节音量”框内选择“录音”,同时选中要使用的录音设备“麦克风”,如图 2-19 所示。

● 选择菜单【开始】→【程序】→【附件】→【娱乐】打开录音机程序窗口,如图 2-20 所示。

● 通过菜单【文件】→【属性】,可以修改录音文件的属性参数,有采样率,量化,和声道选择。

● 单击红色按钮,就开始录音。若单击停止按钮,可以终止录音。

● 录音结束后,选择菜单【文件】→【保存】,可以将声音保存为 WAV 音频文件。

● 若选择菜单【效果】,可以对录制的声音进行效果处理。能够处理的效果有音量控制、声音速度控制、添加回音等。

● 在【编辑】菜单中,可以对录制的音乐进行复制、剪切操作,还可以插入其他音乐文件。

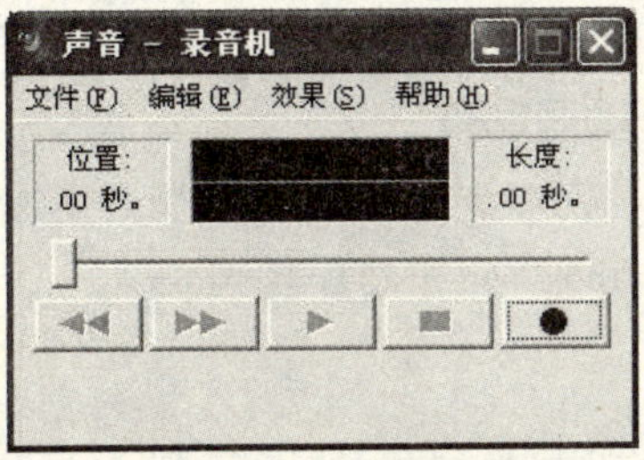

图 2-20 录音机窗口

Windows 中自带的“录音机”小巧易用,但是一次录音的最长时间只能有 60 秒,并且对声音的编辑功能也有限,但使用方便,在对录音要求不高的情况下可以选用。

活动五 学习获取与制作动画素材(10 分钟)

动画是运动的画面, 它通过人眼的视觉暂留特性快速播放连续的静止图像,从而得到动态视觉效果。数字动画是计算机生成的一系列能够连续播放的画面。数字动画与常规动画的主要区别是数字动画是由计算机生成的，计算机能够创建画面、着色、录制、特技剪接和进行后期制作。

计算机动画有二维和三维之分。二维动画显示的主要是平面图形，制作时就像在纸上作画，通过对象的移动、变形、变色等手法表现其运用变化的效果，没有真实的立体感。三维动画则显示立体图形，通过三维建模、设置物体的运动、创建灯光和摄像机，在一定的立体空间内创建物体并形成三维的动态图像，具有真实的立体感。

在网络上常用的计算机动画文件格式主要有用于网络传输的GIF格式文件和SWF格式文件与支持三维动画的FLI格式和FLC格式等。常用的动画制作软件及其特点见表2-9所示。

表2-9 动画制作软件及其特点

软件类别	软件名称	功能特点
二维动画制作软件	Flash	制作交互式矢量动画
	Animator Studio	界面友好，简单易用，对硬件要求低
三维动画制作软件	Cool 3D	适合一般的用户，容易制作各种效果的动画文字标题
	3D Max	适合于专业人员，功能强大，操作复杂，对硬件要求高

学习链接 Flash动画制作

请参阅本书“第4章\Flash动画制作基础”，其中有相关Flash动画制作较为详细的介绍和实例。

活动六 学习获取与制作视频素材（15分钟）

数字视频素材的获取与制作可以采取以下方法。

1. 网络下载

你可以从网络上下载数字视频文件。

2. 素材光盘

可以购买各类数字视频素材的光盘，从中选择合适的素材。

3. 从录像带中采集

采集活动图像需要专门的视频采集设备和视频播放设备，如放像机、数码摄像机。用视频采集卡配合相应的软件，如Adobe公司的Premiere

可以采集录像带上的视频素材以及数码摄像机拍摄的 DV 带上的素材。

4. 从 VCD、DVD 中获取

视频的剪辑与转换可以用专业的软件进行，如 Adobe Premiere、Ulead MediaStudio、绘声绘影等，也可以用一些常用的小软件来进行编辑处理，如超级解霸。在教学中，我们可能经常需要使用影片中的某些精彩片断作为视频素材。但是，你手头获取的经常是整部数字电影，此时，你可以利用超级解霸提供的存储 MPG 功能快速截取其中需要的一个片断。

若想保存 DVD(*.VOB 文件)、VCD(*.DAT 文件)中的片段，通过【循环播放】、【选择开始点】、【选择结束点】、【保存 MPG】这几个按钮就可以实现将指定的片断转录为.MPG 或.MPV(MPV 文件只有视频无音频)文件功能，播放或停止状态均可实现。

学习链接 Premiere 视频素材制作

请参阅本书“第 4 章 \ Premiere 视频处理基础”，其中有相关 Premiere 视频处理的较为详细的介绍和实例。

思考与练习

本模块主要介绍了媒体和教学媒体的概念和分类，教育信息资源的主要类型和获取方式，以及多媒体素材获取与制作的基本方法和步骤。请思考并回答下列问题：

1. 什么是媒体？什么是教学媒体？

2. 媒体成为教学媒体需要具备的两个基本要素是：______________和______________。

3. 教学媒体表现事物的空间、时间和运动特征的能力，体现了它的什么特性？

A. 呈现力　B. 重现力　C. 传播力　D. 可控性　E. 参与性

4. 教学媒体的分类方法有多种依据，按照对受信者感官的刺激的差异可分为哪几种类型？

5. 关于矢量图与位图，下列说法正确的是：

A. 放大位图格式图像时会产生失真，缩放矢量图格式图像时不会引起失真；

B. 放大位图格式图像时不会产生失真，缩放矢量图格式图像时会引起失真；

C. 放大位图格式图像和缩放矢量图格式图像时都会产生失真；

D. 放大位图格式图像和缩放矢量图格式图像时都不会产生失真。

6. 说明多媒体综合教室和多媒体计算机网络教室的组成。

7. 教育信息资源有哪些主要类型？

8. 网络教育信息资源的类型有哪些？可以采用的检索和获取方式有哪些？

9. 多媒体素材依据其所表现的信息类型，可分为____、____、____、____、____。

第三章 教学设计原理

时间:10 学时
内容提要: 本章通过引导学生进行案例研讨，帮助学生了解教学设计的概念和作用,在分析教学设计一般过程的基础上,使学生掌握授导型教学设计和探究型学习设计的特点，并能够自主完成两种不同类型的课堂教学设计。
核心概念: 教学设计;授导型教学设计;探究型学习设计。

学习环节:	**学习主要成果:**
□ 教学设计概述 □ 授导型教学设计 □ 探究型学习设计	□ 授导型教学设计教案 □ 探究型学习设计教案

学习导入

教学设计是 20 世纪 60 年代在美国逐渐形成和发展起来的一门新兴应用学科,是教育技术学科领域中的重要范畴之一。教学设计在 20 世纪 80 年代传入我国,并很快得到了我国教育技术界的重视,经过广大专家、学者、教师对教学设计理论的研究和实践探索,已经建立起较为完整的理论体系。信息时代的今天,在各种新型教育教学理论以及学习理论的指导下,教学设计的理论与方法也不断得到发展和更新。教学设计不仅为大、中、小学的教学提供了操作性很强的指导理论与方法,也指导着各类各级教育系统的开办、教学产品的开发和教学环境的建设。

第一节 教学设计概述

时间:1 学时	
学习目标: 了解并初步掌握教学设计的含义及特点,理解教学设计的三个层次。	
学习活动: □ 研习教学设计的内涵 □ 理解教学设计的作用 □ 研讨教学的科学性与艺术性	**学习作品:** □ 教学设计含义自我理解表 □ 教学设计与教学的科学艺术性共享记录表

活动一 研习教学设计的内涵(25 分钟)

教学设计在教育领域并不是一个陌生的词。教学工作既需要精心的设计,又需要教师在实施过程中发挥教学机智,根据教学的实施情况和学生反馈灵活运用设计方案。在研习教学设计之前,请你思考以下问题:

- 一个完整的教学过程主要包括哪些环节?
- 在教学过程中可以使用哪些教学方法来解决教学中的重点与难点?能举出一些你印象比较深刻的例子和大家共享吗?
- 信息技术的融入能为教学过程提供哪些支持?

在回答上述三个问题的基础上,与你的同学一起交流、分享你对教学设计的理解和看法,并填写记录在表 3-1 中。

表 3-1 教学设计含义自我理解表

共享主题	我的理解和观点
教学过程的环节	
教学中的重点和难点的处理	
信息技术为教学提供的支持	
教学设计	

一、教学设计的定义

教学设计是20世纪60年代以来逐渐形成与发展起来的一门实践性很强的新兴学科。作为教育技术能力中的核心能力,教学设计是运用系统方法分析教学问题和确定教学目标,建立解决教学问题的策略方案、试行解决方案、评价试行结果和对方案进行修改的过程(乌美娜)。教学设计主要是以分析教学需求为基础,以促进学习者的学习为根本目的,运用系统方法,将学习理论与教学理论等转换为对教学目标、教学内容、教学方法和教学策略、教学评价等环节进行具体计划,创设有效的教与学系统的"过程"或"程序"。

教学设计是以解决教学问题、优化学习为目的的特殊的设计活动,既具有设计学科的一般性质,又必须遵循教学的基本规律,因此它具有以下特征:

(1)教学设计应用系统方法研究、探索教与学系统中各个要素之间及要素与整体之间的本质联系,并在设计中综合考虑和协调它们的关系,使各要素有机结合起来以完成教学系统的功能。如果不考虑影响解决方案实施的各个要素及其相互之间的关系,那么设计出来的解决方案就无法达到其预期的目标。

(2)教学设计的研究对象是不同层次的学与教的系统。这一系统包括了促进学生学习的内容、条件、资源、方法、活动等,教学设计的过程就是对这些影响教学效果的各个要素进行具体计划的过程。

(3)教学设计的目的是将学习理论和教学理论等基础理论的原理和方法转换成解决教学实际问题的方案,它不是为了发现客观存在的尚不为人知的教学规律,而是运用已知的教学规律去创造性地解决教学中的问题,教学设计的成果或产物是经过验证的、能实现预期功能的教学系统实施方案,包括教学目标以及为实现一定教学目标所需的教学活动和实施计划以及相关的支撑材料(如教材、学习指导手册、多媒体教学软件、学习者的学习资源、评价手册及测试题等)。

二、教学设计的工作层面和结果

教学设计是在现代教育教学理论的指导下,运用系统方法以解决教育教学问题的"过程"或"程序"。教育教学问题纷繁复杂,有大有小,有繁有简,各具特点。大的教育问题如制定大学本科生课程设置计划、创建单位职工岗位培训系统等,小的教学问题如某节课的教学、教学课件的开发等。为了解决不同性质的教育教学问题,教学设计的内容也不尽相同,根据教育教学问题的性质、范围、大小的不同,教学设计的工作层面通常被分为以下三类。

1. 面向产品的教学设计

它是教学设计发展初期的主要工作层面。这里的"产品"主要指各种有形的教学资源,包括应用于教学的媒体材料、教学包、教材等。在此层面中,通常由教学设计人员、教师、学科专家、媒体人员共同确定教学产品的类型、内容和教学功能,并对产品进行设计、开发、测试和评价。

2. 面向课堂的教学设计

这一层次主要针对课堂教学来进行教学设计。其设计工作的重点是针对特定的教学对象,在特定的教学条件和明确的教学目标下,对课堂教学的各个要素进行系统的考虑,以提高教学质量。通常,课堂教学设计由掌握了教学设计相关知识和技能的一线教师自己来完成,当然,在必要时也可以由教学设计人员辅助进行。

3. 面向系统的教学设计

按照系统的观点,上述两个层次的课堂教学和教学产品都可称为教学系统,但这里所指的系统是更复杂的教学系统。例如,一所学校或一门新专业的课程设置规划、某行业职业教育中的职工培训方案等。由于这一层次的设计通常包括系统目标的确定、解决方案的建立、试行、评价和修改等,涉及内容广,设计难度大,所以通常需要教学系统设计人员、学科专家、教师、行政管理人员甚至包括有关学生组成设计小组共同完成。

当然在具体设计实践中,也可以把教学设计分为宏观和微观两个层次,规模大的项目如课程开发、培训方案的制定属于宏观层次的教学设计;而对某门具体课程、某个知识单元、一堂课甚至一个媒体材料的设计都属于微观层次的教学设计。产品、课堂、系统三个层次都有相对应的教学系统设计模式。本章所论述的教学设计主要是面向课堂教学领域的微观教学设计。

活动二 理解教学设计的作用(15分钟)

我们经常会看到这样的情形:很多优秀的教师夹着一本书、拿着一支粉笔就进了课堂,听他们上课就是一种享受。之所以如此,不仅是因为教师的人格魅力、语言魅力,更重要的是因为他们往往是在不断地生成教学过程,而不是按照设计的框架来按部就班地实施。因此,不少同学对"教学设计是否是必需的"这一问题产生了困惑。教学设计既是教学中的一个重要环节,也是一项复杂的教学技术。教学设计的意义主要表现在以下方面。

1. 有利于教学理论和教学实践的结合

被称为"桥梁科学"的教学设计起到了沟通教学理论和教学实践的作用。一方面,通过教学设计,可以把已有的教学理论和研究成果运用到实际教学中,指导教学工作的进行;另一方面,也可以将教师的教学经验升华为教学科学,充实和完善教学理论,这样就把教学理论与教学实践紧密地结合起来。

2. 有利于教学工作的科学化,促进青年教师的快速成长

教学既是一门科学,也是一门艺术。说它是一门科学,是因为教学是在科学理论的指导下进行,是能够通过建立在系统论思想基础上的科学方法——教学设计使理论转化为实践;说它是一门艺术,是因为教师可以凭借自己的经验和直觉选择合适的教学策略,通过自己的言传身教取得良好的教学效果,教师在教学中所展示的人格、语言魅力以及表现出来的对课堂的游刃有余都给人一种艺术般的享受 。综合了学习理论、教学理论、系统论、传播理论等多种理论的教学设计,克服"师徒式"培养方式的局限,将教学活动建立在系统方法的科学基础上,使教学手段、教学过程成为可复制、可传授的技术和程序,教师通过学习可以迅速掌握教学的基本原理与方法,提高教学水平,并在实际运用中不断熟练,最终成为一名教学专家。而且,现在的课堂注重学生主体性的发挥,关注现代教育技术的运用,只靠一支粉笔、一本教材、一张嘴的课堂现象已不多见,这就给经验丰富的老教师带来了新挑战。无论是青年教师还是老教师都需要更新教育观念、提高教学技能,通过教学设计促进先进教学理论和教学方法的

有效运用。由此可见，学习并运用教学设计的原理和技术，能够促使教学工作的科学可持续发展，也为师资队伍的培养提高提供了有效的途径。

3. 有利于科学思维习惯和能力的培养，提高发现问题、解决问题的能力

教学设计是系统解决教学问题的过程，在利用教学设计优化学习的过程中，设计人员一方面要善于发现教学中的问题，用科学的方法分析问题，谋求解决的方案。另一方面需要在设计、试行过程中不断地反思解决方案。在这个过程中科学思维习惯得以有效的培养，发现和解决教学问题的能力也会逐渐提高。此外，这种解决问题的方法、技术和思维方式具有很强的迁移性，可用于其他相似的问题情境和实际问题。因此，教学设计所带来的不仅仅是教学设计的基本原理和必要的知识，更重要的是设计人员从中领会到的解决问题的思维方式和科学态度，学到创造性解决问题的原理和方法。

活动三 研讨教学设计与教学的科学艺术性(10 分钟)

通过上面的学习活动，相信同学们对教学设计已经有了初步的认识。请你与你的同学就表 3-2 中所列出的主题进行交流、讨论，并记录下你认为比较有启发的意见。

表 3-2 教学设计与教学的科学艺术性共享记录表

共享主题	有启发的意见
教学是科学性与艺术性的统一吗？	
教师怎样才能做到教学科学性与艺术性的统一？	
教学设计对于实现教学科学性与艺术性的统一有什么作用？	

第二节 授导型教学设计

时间:5 学时	
学习目标: 通过案例观摩与教师讲授,理解授导型教学的特点和设计模式,并通过对授导型教学设计过程的介绍,掌握进行学习需要分析、学习者特征分析、编写教学目标、选择教学方法、制定教学策略、选择教学媒体、进行教学评价的方法,最终能独立完成教案编写。	
学习活动: □ 研习授导型教学设计案例——《干旱的宝地》 □ 研习授导型教学设计案例——《制作一个五角星》 □ 认识授导型教学设计的一般过程 □ 研习授导型教学设计的步骤与方法 □ 设计一份教学方案	**学习作品:** □ 授导型教学设计教案

活动一 研习授导型教学设计案例——《干旱的宝地》(15 分钟)

(案例来源:陈华,浙江省上虞市滨江中学,http://www.pep.com.cn/,有整理)

【教学内容】

(人教版)《义务教育课程标准实验教科书·历史与社会》七年级上册第四单元第五课“干旱的宝地”。

【教材分析】

教材以两个不同地区为例,各有侧重。第一部分重点讲古老而传统的绿洲农业,这是干旱地区人们生活的基本保障;第二部分重点介绍石油宝藏带来的现代化以及人们生活质量的提高,从而揭示了从古到今，干旱地区人们生活变化的历程，说明了无论是在怎样的区域环境下，人们都能找到与之相适应的生产、生活方式。

丝路明珠——着重介绍吐鲁番等地的绿洲农业。古代人民发挥聪明才智，充分利用有限的水资源，发明独特的灌溉系统——坎儿井，从而形成具有特色的绿洲农业，使得绿洲地区丰衣足食，并为“丝绸之路”上往来的商旅提供宝贵的水源和食物。可以说，没有绿洲就没有“丝绸之路”。

石油宝库——介绍了波斯湾沿岸国家的石油开采。随着那里的地下宝藏——石油的开采，从此结束了人们的贫困生活。他们用石油输出带来的财富，发展工业、农业，改善人民的生活，并在茫茫沙海中建造了美丽的都市，是这一地区步入了现代化。

【教学目标】

(1)能够分析以我国新疆维吾尔自治区和西亚波斯湾沿岸地区为代表的干旱地区的自然环境特点。

(2)认识到在干旱地区水是生命的源泉，能够指出科学合理的利用有限的水资源是干旱地区人民生存与发展的关键。

(3)学会运用图表比较、分析、概括一个地区的地理环境各要素的相互作用、相互联系、相互制约的关系以及对人类的影响。

【重点难点】

(1)重点：新疆的绿洲农业，西亚的石油资源自然环境特征、生活方式以及经济发展状况。

(2)难点：坎儿井的构造，两个干旱地区的特点比较。

【教学思路】

播放影像资料——鸣沙山，创设情景，了解干旱地区的自然景观。引导学生利用已学过的知识分析干旱地区自然环境的形成原因，探究沙漠地带人民生存发展必须解决的问题；当地人民是如何改造、开发和利用自然，开展工农业生产的情况及如何合理开发利用资源实现可持续发展的。让学生进入沙漠这个特定的生存环境，想办法求生存和发展，帮助学生学习知识，培养学生的创造型思维和提出问题、解决问题的能力。

【教学过程】

环节	学生活动	教师活动	设计意图
创设情境导入新课	观看鸣沙山录像并思考、比较影片中的景观与前几节课学过的家住平原、与山为邻、傍水而居、草原人家有何不同？自然环境的优劣？如何形成的？人民如何生活？	播放鸣沙山录像，并请学生思考这与平原、山区、水乡、草原环境的不同。沙漠地区人民生存和生活首先要解决什么问题？	观看录像，感知沙漠景观。通过比较温故知新，了解干旱地区特殊的自然环境。带着问题开始沙漠之旅，探究干旱地区人民的生产、生活方式。进而激发学生征服自然、改造自然的兴趣。
师生互动合作探究丝路明珠	在世界沙漠分布图上找主要沙漠分布区，并上台指出世界和中国最大的沙漠，思考这些地区为何干旱？	让学生在图上找陆地上的主要干旱地区。非洲的撒哈拉沙漠、西亚的阿拉伯半岛、中国的塔克拉玛干沙漠等。	以先行组织者的方式让学生先了解全球的主要干旱地区，然后点明本课要重点学习的两个案例。
	观看绿洲和沙漠并存的新疆景观图，质疑、回答：新疆气候为何干旱？对农业有利吗？干旱地区为何能发展绿洲农业？当地人民是怎么解决农业生产中灌溉问题的？观察坎儿井的结构，小组讨论思考并回答坎儿井是如何开凿的？其作用、功能怎样？	教师引导：进入新疆境内跃入我们眼帘的并不是一望无际的沙漠，而是沙漠和绿洲并存及一个个井口大小的洞，那是什么呢？请你猜一猜，怎么开凿的？有何作用？	以丰富的景观图展示美丽的新疆风景，动态的图示形象的展示坎儿井节水灌溉工程的结构，分析图片，引导学生质疑并进行自主学习探究。学生无法解决的疑问老师点拨解决。更好的培养了学生提出问题、解决问题的能力。
		教师小结：坎儿井节水灌溉工程是古代人民智慧的结晶，成为与长城、大运河齐名的中国古代三大工程之一。古代人民靠聪明才智克服困难，用坎儿井引冰雪融水，利用有限的水资源，解决沙漠地带最重要的水源问题，征服自然，创造了美好的生活。	

	学生思考回答沿途人们如何为丝绸之路上的商人提供便利，是什么起了决定作用？由学生点明主题，新疆成为丝绸明珠。	出示丝绸之路示意图，引导学生思考2000多年前开辟的丝绸之路为什么会经过这个干旱地区？	了解丝绸之路的历史和路线，理解干旱地区水是生命的源泉；科学合理利用有限的水资源，是干旱地区人民生存和发展的关键。
		过渡：让我们来看看丝绸之路西端的西亚，今天人们又是如何生产、生活的。	
师生互动合作探究石油宝库	观看资料：中东一些国家经常为水而战，水资源的缺乏制约了农业的发展，进而使这一地区长期处于贫苦状态，但大自然却赐予了他们另一种宝贵的资源——石油。	展示卫星上拍摄的阿拉伯半岛全景图，让学生了解这里的自然情况。	培养学生主动选择、获取信息的能力，读图和运用地图分析问题的能力。
	看图思考美国攻打伊拉克的实质。 读图分析西亚地理位置的重要性、石油分布带和主要产油国，从西亚石油的产量、储量、出口量等方面分析西亚石油在世界上的重要地位，得出西亚是名副其实的石油宝库结论。 讨论石油输出的原因。 读图回答西亚石油的输出路线及主要输油国。 石油输出换来财富，建立海水淡化场、引进节水灌溉设备等。	出示美国打击伊拉克的时政图片。 提问： 1. 你能在世界地图上找到西亚并找出石油集中分布区，说出主要产油国的名字么？ 2. 出示西亚石油输出路线图，引导学生思考西亚的石油开采给这一地区带来了哪些变化？ 3. 为缓解水资源紧张问题，阿拉伯人采取了哪些有力措施？	动态的石油输出线路，生动形象的说明西亚石油输出量及输出地区。 配以说一说、想一想、做一做等激发学生的求知欲。
	分组讨论、大胆设想、畅所欲言。	这些石油国现在靠生产石油成为富国，但是将来石油资源开采完了，这些国家将如何生存和发展？ 假如你是一位设计师，将如何开发沙漠地区的地下资源？	通过讨论让学生认识到石油是不可再生的资源，许多石油产出国的石油资源将来会枯竭，所以要考虑长远的发展及早另谋出路。

师生互评总结提高	学生畅谈自己的收获,提出存在的问题。 比较丝路明珠和石油宝库。	引导学生对各组交流、学习情况进行互评,指导学生总结、比较丝路明珠和石油宝库的异同。	师生互评和总结,目的是强调过程,促进学生全面发展。

比较点	丝路明珠	石油宝库
位置	中国西北部	阿拉伯半岛
主要特点	绿洲农业带来财富	石油资源带来财富
解决水资源问题	坎儿井	节水灌溉设备、海水淡化场
绿洲农业产品	葡萄、哈密瓜、麦	椰枣、小麦、水稻
相同点	① 气候干旱,沙漠多,缺水 ② 积极利用和改造环境,使其成为宝地。	

【课堂小结】

地球上有许多干旱地区,它给人们的印象是黄沙漫漫、寸草不生。然而,在不少干旱地区严酷的地表下,蕴藏着宝贵的自然资源。人们没有被干旱的自然环境所征服,而是用自己的智慧去充分利用自然资源,来改造生活,发展生产。通过本课的学习,让同学们充分认识到人类只有适应与改造自然, 并合理的开发资源,才能实现社会的文明和发展。

活动二 研习授导型教学设计案例——《制作一个五角星》(15分钟)

(案例来源:屈红燕, http://www.pep.com.cn,有整理)

【教学内容】

(人教版)《义务教育课程标准实验教科书·数学》七年级上册第三章《图形初步认识》中的数学活动。

【教材分析】

本节课有两个内容,即学习画五角星和学习制作五角星。两部分内容相比较而言,学习制作更难,因为学生长期受应试教育的影响,动手能力比动笔能力明显要差,所以本节内容既是培养学生动手能力和实践能力的一个载体, 又是对学生进行爱国主义教育和中国传统文化(剪纸艺术)教育的极好机会。除此之外,它还是今后学习比较线段(黄金分割)、正多边形和圆等知识的基础,其在实际生活中也有广泛的应用。

【教学目标】

(1)知识与技能目标:利用正多边形的知识画一个五角星;能够制作一个五角星,培养学生分析问题和解决问题的能力及动手实践能力。

(2)过程与方法:通过感知、观察、试验、操作等活动,充分感受数学在画五角星和制作五角星中的应用。

(3)情感与态度目标:在学习探讨的过程中体验数学问题的探索性与创造性,能够尊重、理解他人意见,并学会与他人合作,体验五角星的和谐和完美,即数学的美学价值。

【重点难点】

(1)重点:五角星的绘制和制作。

(2)难点:五角星的制作。

【教学过程】

(一)创设情境

(1)电脑演示:升国旗仪式,把图案定格在国徽上的五角星。

(2)继续演示:在引导学生感知五角星的和谐、完美的同时,向学生渗透数学知识。

(设计意图:首先让学生再次体验升国旗时庄严肃穆的氛围,看到冉冉升起的国旗上闪闪发光的五角星,心中便升腾起一种美好的希望,同时也激发了学生创造、联想的积极性。)

(二)感知体验

(1)鼓励学生自己动手画五角星,让学生用各种方法画出形态各异的五角星。

(设计意图:让学生充分发挥自己的想象力。)

(2)提出问题,如何画出完美、和谐的五角星?(学生讨论3-5分钟。)

(设计意图:激发学生探究新知识的欲望。)

(3)启发学生。

电脑演示①:规则的五角星围绕它的中心旋转。

(设计意图:学生发现规则的五角星的五个顶点在以五角星的中心为圆心的圆上。)

电脑演示②:五点在同一圆上的不规则五角星。

学生动手实践得出结论:五点均匀分布。

电脑演示③:规则的五角星五个顶点均匀的分布在圆上。

学生讨论:计算出 360° 的周角被五等分,每个角 72° ,即五等分圆周。

(设计意图:学生虽然不知道其中的数学道理,但可以通过图像演示来感知。)

(4)师生共同总结画五角星的步骤。

①任意画一个圆;

②以圆心为顶点,连续 72°(即 360÷5)的角,与圆相交于 5 点;

③连接每隔一点的两个点;

④擦去多余的线,就得到五角星。

(5)继续启发学生思考以下问题:

①你能说出这种画法(等分圆周的方法)的道理么?

②类似的,你能画出一个六角星、七角星……n 角星么?

(6)教师归纳。用较简单的几何知识说明。

(三)体验探究

(1)小竞赛。

学生动手，看谁能以更好的方法和最快的速度将所画的五角星剪下来。

(2)师生共同探究。

电脑演示(1):利用画好的五角星直接剪切。

(设计意图:竞赛过程中启发学生。)

电脑演示(2):民间艺人以最快的速度用各种彩纸剪出各种栩栩如生且具有对称性的图形。

学生动手实践:将五角星对折一次。

（设计意图：在学生感知、体验的过程中渗透几何知识。）

电脑演示（3）：演示该过程。

启发学生将其余四个角对折，发现五角星被折痕分成十个相同的三角形。

学生动手实践：如何将相同的十个三角形折叠到一起，找出最简捷、最快速的折叠方法（书本的方法）。

电脑演示（4）：五角星带路法。

（3）学生归纳出用折叠法剪五角星的方法。

提示学生：折叠时注意角度，下剪时如何选择角度才能使剪出的五角星更完美、和谐？才更接近于国旗上的五角星？

（设计意图：将五角星画法的原理推广，让学生经历了探究的过程，思维得到创新发散，同时也激发了学生创作的热情。）

（四）放飞联想的翅膀

（1）小游戏：展开想象的翅膀，将所画的五角星、六角星涂上最漂亮、最丰富的色彩，贴在黑板上，将黑板变成一条美丽的星星河。

（2）启发小节：五角星、六角星都是我们生活中常见的很简捷、很完美的几何图案。

（3）举例：天上的星星、折叠的幸运星、飘飞的雪花等。

（设计意图：让学生充分体会到数学是美的，是有用的。）

【设计说明】

如果在教学中采用教师先画、先折再剪，学生跟着模仿的教学方法，很容易造成教师独断专行，变成教师的表演，那么学生学会的只是“照葫芦画瓢”，别无他获。在实际教学中，我们通过升国旗创设情境（渗透人文教育），借助 CAI 课件和教师的适时点拨，让学生发现五角星的画法；接着，让学生结合自己的体验和发现，将画五角星的原理进行推广；在学习折叠法剪五角星时，我们也没有像课本那样撇开先画后剪法，而是以先画后剪法得到的五角星为模型，试着将五角星“返璞归真”，返回到剪后未展开的状态，让学生在不断的折叠和尝试中探究和感悟，力求恢复当初发明者创造折叠法时的火热思考状态。

数学活动课到底该怎么上？活动课要不要探究？要不要创新？这节课做出了很好的尝试和回答：在活动中体验——在体验中探究——在探究中创新。在创设问题情境时，不忘对学生进行爱国主义教育；在画五角星时，笔者也没有因为画法的原理超出了学生的已有知识，采用教师先行，学生尾随的做法，而是通过一个动画让学生来体验和感知，最后又通过"如何画 n 角星"这样一个富有探究性的问题来内化认知结构；如何用折纸法制作一个五角星？这个过程又进行了再设计：(多媒体)提示、类比→观察、发现→返璞归真→实验探究→发现、创新。

在上述案例中，教学以课堂讲解为主，但同时关注了学生的学习兴趣和学习需求，融合了小组讨论、课堂演示以及合作学习等多种教学形式。这在教学形式上较传统的讲授学习有了很大的不同。传统的讲授学习主要以教师口头语言传授和讲解知识为主，对学生的学习需求考虑得较少。而随着教育改革的推进，单一讲授教学方法的不足日益明显，在这里我们采用了"授导型教学"这个概念，旨在对其加以优化、创新，以符合新课改的要求。授导型教学是指在课堂教学中以讲解、演示、操练及练习、自主学习、小组讨论、合作学习、问题化学习等方法综合运用的课堂教学形式。

活动三　认识授导型教学设计的一般过程(20 分钟)

教学设计是在系统论的指导下，探索教与学系统中各个要素之间与整体之间的本质联系，并在设计中综合考虑和协调它们的关系，使各要素有机结合以完成教学系统的功能。教师、学生、教材和媒体是构成现代教学系统的四大要素，因此，教学设计也应努力使这四个要素结合起来，以达到优化教学的目的。

请认真观摩研习上述两个授导型教学设计案例，并结合你以前所经历的传统课堂教学，与你的同学交流、探讨、对比授导型教学与传统讲授课堂教学在上述四个要素以及所蕴含的教育教学观念上的变化，并填写完成表 3-3。

表 3-3 授导型课堂教学与传统讲授课堂教学比较记录表

		传统讲授课堂教学	授导型课堂教学
教学系统要素	教师		
	学生		
	教材		
	媒体		
教育教学观念			

阅读了上述教学案例，你能概括授导型教学设计的过程么？根据教学的目的、教师自身的经验与技巧、学生的认知方式、教学的环境条件等不同，许多研究者总结了多种不同的教学设计过程模式。如科拉克(D. Clark)的教学设计模式、肯普模式、迪克－凯瑞模式、瀑布模式等。这里介绍的迪克－凯瑞设计模式，如图 3-1 所示。

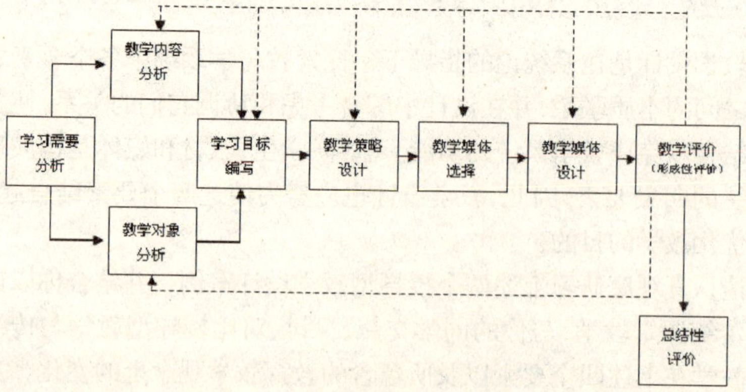

图 3-1 迪克－凯瑞教学设计模式

该模式从确定教学目标开始，到总结性评价结束，组成一个完整的教学设计系统开发过程。在该模式中，教学设计有以下主要环节。

1. 确定教学目标

教学目标的确定主要是通过对社会的需求、学科特点以及学习者特征三个方面进行分析而得出的。教学目标一般以可操作的行为目标形式加以描述。

2. 选用教学方法

在教学目标确认以后，接下来的工作是如何实现教学目标的问题。教学方法的选用包括选择合适的教学策略和教学媒体。

3. 开展教学评价

教学评价是为了准确地知道通过一系列的教学设计与实施过程之后的教学效果，它为进一步修改教学目标与重新选择教学方法等提供依据。而评价教学效果，不应仅仅看学习活动的最终结果，还需要考虑学习者的学习过程。因此，教学评价包括形成性评价和总结型评价。

值得指出的是，大多数教学设计模式是为专业团队进行课程资源和教学系统设计而建设的，对教师个人的教学设计实践而言，可以对有关模式进行简化和灵活使用。

活动四　研习授导型教学设计的步骤与方法（150 分钟）

在这一活动中，我们将进一步学习授导型教学设计的具体内容及方法，包括：学习需要分析、学习者特征分析、教学目标的编写、教学方法的选择、教学策略的制定、教学媒体的选择和教学评价等。

一、学习需要分析

学习需要分析是一种差距分析，其结果是提供尽可能确切可靠和有代表性的“差距”资料和数据，从而形成教学设计的总目标，而这个总目标是指导教学设计往下进行的一系列步骤（如内容分析、目标编写、策略制定、媒体选择以及评价等）的重要依据。所以，学习需要分析成功与否，总目标是否优化，直接影响到教学设计各部分工作的方向和质量好坏，甚至关系到这个教学设计过程的成败，我们来看下一则案例。

案例1:《食物中的营养物质》

生物系芳芳正在一所中学实习，她所讲的第一课是七年级下册《食物中的营养物质》。为了上好这一课,芳芳仔细阅读了教材和教师参考书,将教材的每一个知识点都熟记在心,并为讲解这些知识准备了丰富的教学资源。但是芳芳上课时发现,学生对一些知识非常熟悉,尤其是日常生活中经常食用的食物营养,这使芳芳觉得很沮丧。后来才知道,学生们曾经做过一个研究性学习的调查——中学生的饮食与健康。

你知道芳芳同学在备课中存在什么问题么?很显然,芳芳仅仅是对教学内容做了准备,而忽视了学生的学习需要,造成了教学的盲目性。下面我们来进一步了解什么是学习需要和学习需要分析，以及如何进行学习需要分析。

1. 学习需要与学习需要分析

在教学设计中,学习需要是一个特定的概念,是指学习者学习方面的当前状况与被期望达到的状况之间的差距,或者说,是学习者已经具备的水平与期望学习者达到的水平之间的差距。

在这里,"期望达到的学习状况"是指学生应当具备什么样的能力、素质,包括社会、学校和家庭对学生的期望以及学生对自己的期望。"目前的学习状况"是指学生已经具备的能力、素质。"学习需要"正是这二者之差。要明确学习需要，就必须分别确定期望学生达到的学习状况和他们目前的学习状况,这个分析过程就是学习需要分析。

需要注意的是:(1) 学习需要反映的仅仅是学生在学习方面的需要,而不是教师的需要,更不是对教学过程、手段的具体需要。如一项学习需要不是"在教学中运用电脑"、"需要补充几名四年级教师"诸如此类的需要,这些都是达成某些目标的过程或手段,不是学习者的学习需要。因此,一定要以学生的学习状况为分析对象，切实根据学生的学习需要分析结果来设定教学目标。(2)学习需要分析的作用仅仅是确定教学问题,而不是解决问题。

学习需要分析具体包含三方面的工作:一是通过调查研究,分析教学中是否存在要解决的问题，诸如：在学校教学中，学生的成绩达不到教学大纲的要求；在职业教育中，由于企业设备更新，对操作工人及技术人员提出了新岗位技能的要求等问题。二是分析存在问题的性质，以判断教学系统设计是不是解决这个问题的合适途径。出现在教学或培训中的问题的原因是多方面的，如学生学习成绩未达标，可能是教学或培新计划的实施或评价方面存在缺陷造成的，也可能是由于学生人数太多而导致教学质量下降，也可能是由于学生缺乏学习动机或教学管理混乱等原因造成的。三是分析现有的资源及约束条件，以论证解决该问题的可能性。

2. 学习需要分析的方法

对学习需要进行分析就是要采取恰当的需要分析方法，找出“是什么”与“应该是什么”之间的差异，即明确进行教学系统设计所要解决的问题。分析学习需要的基本方法有内部参照需要分析法和外部参照需要分析法，两者主要的区别在于目标参照系的不同。

(1)内部参照需要分析法。内部参照需要分析法是由学习者所在的组织机构内部，用已经确定的教学目标(期望状态)与学习者的学习现状做比较，找出两者之间的差距，从而鉴别出学习需要的一种分析方法。这种方法的前提是以接受既定目标作为期望来分析学习需要，通常比较适合于我国普通学校的教育。学校的培养目标体现在各科课程标准和教材中，因此往往以课程标准作为对学生的期望目标。

(2)外部参照需要分析法。这是根据机构外社会的要求(或职业的要求)来确定对学习者的期望值，以此为标准衡量学习者的学习现状并找出差距，从而确定学习需要的一种分析方法。这种方法揭示的是学习者目前的状况与社会实际要求之间存在的差距，其特点是以社会目前和未来发展的需要作为准则和价值尺度来提示教育、教学中存在的问题，从而制定出教育、教学目标。

由于这种方法的期望是根据社会需要而制定的，所以首先要收集、确定与期望值相关的社会需求信息。收集信息主要有以下途径：

● 对毕业生进行跟踪访谈、问卷调查，听取他们对社会需求的感受以及工作后对学校教育工作者或培训教学的意见，从中不仅可以获得关于社会期望的信息，也可以获得学习者现状的信息。

● 分析毕业生所在单位对毕业生的工作考核,了解他们对职工的要求和对毕业生的评价,以了解社会需求和要求改进学校教学的信息。

● 设计问卷并发放到与所学专业相关的工作单位,以得到社会对人才能力素质的需求信息。

● 深入到工作第一线做现场调研,以获得对人才能力素质需求的第一手信息。

● 进行专家访谈,以了解专家对社会目前及未来发展对人才需求的看法。

(3)内外结合法。上述两种方法的主要区别是期望值的参照系不同,以及由此带来的信息收集方法也略有差异。相对来说,内部参照分析法容易操作，省时省力，但运用该方法分析学习需要往往局限于教育系统内部，即在某一特定教育工作者或培训机构所规定的教学目标之内考虑教学设计问题，而对该目标的设定与社会实际要求是否相符却不够关心。因此无法保证机构内部目标的合理性；而外部参照分析法操作上比较困难,要耗费大量的精力和时间,但却能保证所定目标与社会需求直接发生联系,因而有其合理性。在实际运作时,可采用内外结合的方法,如图 3-2 所示,也就是根据外部社会需求调整修改已有的教学目标,并以修改后的目标所提出的期望值与学习者的现状相比较找出差距。

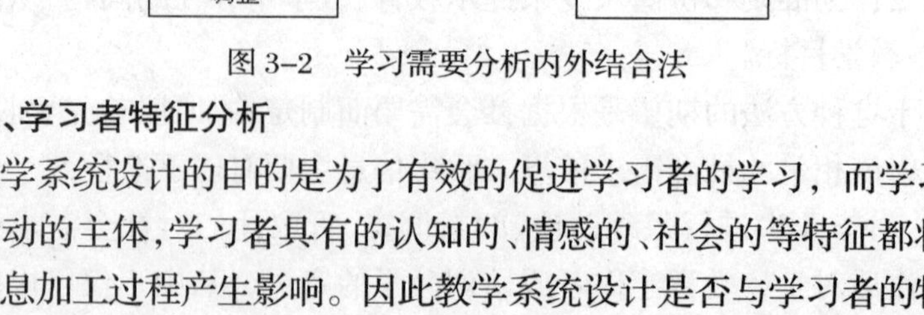

图 3-2 学习需要分析内外结合法

二、学习者特征分析

教学系统设计的目的是为了有效的促进学习者的学习，而学习者是学习活动的主体,学习者具有的认知的、情感的、社会的等特征都将对学习的信息加工过程产生影响。因此教学系统设计是否与学习者的特点相匹配,是决定教学系统设计成功与否的关进因素。进行学习者分析,目的是为了了解学生的学习准备和学习风格，以便为后续的教学系统设计步骤提供依据。在我们开始学习学习者特征分析的相关知识之前，先请大家阅读以下案例：

案例2：《月相的变化成因及其观测》

学习者为高一学生。高一学生对月相的变化现象有初步的认识，对月相的成因了解不多，对天文学和计算机有着浓厚的学习兴趣。在新的学习环境中，高一学生在课堂上进行群体性小组交流与协同讨论学习的机会很少，且习惯于教师将学习内容组织得井井有条。因此，本节课为学生提供讨论协作探究的机会，引导学生独立发现问题、解决问题。同时，高一学生思维过程中的自我意识和监控能力逐步在增强，在教学过程中还要引导学生进行自主学习。

请同学们交流并讨论该案例是从哪些方面对学习者进行分析的，并记录在表3–4中。

表3–4 学习者特征分析案例分析记录表

分析知识基础的语句	
分析认知特征的语句	
分析学习态度的语句	
分析学习风格的语句	

在授导型教学设计中，对学习者特征的分析应着重从哪些方面入手呢？又该怎样去分析学习者特征呢？在进行学习者特征分析时，我们不太可能对每个学习者的所有特征进行分析，但是我们必须了解那些对教学设计起重要作用的因素。其中，学习者的认知发展特征、起点水平、学习风

格、学习动机、学习兴趣等是在学习者特征分析中需要考虑的因素。

1. 认知发展特征分析

认知发展特征是指学习者获得知识和解决问题的能力随时间发生变化的过程和现象，其中瑞士心理学家皮亚杰的认知发展阶段理论在国际上享有广泛的影响。皮亚杰将儿童的认知发展阶段划分为感知运动阶段、前运算阶段、具体运算阶段和形式运算阶段四个阶段，具体参见表 3-5。

表 3-5 皮亚杰——认知发展阶段理论

阶段	特征
感知运动阶段 （出生 -2 岁左右）	婴儿所能做的只是为数不多的反射性动作，如吸允反射、吞咽反射、握持反射、拥抱反射及哭叫、视听动作等。
前运算阶段 （2-7 岁）	遇到问题会运用思维，但思维方式常常是不合逻辑的。表现为： 1. 知觉的集中倾向性：如认为排列成一行的 10 枚银币比堆成一堆的 10 枚银币多。 2. 不可逆性：如认为压平了的盒子不能再做成盒子。 3. 自我中心主义：如认为自己喜欢的东西别人也会喜欢。
具体运算阶段 （7 岁 -11 岁）	该阶段的基本特点是开始进行心理运算，但其思维还具有局限性，抽象的语言推理还不能进行，离不开具体事物的支持。
形式运算阶段 （11 岁以上）	该阶段已经达到成人的成熟思维，是认知发展的最高阶段，能在头脑中将形式与内容分开，能根据假设来进行逻辑推理。

2. 学习准备

学习准备是指学习者在从事新的学习时，原有的知识水平或原有的心理发展水平对新的学习的适应性。对学习者学习准备的分析包括两个方面：一是一般特征，二是初始能力。

（1）学习者一般特征。学习者一般特征指对学习者的学习产生影响的心理、生理和社会的特点，包括学生的年龄、性别、年级水平、认知成熟度、智能、学习动机、个人对学习的期望、生活经验、经济、社会背景等因素。它们与具体学科内容虽无直接联系，但影响教学设计者对学习内容的选择和组织，影响教学方法、教学媒体和教学组织形式的选择与运用。

了解学习者一般特征的主要方法有观察、访谈（面试）、填写学生情况调查表和开展态度调查、查阅学习者的人事或学习档案等。

(2)初始能力。初始能力是指学生在学习某一特定的学科内容时,已经具备的有关知识与技能的基础,以及他们对这些学习内容的认识和态度。初始能力分析的内容包括:

● 预备技能的分析,即了解学习者是否具备了新的学习所必须掌握的知识与技能,这是从事新的学习的基础。

● 目标技能分析,在从事新的学习之前,了解学生对目标技能掌握情况的调查工作就是目标技能分析。

● 学习态度分析,如了解学生对将要学习的内容有无兴趣、对这门学科是否存在着偏见和误解、有没有畏难情绪等都是学习态度分析的内容。

图 3-3 是小学数学《多边形面积的计算》中分析学生初始能力,进而确定教学起点的一则案例。

案例 3 :《多边形面积的计算》

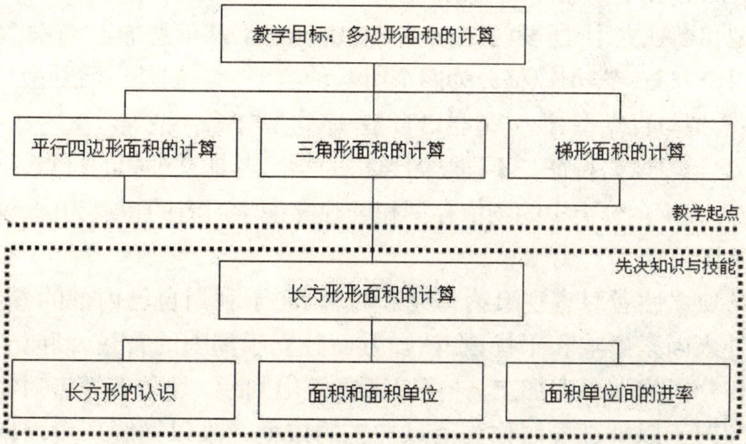

图 3-3《多边形面积的计算》学习者初始能力分析

3. 学习风格

在各种学习情境中,每一个学习者都是带着自己的特点进入学习的。而学习者之间存在着生理和心理上的个体差异,不同的学习者获取信息的速度不同,对刺激的感知及反应也不同。因此,要实现真正意义上的个别化教学,必须了解学习者的学习风格,并在此基础上为每一个学习者提供合适其特点的学习计划、学习资源与学习环境。

(1)学习风格的含义。学习风格的定义颇多,可谓“仁者见仁,智者见智”,但对学习风格本质的解释基本上是相同的。在我国,比较公认的是谭顶良先生对学习风格所下的定义(1995年):学习风格是学习者持续一贯的带有个性特征的学习方式,是学习策略和学习倾向的总和。学习策略是指学习者为完成学习任务或实现学习目标而采取的一系列步骤,其中某一特定步骤成为学习方法。学习倾向是每一个体在学习过程中会表现出的不同偏好,包括学习情绪、态度、动机、坚持性以及对学习环境、学习内容等方面的偏爱。有些学习策略和学习倾向可随学习环境、学习内容的变化而变化,而有些则表现出持续一惯性。那些持续一贯地表现出来的学习策略和学习倾向,就构成了学习者通常所采用的学习方式,即学习风格。

美国心理学家赫尔曼·威特金(H·A·Witkin)将人的知觉风格分为场依存型和场独立型。所罗门(Barbara A·Soloman)从信息加工、感知、输入、理解四个方面将学习风格分为四个组八种类型,它们是:活跃型与沉思型、感悟型与直觉型、视觉型与语言型、序列型与综合型等。

(2)学习风格特征。不同学习风格的学习者具有不同的特点,下面以赫尔曼·威特金分类中的场依存型和场独立型学习者的特点为例,说明其学习风格差异。

场独立性者对客观事物作判断时,倾向于利用自己内部的参照,不易受外来因素影响和干扰;在认知方面独立于周围的背景,倾向于在更抽象和分析的水平上加工,独立对事物做出判断。场依存性者对物体的知觉倾向于以外部参照作为信息加工的依据,难以摆脱环境因素的影响。他们更容易受到周围的人,特别是权威人士的影响和干扰,善于察言观色。

场独立性、场依存性与学生的学习有着密切的关系。研究表明,场独立性学生一般偏爱自然科学、数学,且成绩较好,两者呈显著正相关,他们的学习动机往往以内在动机为主。场依存性学生一般较偏爱社会科学,他们的学习更多地依赖外在反馈,他们对人比对物更感兴趣。

此外,场独立性与场依存性学生对教学方法也有不同偏好。场独立性学生易于给无结构的材料提供结构,比较易于适应结构不严密的教学方法。反之,场依存性学生喜欢有严密结构的教学,因为他们需要教师提供外来结构,需要教师的明确指导与讲解。场独立性者与场依存性者在学习上的不同特点见表3-6。

表3-6 场独立型学习者与场依存型学习者的学习特点对比

	场依存型学习者	场独立型学习者
1	注意到概念和材料的总体方面。	注意课程材料的细节。
2	使课程个性化——把概念和个人经验相联系。	关注事实与原则。
3	从教师那寻求指导与示范。	几乎不寻求与教师的接触。
4	寻求能加强和教师关系的奖赏。	与教师的正式互动仅限于手头任务——寻求非社会性奖赏(如分数)。
5	喜欢与别人一起学习,对他人的情感和意见敏感。	喜欢独立学习。
6	喜欢合作。	喜欢竞争。
7	喜欢由教师提供组织。	能自己组织信息。

(3)测定学习风格的方法。要想知道学习者是何种学习风格,一般采用以下几种方法来测量。

- 观察法,即通过教师对学生的日常观察来确定;
- 问卷法,即按照学习风格的具体内容设计调查量表,让学生根据自己的情况填写;
- 征答法,让学生自己陈述自己的学习风格。

应当指出,学生之间存在的学习风格差异是相对意义上的划分,并不是所有学生都可以被简单的归属为某一种学习风格类型。因此在现实中,这些差异可能是复杂而模糊的。

学习链接:学习风格测量

若有兴趣,你可通过附录2的所罗门学习风格测量表来测量一下自己的学习风格。

三、教学目标的编写

教学是促进学习者朝着目标所规定的方向产生变化的过程，因此在教学系统设计中，教学目标是否明确、具体、规范，直接影响到教学是否能沿着预定的、正确的方向进行。在学习需要分析阶段所确定的目标是教学的总目标，它是贯穿教学活动全局的一种指导思想，是对教学活动的一种原则性规定。要使总的目标落到整个教学活动体系的各个部分中去，必须对实际的教学活动水平做出具体的规定，即分析与编写具体的教学目标。

在开始学习关于教学目标编写的相关知识之前，请同学们阅读下面的案例，并思考以下问题：

- 案例中确定的教学目标合适么？
- 一个好的教学目标应具备怎样的特征呢？

案例 4：提高学生的写作能力

某小学教师常常听到家长反映孩子写作能力差。教师也清楚，虽然自己班上学生的口头表达和语法测试成绩尚可，但写起作文来总是不尽如人意。这个问题被提到教研组会议上讨论，会上决定进行一次需求评估。每位教师向本班学生布置一篇作文，题目相同。

临时组成的批改小组批阅作文后，发现了其中共同的毛病，就是有许多学生写作文时只使用一种句式——陈述句，不善于根据文章内容的需要使用不同的句式。另外，学生除使用句号以外，很少使用其他的标点符号。批改小组在教研会上汇报了他们的意见：要想提高学生的写作能力，应该利用业余时间组织“作文班”对学生进行强化训练。批改小组对作文班所拟定的教学目标是：在作文班上每周布置一篇命题作文，教师批阅评分后发给学生订正。

对于上述两个问题，同学们可以在下面的进一步学习中找到答案。

1. 关于教学目标

教学目标是对学习者通过教学后应该表现出来的可见行为的具体的、明确的表述。传统的教学和教学研究一般用教学目的一词来描述学习者预期的学习结果。由于教学目的规定的太笼统、太抽象,如"培养学生创新能力",个人的理解可能相去甚远。此外,用以陈述教学目的的词语常常是用以说明学习者内部心理过程的词语,如"掌握"、"领会"等,而这些内部过程常常无法观察和测量,因而对教学过程与学习结果的测量与评估不能起到指导作用。

在实际的教学过程中,教师经常发现很多同学在学习中不知道如何记笔记,因为他们无法确定哪些内容是重要的,还有相当一部分同学在考试后,才能意识到他们没有掌握最重要的学习内容。造成上述状况的原因,主要是由于缺乏一个清楚、具体的教学目标陈述:期望学习者学习什么?而教学目标的可观察性和可测量性是系统研究方法的重要特点之一,所以在具体编写教学目标时,一般要求用明确、具体、详细的行为术语来描述。

教学目标是教学设计活动的出发点和最终归宿,在教学中,它具有以下几个功能:

(1)教学目标可以提供分析教材和设计教学活动的依据。教师一方面根据教学目的确定课时目标,另一方面又根据这些教学目标设计教学活动和实施教学。可以说,教学目标不仅制约着教学系统设计的方向,也决定着教学的具体步骤、方法和组织形式,有利于保证教师对教学活动全过程的自觉控制。

(2)教学目标描述具体的行为表现,能为教学评价提供科学依据。教学大纲提出的教学目的与任务过于抽象,教师无法把握客观、具体的评价标准,使教学评价的随意性很大。用全面、具体和可测量的教学目标作为编制测验题的依据,可以保证测验的效度、信度和试题的难度和区分度,使教学评价有科学的依据。

(3)教学目标可以激发学习者的学习动机。要激发学习者的学习动机,必须让学习者了解预期的学习成果,他们才能明确成就的性质,进行目标清晰的成就活动，对自己的行为结果做成就归因，并最终取得认知、自我提高和获得赞许的喜悦。

(4)教学目标可以帮助教师评鉴和修正教学过程。有了明确的教学目标，教师就可以以此为标准，在教学过程中充分运用提问、讨论、交谈、测验和评改作业等各种反馈的方法。

2. 教学目标分类理论

由于在分析和确定教学目标时，为了避免目标的模糊与抽象，一般强调用行为术语来表述学习结果或描述学习者的变化，但这样做往往会使教学目标变得琐碎，难以把握。而对教学目标进行分类，不仅可以使琐碎的目标变得有序，还可以防止目标分析中的疏漏和偏颇。因此，要在教学实践中科学确定和实施教学目标，除了了解教学目标的内涵与功能外，还应了解教学目标的分类理论。下面介绍当今世界上影响力较大的两个目标分类理论：布鲁姆的教学目标分类理论和加涅的学习结果分类理论以及我国新课改标准中的教学目标分类法。

(1)布鲁姆的教学目标分类理论。美国著名的教育学家、心理学家布鲁姆(B.S.Bloom)把人类的学习分为三类：认知领域学习、动作技能领域学习和情感领域学习。每个领域的学习目标要求又由低到高分成多个层次，以反映达到要求的水平高低。

● 认知领域学习目标的分类

认知领域是教学中最广泛的学习知识、培养技能的领域。布鲁姆等人把认知领域的教学目标由低到高分为六个层次，见表3-7。

上述从知道到评价六个学习目标是认知领域学习水平由低到高的不同层次要求。这可以从两个方面来理解：一方面，对不同的学习内容要求达到的层次不一样。有的学习项目只需达到知道或领会即可，而有的学习项目则要达到应用的水平。另一方面，对同一个学习项日，低年级时，要求的目标水平要低，而高年级则要高些。基础差的同学要求低些，而基础好的同学往往可以提出较高的要求。除此之外，这六类学习目标也启发我们培养学生应用所学知识、分析并解决实际问题的能力是教学的最高目标。因此我们的教学不应仅仅停留在传授知识、学生“知道”的水平上，要注重发展学生的智力,特别是分析解决问题的能力。

表 3–7 认知领域教学目标分类表

教学目标层次		含义
层次越低 ↑	知道	指学习者对以前学过知识的记忆，这些知识包括具体事实(物)、方法、过程、形式、结构和背景等,如知道基本概念、具体事实等,是认知领域中最低水平的目标要求。
	领会	指学习者对所学知识的意义达到掌握的程度，表现在能把知识进行系统化和内化。这种能力往往通过转换、解释和推断来反映。转换即是内化的过程,也就是能用自己的语言表达所学的内容。解释即释义,如解释某首古诗的大意、解释图表等。推断指具有预测发展的能力。
	应用	指学习者把所学到的概念、原理、理论和方法应用于各种特定的、具体的情境中的能力。如应用概念、原理和定理等解答数学应用题等。
	分析	指能将所学知识分解为各组成部分并能理解各部分之间关系的学习水平。分解的目的是使知识各组成部分之间的层次关系更清晰。如分析一段计算机程序的设计结构。
	综合	指将所学知识的各个部分加以组合形成一个整体，是比分析更高的水平状态。如能写出一篇结构完善、主题明确的文章或论文。该目标层次重在表述学习者综合能力和创造能力的水平。
↓ 层次越高	评价	是认知学习结果最高的水平标准，它是指能对学习材料作价值判断的能力。如评判一部文学作品的价值,论证某实验结果的正确性等。

● 情感领域学习目标的分类

情感是学习者对外界刺激的肯定或否定的心理反应，表现出个体对客观事物的态度,如赞同与反对、喜欢与厌恶等。情感学习与形成或改变态度、提高艺术鉴赏能力、更新价值观念、培养高尚情操等有重要关系,是教育的一个重要方面。克拉斯伍(D.R.Krathwohl)等人依据价值内化的程度,将情感学习领域的教学目标由低到高分为五级,见表 3–8。

表 3-8 情感领域教学目标分类表

教学目标层次		含义
层次越低	接受或注意	指学习者愿意接受或注意某一特定事件或活动。包括觉察、愿意接受和有选择的注意，是低级的价值内化水平。例如，参加班级活动、具有环保意识等。
	反应	指学习者对注意到的事物做出积极反应，主动参与，表示出较高的兴趣。学习结果包括默认、愿意反应和满意的反应。例如，按照要求完成教师布置的作业等。
	评价	指学习者用一定的价值标准对特定的现象、事物、行为进行评判，是意识到某客观食物或现象的价值所在，从而表示接受和追求，并表现出一定的坚定性，反映了一种内部价值观。这与通常所说的“态度”和“欣赏”等类似。
	组织	指学习者通过对多种不同价值观的比较和组合，从而形成个人价值观体系。
层次越高	个性化	是情感教育的最高境界，指内化的价值体系变成了学习者的性格特征，表现为个人世界观的形成。达到这一阶段以后，行为是一致的和可以预测的。例如，形成并保持科学严谨、实事求是的学习态度，具有在集体中互帮互助的风格等。

● 动作技能学习领域目标的分类

动作技能主要涉及骨骼和肌肉的运用、发展和协调。动作技能的行为通常外显化，容易观察、描述和测量。辛普森（E.J.Simpson）等人于 1972 年将动作技能领域的教学目标分为七级，见表 3-9。

表 3-9 动作技能领域教学目标分类表

教学目标层次		含义
层次越低	知觉	指运用感官获得信息以指导动作，主要了解某动作技能的有关知识、性质、功能等。
	准备	指对固定的动作的准备，包括心理定向、生理定向和情绪准备。知觉是其先决条件，我国有人把知觉和准备阶段统称为动作技能学习的认知阶段。
	有指导的反应	指复杂动作技能学习的早期阶段，包括模仿和尝试错误，通过教师或一套适当的标准可判断操作的适当性。
	机械动作	指学习者的反映已成习惯，能已某种熟练和自信水平完成动作。这一阶段的学习结果及各种形式的才做技能，但动作模式并不复杂。
	复杂的外显反应	指包含复杂动作模式的熟练动作操作。操作的熟练性格以精确、迅速、连贯协调和轻松稳定为指标。
	适应	指技能的高度发展水平，学习者能修正自己的动作模式以适应特殊的装置或满足具体情景的需要。
层次越高	创新	指创造新的动作模式以适应具体情境。强调以高度发展的技能为基础进行创造。

(2)加涅的学习结果分类系统。美国当代著名教育心理学家加涅是继布鲁姆之后,是又一位对目标理论有重大影响的心理学家。西方教育心理学界认为,布鲁姆的教育目标分类系统和加涅的学习结果分类系统都是指导学习目标设计的很有实用价值的学说。加涅在《学习的条件》一书中,对学习结果进行了分类,提出了五种学习结果:言语信息、智力技能、认知策略、动作技能和态度。

● 言语信息

言语信息作为一种学习结果,是指学习者通过学习以后,能记忆诸如事物的名称、符号、地点、时间、定义、对事物的描述等具体的事实,能够在需要时将这些事实陈述出来。他们所陈述的信息是基于一种或多种形式的句子(或命题),是被言语化了的,所以称"言语信息"。

言语信息的学习主要涉及的心理过程是记忆,但并不能就此轻视这类学习结果,它同样是一种重要的能力。因为它是其他类型的学习结果习得的基础,如:学生在进行经济学原理的研究时,必须充分利用有组织的生产、产品销路、金融等多方面的宽厚的基础知识;一个受过训练的化学家,除了懂得如何应用化学原理外,还须知道大量的有关该学科的信息;要学习某一认知策略,学生必须首先获得有关策略的言语信息。在学校教学情境中,学生对信息的习得通常是教师以口头(口头语言)或以文字方式(书面语言)进行传授的学习结果。判断学生是否获得信息主要看他们是否能把所获得的信息表述出来。

● 智力技能

智力技能作为一类学习结果,是指学习者通过学习获得了使用符号与环境相互作用的能力。智力技能与言语信息不同,言语信息与知道"是什么"有关,而智力技能则与知道"怎样做"有关,例如:通过计算将分数化为小数,在英语的造句中,能够使单数动词与单数主语保持一致等都是相关智力技能习得的实例。言语信息的学习是从不知到知,由知之甚少到知之甚多的过程,智力技能的发展则是从简单到复杂、从低级到高级的过程。

智力技能可以细分为若干小类,较简单的是辨别技能,进一步是形成概念。在形成概念的基础上学会使用规则。智力技能的最高形式是高级规则的获得，这与解决问题的能力有关。

辨别是将刺激物的一个特征和另一个特征或者将一个符号与另一个符号加以区别的一种习得能力，包括视觉、听觉、嗅觉、触觉、味觉等方面的辨别。如儿童能辨别三角形和正方形等几何图形，学习地质学的大学生能区别不同性质的岩石标本。学习辨别技能的重要性在于它是学习其他技能的必要前提。

概念是对同类事物的共同的本质特征的反映。概念的习得有两种形式，一种是在一系列事物中找出共同属性并给同类事物赋与同一名称，这类概念一般被称为具体概念。因为只有区别事物的不同特征，才能发现事物的共同属性，所以辨别技能是形成概念的基础。另一种是以定义的方式习得，相应地这类概念叫做定义性概念，有时也把它叫做抽象概念，以便与具体概念相区别，例如“对角线是连接四边形对角顶点的线”即为定义性概念。在学校里学习的概念大多是定义性概念。

规则是揭示两个或两个以上概念之间关系的一种言语表述，它可以是一个定律、一条原理或一套已确定的程序，例如，“句子的第一个词的词首字母必须大写”是英语语法的一条规则；“长方形的面积等于长乘宽”是一条数学定律。规则使学习者能对某一类事物做出同一类的反应。运用规则与陈述规则是不同的，后者仅是言语信息的学习结果。然而，能运用该规则并非一定能说出规则，例如儿童早在学习语法规则之前就会口头造句；同样会说“欧姆定律”，也并不一定能运用该规则解决具体问题。规则的学习以概念的学习为基础，在多数教学情境中，规则的学习往往不是逐条地、孤立地进行的。一门课程中，许多有关规则或原理有机地结合在一起，构成一个体系，形成高级规则。因此，有时学习者所学的是“一套有组织的智力技能”，其中某些简单规则的学习构成另一较复杂的、高级规则学习的先决条件。

通过简单规则的重新组合而获得的高级规则具有更为广泛的应用性。高级规则作为一种学习结果，是学习者在解决问题过程中思维的产物，但它并不是先前习得的规则的简单的运用，而是一个产生新的学习的过程。学习者在试图解决一个特定的问题时，可能把属于不同内容范围的两条或两条以上的规则结合在一起，组成一条能解决该问题的高级规则。

高级规则虽然在复杂性上与作为其组成部分的较简单规则有所不同，但本质上仍是规则。

● 认知策略

随着学习者不断地学习和发展智慧技能及其他性能，他们也发展了用以自我调控其内部学习过程的方式，这便是认知策略的习得。所谓认知策略是学习者借以调节他们自己的注意、感知、记忆和思维等内部心理过程的技能。在信息加工心理学中，也将认知策略称作执行控制过程。上面所述的智力技能是运用符号处理问题的能力，即处理外部世界的能力，而认知策略是自我控制与调节的能力，即处理内部世界的能力。学习者通过认知策略指挥他自己对环境中刺激物的一定特点予以注意，对学习的事物进行选择和编码，对学习所得进行检索。学习者的认知策略还影响他对已掌握的言语信息和智力技能的综合思考，以提出解决问题的高级规则。认知策略不指向具体的外部内容，如言语或数字，而是普遍地适合于各种各样的知识内容。例如：如果学习者的注意策略得到改善，那么这种策略将会被应用于任何学科的学习，而不管其内容如何。认知策略的习得使学习者学会了如何进行导致更多学习的反省思维和分析思维，学会了如何学习。

通过比较言语信息、智力技能、认知策略三方面的认知学习可以看出，在感知觉基础上通过记忆，学生获得大量的言语信息，是较简单的认知学习；在感知觉基础上，通过思维，获得有关外部事物的概念、规则乃至高级规则，并将这些概念、规则应用于实践，解决实际问题，这是比较复杂的认知学习。在上述学习的同时，学生还要学会如何控制自己的认知过程，即学会如何学习、如何思维，这是更高级的认知学习。

● 动作技能

虽然在有些课程的学习中，动作技能常常没有被放在中心位置，但学校的学习中总是包含各种各样的动作技能，从入学儿童学习使用铅笔和纸写字到学习绘画、唱歌、舞蹈、打球、竞走、跨栏，从学习实验操作到学习语言的发音等。对人毕生有用的各种基本的动作技能，在个体的早期的生活中就被学会，成为个人全部技能中的一个“极少需要意识控制的部分”，然而它们却是个体日常生活和生存必不可少的。我们说个体获得某种动作技能时，不仅仅指他完成某种规定的动作，而且指这些动作组织起来，构成连贯的、准确的、合规则的整体行为。动作技能操作的流畅与时间的精确性能够反映行为表现的内部组织程度。

动作技能的学习往往与认知学习交织在一起，因为动作技能通常由一套序列步骤或动作构成，学生在学习某个动作技能时，必须知道或掌握动作技能组成的程序及相应的规则，以便随着练习的继续，动作的水平有所提高。

● 态度

除了动作技能的之外，学习还会导致影响个体行为选择的内部状态的建立。这便是加涅所谓的学习的第三大类结果——态度。态度是习得的、影响个人对特定对象做出行为选择的有组织的内部准备状态。影响个体行为选择的内部状态既有认知成分，又有情感成分。同智慧技能、动作技能相比，态度与个人行为的关系不那么直接，态度并不决定特定的行为，它以行为的倾向或准备状态对行为产生间接影响。态度的习得有多种形式，有些可能是源于个别的事件，也可能源于个体对某种事物的成功与欢乐的体验，有些则可能是常常模仿或观察他人的行为而获得对事物的态度。虽然个体的很多态度是在家庭、社会中获得的，但学校在个体的态度培养上仍有非常重要的作用。

(3)新课程标准中的三维目标分类。教育部《基础教育课程改革纲要(试行)》对课程目标从“知识与技能”、“过程与方法”、“情感态度与价值观”三方面提出了要求，构成了新课程的“三维目标”。

新课程的“三维目标”指向学生全面发展，注重学生在品德、才智、审美等方面的成长，是国家新课程基本理念的重要体现之一。

● 知识与技能

强调基础知识和基本技能的获得。基础知识主要包括人类生存所不可或缺的核心知识和学科基本知识；基本能力——获取、收集、处理、运用信息的能力、创新精神和实践能力、终身学习的能力。

● 过程与方法

突出的是让学生“学会学习”，使学生获得知识的过程同时成为获得学习方法和能力发展的过程。主要包括人类生存所不可或缺的过程与方法。过程指应答性学习环境和交往、体验。方法包括基本的学习方式(自主学习、合作学习、探究学习）和具体的学习方式（发现式学习、小组式学习、交往式学习等）。

● 情感态度与价值观

不仅专注于人的理性发展，更致力于教育的终极目的即人格完善。情感不仅指学习兴趣、学习责任，更重要的是乐观的生活态度、求实的科学态度、宽容的人生态度。价值观不仅强调个人的价值，更强调个人价值和社会价值的统一；不仅强调科学的价值，更强调科学的价值和人文价值的统一；不仅强调人类价值，更强调人类价值和自然价值的统一，从而使学生内心确立起对真善美的价值追求以及人与自然和谐和可持续发展的理念。

三维的课程目标应是一个整体，知识与技能、过程与方法、情感态度与价值观三个方面互相联系，融为一体，体现了学生的全面发展、个性发展和终身发展的基本规律，体现了学生各种素质在学科课程培养中的有机联系，体现了时代对基础性学习能力、发展性学习能力和创新性学习能力培养的整体要求。

通过以上学习，我们对教学目标的分类有了更深层次的了解。下面，我们以一节美术课为例，说明如何运用布鲁姆的认知分类理论。

案例5：立体派艺术家的风格

这节课的总教学目标是："让学生能够理解立体派艺术家的风格"。依据布鲁姆的认知目标分类体系，把这个总教学目标分解成不同层次的、可操作的学习目标，如表3-10所示。

表3-10　《立体派艺术家的风格》教学目标分析表

目标类别	目标陈述	行为动词
识记	说出立体派艺术家绘画风格的三个基本特征	说出
理解	给出一组画，辨认这些画是否是以立体派艺术风格画的	辨认
应用	拿出任何时代的一张画，说明它与立体派绘画有什么不同	说明
分析	考察各种各样的立体派艺术风格的画，并阐述出这种风格的独特特点	阐述
综合	采用立体派艺术风格画一幅静物画	画
评价	运用立体派艺术风格的知识，评述这个派别的某张代表画作	评述

3. 掌握教学目标的编写方法

在上述《立体派艺术家的风格》案例中我们已经看到了一些编写好的教学目标,那么我们究竟应该如何编写具体的教学目标呢？接下来,让我们一起学习教学目标的编写方法。如前所述,教学目标应是可观察、可测量的,所以在具体编写教学目标时,一般要求用明确、具体、详细的行为术语来描述。为了保证教学目标的可操作性,通常采用 ABCD 方法编写教学目标。

所谓 ABCD 方法是指一个规范的学习目标应该包括对象(audience)、行为(behavior)、条件(condition)、标准(degree)四个要素。

A——对象(Audience),阐明教学对象。

B——行为(Behaviour),说明通过学习以后,学习者应能做什么,也即行为的变化。

C——条件(Condition),说明上述行为在什么条件下产生。

D——程度(Degree),指规定上述行为应达到的程度或最低标准。

表 3-11 中则分别给出了认知类、动作技能类、态度情感类的三个教学目标实例。

表 3-11 教学目标编写案例表

	对象	条件	行为	程度
认知学习	小学三年级学生	在观察实际的云或观看云的图片时	应能将卷云、层云、积云和雨云标记出来	正确率至少 80%
动作学习	大学一年级学生	提供三页手稿,30 分钟内	应能将它键入电脑	错误之处不超过 10 个
情感学习	班级干部	看到有同学在课桌上涂鸦时	应能对他进行劝说	但不要发生争吵

ABCD 方法是编写教学目标的基本方法，但在运用 ABCD 方法时，要注意以下几个方面：

● 教学目标的行为主体须是学习者,而不能是教师。从这个意义上,诸如"培养学生的英语听说能力"这样的目标是不恰当的。

● 教学目标须用教学活动的结果而不能用教学活动的过程或手段来描述。从这个意义上,诸如"学生应受到观察的训练"也是一个不合格的目标表述。

● 教学目标的行为动词必须是具体的,而不能是抽象的。所谓具体是指这一动词所对应的行为或动作是可观察的。具体见表 3-12。

表 3-12　认知类学习目标可选动词一览表

学习目标层次	特征	可参考选用的动词
识记	对信息的回忆	为……下定义、列举、说出(写出)……的名称、复述、排列、背诵、辨认、回忆、选择、描述、标明、指明
理解	用自己的语言解释信息	分类、叙述、解释、鉴别、选择、转换、区别、估计、引申、归纳、举例说明、猜测、摘要、改写
应用	将知识运用到新的情景中	运用、计算、示范、改变、阐述、解释、说明、修改、订计划、制定……方案、解答
分析	将知识分解,找出各部分之间的联	分析、分类、比较、对照、图示、区别、检查、指出、评析
综合	将知识各部分重新组合,形成个新的整体	编写、写作、创造、设计、提出、组织、计划、综合、归纳、总结
评价	根据一定标准进行判断	鉴别、比较、评定、判断、总结、证明、说出……价值

四、教学方法的选择

所谓教学方法,是指在教学中,师生为达到教学目标、完成教学任务所采取的教学活动方式总称。教学方法的选择与运用是否合适,将直接关系教学的成败和教学效率的高低,因此正确理解、选择和运用教学方法成为教学设计的重要内容。

再学习有关教学方法的知识之前,请同学们再次回顾案例《制作一个五角星》,考虑案例中运用了哪些教学方法,讨论、交流并将结果填写到表 3-13 中。

表 3-13 《制作一个五角星》教学方法分析记录表

采用的教学方法	选择的原因	解决的主要问题

在教学活动中，之所以要选择适当的教学方法，是为了较好的完成教学目标及解决教学内容中的重点、难点，以及适应学习者的特征。

1. 常用的教学方法

在授导型教学中经常使用的教学方法有以下一些：

(1)讲授法。讲授法是教育历史上最悠久、应用最普遍的方法，也是一直受到批评的方法。它是指教师通过口头语言，辅以板书、挂图、幻灯、投影或者其他媒体向学生传授言语信息的方法，主要是一种教师讲、学生听的活动。

讲授式教学法的主要优点是教师能够很经济地同时向许多人传授知识。特别是在所要传授的内容还没有可以使用的书面材料的情况下，这一优点尤其突出，因为在讲授中，教师可以亲自向学生呈现学科的基本内容，直接鼓励学生的学习热情。讲授法的优点还在于能用学生易懂的形式有效地概括学科的内容，可以用不同词语陈述相同的内容，从而有助于理解；讲授中有师生的情感交流，师生相互作用，相互强化；在讲授时教师还可以根据听课对象、设备和教材对讲授内容灵活处理。此外，大多数教师（特别是大学教师）感到，讲授法比其他教学方法更容易掌握，而且安全可靠。

尽管讲授法有其不可替代的优点，但它也有自己适用的范围和局限性。心理学家通过大量的研究，提出了适宜于应用讲授法的条件，归纳起来有以下几点：①教学的基本目的是同化信息，即知识的理解；②缺乏现成的可以利用的学习材料；③材料需要重新组织并以特殊的方式为特殊对象呈现；④有必要唤起学生对某一课题的兴趣；⑤学生只需要在短期内记住材料；⑥为某一领域或某一学习课题方向提供一介绍。在上述任一条件满足的情况下，都可使用讲授法。

研究者们也提出了不宜于应用讲演的场合：①教学的目标不在于习得信息而在于其他方面，如形成技能；②强调长期保持；③学习材料复杂、精细或抽象；④必须有学习者的参与才能达到教学目标；⑤高水平的教学目标(分析、综合和评价)是教学的主要目的。在上述条件下，都不适宜使用讲授式教学法。

(2)谈话法。谈话法又称问答法。是教师引导学生运用已有的经验和知识回答提出的问题，借以获得新知识、巩固旧知识或检查知识的教学方法。这种方法较易于集中学生的注重，激发积极的思维活动，提高教学效果。在各科教学中，特别是小学和初中阶段广泛应用。

谈话法是最古老的教学方法之一。中国古代教育家孔子就常用富有启发性的谈话法进行教学。他主张教学要“循循善诱”，运用“叩其两端”的追问的方法，从事物的正反两个方面去寻求知识。他还鼓励学生提出问题，对于能提出深刻问题的学生常给予褒奖，并公开表示向学生学习。古希腊哲学家苏格拉底也善于运用谈话问答的方法。他并不直接传授知识和经验。而是提出问题，激发学生本人寻求正确的答案；当学生提出问题或做了错误的回答之后，他也不直接进行纠正，而是提出补充问题，把学生进一步引向谬误，然后促使他熟悉与改正错误。这种方法被后世称为苏格拉底法。

谈话法有多种具体方式：

● 为传授新知识而进行的谈话。

一般是由教师根据教学目的提出一系列前后连贯而又富有启发性的问题，引导学生依据已有的经验和知识，或根据对眼前事物的观察，进行积极的思考做出正确的回答，借以获得新知识。也称启发式谈话法。

● 为巩固知识或检查知识而进行的谈话。

根据学生学过的教材提出一些问题，要学生通过回忆旧知识进行回答，经过知识的再现达到巩固或检查的目的。也称再现谈话法或问答式谈话法。

● 教师在讲授过程中或者在学生活动过程中进行的谈话。

这种谈话有助于提高学生听讲的积极性,提高传授知识的效率;有助于学生顺利地完成独立作业,或明确学习的重点。也称讲授谈话法。

运用谈话法,一般要求:提问要适合学生程度,有启发性,问题的表述方式应通俗易懂,含义明确,便于理解;提出的问题有一定的逻辑联系,在班级教学中,面向全班提问,然后指定个别学生回答;不仅教师提问学生,学生也可以向教师质疑。

(3)讨论法。讨论法一般是指在教师指导下,由全班或小组成员围绕某一中心问题发表自己的看法,从而进行相互学习的一种方法。讨论法的优点显而易见:可以互相启发,互相补充,集思广益,从而获得比较完整、深刻的对知识的认识;通过讨论,可以活跃思维,激发学生的学习热情和兴趣,调动学习的主动性和积极性;经过共同切磋琢磨,有助于培养学生分析问题和协作学习的能力以及培养语言表达能力;对生物教学而言,讨论还有利于教学内容与自然、生产和生活实际的联系。此外,讨论中有时会提出一些教师未考虑到的新问题、新见解,这可促进教师进一步提高教学水平,即起到"教学相长"的作用。不过,讨论法往往需要学生具备一定的基础以及一定的理解能力和思考能力,因此较适用于高年级或成人的教学。

(4)读书指导法。读书指导法是教师指导学生通过阅读教科书、参考书以获取知识或巩固知识的方法。包括指导学生预习、复习、阅读参考书、自学教材等。该法一方面要求教师指导学生制定阅读计划,选好读物,传授阅读方法和技巧;另一方面,也要求学生勤读勤记,培养自学能力。

(5)演示法。演示法是教师陈示实物、教具,进行示范性实验,或通过现代化教学手段,使学生获取知识的教学方法。演示法常配合讲授法、谈话法一起使用,它对提高学生的学习兴趣发展观察能力和抽象思维能力,减少学习中的困难有重要作用。

随着自然科学和现代技术的发展,演示手段和种类日益繁多根据演示材料的不同,可分为实物、标本、模型的演示;图片、照片、图画、图表、地图的演示;实验演示;幻灯、录像、录音、教学电影的演示等。以演示内容和要求的不同,可分为事物现象的演示和以形象化手段呈现事物内部情况及变化过程的演示。

运用演示法一般要求:符合教学的需要和学生的实际情况,有明确的目的;使学生都能清晰地感知到演示的对象;在演示的过程中,教师要引导学生进行观察,把学生的注意力集中于对象的主要特征、主要方面或事物的发展过程;要重视陈示的适时性;结合演示进行讲解和谈话,使演示的事物与书本知识的学习密切结合。

(6)合作学习法。合作学习法指学生为了完成共同的任务,有明确的责任分工的互助性学习。合作学习鼓励学生为集体的利益和个人的利益而一起工作,在完成共同任务的过程中实现自己的理想。

合作学习法有如下特征:

● 异质分组,建立学习的“多元世界”。小组成员在性别、学业能力、步调和其他品质上必须是不同的、异质的。这样才能够共同发展、接纳他人,使学业困难者获得更好的发展的目标。

● 积极互助。小组成员必须人人参与。

● 分工合作。建立小组成员的行为规则要求,强调个人责任感,各自的义务,对其他成员的鼓励和支持。

● 资源共享。互相帮助和交流。

● 奖励体系。集体的荣誉就是每个人的荣誉。

(7)参观法。参观法是为配合课堂教学,教师组织学生到农村、企事业单位、展览馆和社会活动场所,通过对实际事物、现象的观察分析和研究,获得知识的教学方法。它能激发学生的学习兴趣,扩大学生的视野,并能使教学与实际生活联系起来,具有很强的实践性。

(8)欣赏法。欣赏法是指教师在一定的教学情境中,使学生通过体验客观食物的真善美,陶冶他们的性情,培养他们的正确的态度、兴趣、理想和审美能力的方法。它主要体现在:对自然美和艺术美的欣赏,对高尚道德品质或社会品德的欣赏,对追求真理、用于探索的科学精神的欣赏等方面。欣赏法有利于激发学生的学习兴趣和求知欲,是音乐、美术、文学等课程的主要教学方法。

2. 教学方法的选择

以上仅概括性介绍了一些教学中常用的教学方法,但在实际教学中,究竟哪种方法与哪种教学媒体结合最有效，需要教师结合具体教学内容不断的尝试与探索。通常在教学方法的选择时应以如下几个方面为主要参考依据：

（1）依据教学任务类型。这里指不同类型的教学任务往往要求不同的教学方法。如：对于认知类学习，讲授法、谈话法都较为适用；对于动作技能类学习，演示法较常用；而对于情感态度类的教学，除讲授法外，欣赏法则成为主要方法。

（2）依据学科内容特点。通常，语文、外语多采用讲授法，物理、化学多采用演示法。

（3）依据学生的特点。针对不同年龄段的学生在教学方法的运用上要有所不同。低年级学生更多的需要直观演示，而高年级的学生由于抽象思维、逻辑思维的发展，往往通过讲授即能认知所学内容。其他因素的影响也会导致教学方法的不同采用。如：给城市小学生传授有关水稻、小麦等粮食作物的知识时，用实物、模型、图片或录像等演示是很有效果的，而对农村小学生则必要性不大。

（4）依据教师的自身素质选择教学方法。任何一种教学方法，只有适应了教师的素养条件，并能为教师充分理解和把握，才有可能在实际的教学活动中有效的发挥其功能和作用。因此，教师在选择教学方法时，还应当根据自己的实际优劣，扬长避短，选择与自己相适应的教学方法。如，同是教学有关"计算机应用基础"的课程，一个善于操作的教师可以更多的采用操作演示，伴以少量讲解完成教学，反之，就必须以讲解为主。

五、教学策略的制定

教学策略是教学中为有效的达到特定教学目标，综合选择或采用的教学活动程序、教学方法、教学组织形式以及教学媒体等的总体方案。制定教学策略是教学设计的核心环节，是实现有效教学的重要步骤。"教学有法，教无定法"，它一方面说明教学是科学活动，是有规律可循的，安排怎样的教学活动，选择何种教学方法，采用什么教学形式，选用哪些教学媒体，对特定教学而言，总会有科学而有效的考虑方案。另一方面也说明，任何一套策略都不适用所有的教学。随着教学对象、教学环境、教学内容的不同,教学策略的选用也应不同。在教学研究和实践中,人们从不同的角度、基于不同理论提出了各种教学策略。常被采用的有"九阶段教学策略"、"先行组织者"教学策略、掌握学习教学策略等。

1. "九阶段"教学策略

美国著名教育心理学家加涅认为,学习的发生要同时依赖外部条件和内部条件,教学的目的就是合理安排可靠的外部条件,以支持、激发、促进学习的内部条件。加涅认为,将学习过程与教学事件相联系对有效的教学设计来说,有深远的意义,而学习阶段和教学事件对应关系可参见第一章表1–6。下面我们结合一则教学案例来进行说明,见表3–14。

案例6:元音发音的教学

表3–14《元音发音的教学》教学策略分析表

教学事件	内容及示例	案例:元音发音的教学
引起注意	呈现互动的内容(标题或现行思考题)。 1. 提问; 2. 运用故事性、冲突和矛盾的事件; 3. 运用图表、图片、模型、电影等手段。	播放发音磁带。
阐明教学目标	告诉学习者学习本课后能做什么。 1. 直接告知目标; 2. 提供任务的范例。	在磁带播放结束后,向学生指出在课时结束后,期待他们能在没有磁带的情况下,大声重复元音发音。
刺激回忆	复习以前的内容或提供起点测试。 1. 提问; 2. 以简洁易懂的纲要形式列出先前信息; 3. 检查、复习前一天作业。	通过嘴和唇的正确摆位,展示如何发出每个元音。
呈现刺激材料	取决于教学目标类型: 如呈现新信息(言语信息目标)、定义(概念)、介绍对象间的相互关系(规则)、呈现规则应用的实例(问题解决等)。	发出每个元音的音,然后让全班重复两次,在发每个元音的过程中指着嘴位和唇位的图。先从常用的元音开始,指导学生练习。
提供学习指导	因教学目标的类型而异:显示助记符或关联对象,或将新信息加框(言语)、提供正例或反例(概念)、演示规则	

	的应用步骤(规则)、让学习者尝试各种规则的可能用法(问题解决等)。	
诱导反应	1. 呈现精心设计的与目标相关的问题,要求学生回答; 2. 对问题以书面或口头的回答(注:这些活动是非评价性的,鼓励学生回答)。	让学生照着练习册中的图片,安静的练习每个元音,形成正确的嘴位和唇位。
提供反馈	因学习对象和学习类型的不同给出反馈。 1. 点头、微笑等身体语言; 2. 呈现正确答案; 3. 标记对错或打分。	随机选择学生朗读元音并纠正他们的错误,从而向全班展示正确的发音。
评价表现	提供测试、竞赛或练习,判断掌握程度。	通过单词处理技巧的单元测试的部分题目和练习册上的练习来评估。
促进知识保持和迁移	提供新的任务,提供练习、操练,特别是"变式"练习。	布置作业。

2. "先行组织者"教学策略

先行组织者是指教师在教授新教材之前,先给学生一种引导性材料,它要比新教材更加抽象、概括和综合,并能清晰地反映认知结构中原有的观念和新的学习任务的联系。

先行组织者教学策略是奥苏贝尔的有意义学习理论的一个重要组成部分。奥苏贝尔提出,有意义学习过程的实质,就是符号所代表的新知识与学习者认知结构中已有的适当观念建立起非人为的和实质性的联系。所谓认知结构,是指学生现有的知识的数量、清晰度和组织结构,它是由学生眼下能回想出的事实、概念、命题、理论等构成的。而提供先行组织者的目的就在于用先前学过的材料去解释、整合和联系当前学习任务中的材料(并帮助学习者区分新材料和以前学过的材料)。先行组织者可以分为以下两类。

(1)陈述性组织者。使用陈述性组织者的目的,在于为新的学习提供最适当的类属者,它与新的学习产生一种上位关系。例如,学习"蚂蚁"之前先让学生学习"昆虫的基本特征",那么"昆虫"概念就是学生学习"蚂蚁"概念的陈述性先行组织者。

(2)比较性组织者。比较性组织者用于比较熟悉的学习材料中,目的在于比较新材料与认知结构中相类似的材料，从而增强似是而非的新旧知识之间的可辨性。例如,在让学生学习关于白蚁的知识之前,先让学生学习蚂蚁与白蚁的相同与不同之处,这就属于比较性组织者。

先行组织者教学策略的教学过程主要由三个阶段组成，如表 3–15 所示：

表 3–15 先行组织者教学策略

教学阶段	教学过程	教学活动
1	呈现先行组织者	阐明本课的目的； 呈现作为先行组织者的概念：确认正在阐明的概念的属性； 给出例子；提供上下文； 使学习者意识到相关知识和经验。
2	呈现学习任务和材料	使知识的结构显而易见； 使学习材料的逻辑顺序外显化； 保持注意； 呈现材料； 演讲、讨论、放电影、做实验和阅读有关的材料。
3	扩充与完善认知结构	使用整合协调的原则：整合协调原则是指如何对学生认知结构中现有的要素重新加以组合； 促进积极的接受学习； 提示新、旧概念（或新、旧知识）之间的关联。

运用先行组织者教学策略,需要有一定的教学条件,它们是：

- 教师起呈现者、教授者和解释者的作用；
- 教学的目的是要帮助学生掌握材料,教师直接向学生提供学习的概念和原理；
- 教师需要深刻理解奥苏贝尔的有意义学习理论和先行组织者策略；
- 学生的主要任务是掌握观念和信息；
- 个人的原有认知结构是决定新材料是否有意义、是否能很好的获得并保持的最重要因素；
- 学习材料必须加以组织以便于同化；
- 需要预先准备的先行组织者。

六、教学媒体的选择

首先，请同学们再次回顾案例《干旱的宝地》和《制作一个五角星》，考虑案例中选择了哪些媒体，作用是什么？并填写在表 3–16 中。

表 3–16 教学媒体使用分析记录表

媒体类型	作用	媒体使用评价或改进意见
录像	使学生形象感知沙漠景观	

通过案例研习，可以看出教学媒体在课堂教学中发挥非常重要的作用。媒体在授导型教学中的作用方式可参见图 3–4 所描述的三类典型活动：(1)讲解：教师主体，媒体为辅；(2)演示：媒体为主，教师为辅；(3)操练/练习：媒体－学生互动，教师为辅。

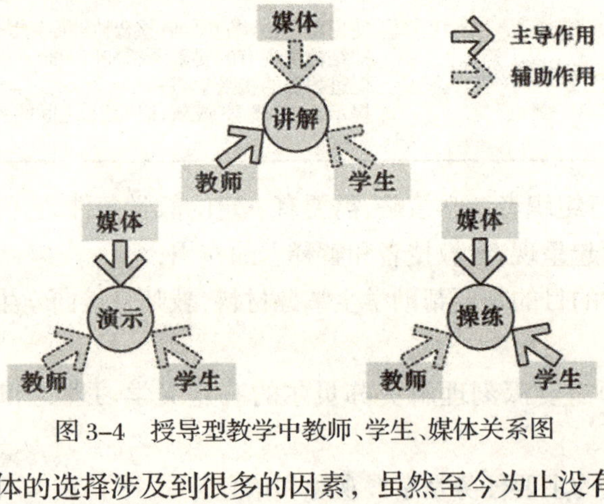

图 3–4 授导型教学中教师、学生、媒体关系图

教学媒体的选择涉及到很多的因素，虽然至今为止没有一种简单明了的表格和公式能解决这一问题，但是还是有一些基本的原则、经验和方法可供参考和借鉴。

1. 依据教学目标

教学目标是指导整个教学过程的基本思想。不同的教学目标不仅决定教师的教学活动内容和方式,还决定不同媒体类型和媒体内容的选择。以外语教学为例，让学生掌握语法规则和要求学生能就某个情境进行会话,是两种不同的教学目标。前者往往通过文字讲解辅以各种实例来帮助学生形成语法概念；后者则往往通过反映实际情境的动画和声音使学生在具体的语言环境中去掌握正确的言语技能。

2. 依据教学内容

学科的内容不同,适用的教学媒体会有区别,同一学科各章节的内容不同,对媒体的要求也不同。以语文学科为例,散文和小说体裁的文章最好通过能提供活动影响的媒体来讲解,使学生有身临其境的感受,以加深对人物情节和主题思想的理解。对于数理学科中的某些定理和法则,由于概念比较抽象,最好通过动画过程把事物的运动变化规律展现出来,以帮助学生对定理和规律的掌握。同是化学学科,在讲解化学反应时可以用动画一步步模拟反应的过程;而在讲解分子式、分子结构以及元素周期表等内容时则以图形或图表的配合为宜。

3. 依据教学对象

在学习者特征分析中，我们已经知道不同年龄阶段的学生其认知特征有很大差别。因此,在进行教学媒体的选择时,必须充分考虑不同年龄阶段学生的认知特点,绝不能用某种固定、僵化的模式。一般来说,在小学低年级阶段各学科设计的重点应放在如何实施形象化教学，以适应学生的直观、形象思维图式,因而应采用图形、动画和音乐之类的媒体使图、文、声并茂；在小学高年级阶段则要把重点放在如何帮助学生完成由直观、形象思维向抽象思维的过渡，因而这一阶段的形象化教学可适当减少;在中学阶段则应着重引导学生学习抽象概念,学会运用语言符号去揭示事物的内在规律,逐步发展学生的逻辑思维能力。

4. 依据教学条件

教学中能否选用某种媒体,还要看当时当地的具体条件。

表 3-17 中列举了在常用课堂教学方法中可选用的一些媒体。表中按媒体的技术性能分为低技术、中技术和高技术。需要说明的一点是,在信息化条件下,“课堂”的概念不再局限于教室空间。

表 3–17 结合教学方法选择教学媒体

教学方法＼媒体选择	低技术	中技术	高技术
讲解	印刷材料 黑板 录像 / 录音 实物展示台 书写白板 幻灯 / 投影	多媒体播放系统 电子讲稿(如 PPT) 概念地图 DVD 语言实验室 电子记录白板 视频广播 Web 资源	多媒体网络教室 虚拟教室 双向视频会议系统 数字语音室 卫星电视 Web 资源 / 主题资源 电子互动白板 视频流 / 音频流
演示	录音(例如语言、音乐) 录像 幻灯 / 投影 实物展示台	多媒体播放系统 电子讲稿(如 PPT) 概念地图 模拟演示软件 DVD 音频会议系统 Web 资源	电子互动白板 虚拟现实软件 数字博物馆 双向视频会议系统 卫星电视
个别指导	印刷材料(例如指导手册) 面谈 电话(课外)	超媒体课件 音频会议系统 语音邮件 Web 资源	个性化教学软件 数字语音室 即时聊天系统 桌面视频会议系统
操练与练习	印刷材料 录音 录像	DVD PC 课件 Web 资源 语音系统 / 语言实验室	数字语音室 Web 课件 桌面会议系统 音频流
自主学习	印刷材料 录音 录像 E–mail	DVD Web 资源 新闻组 电子图书馆	Web 课件 主题资源 网志(BLOG) 数字图书馆 桌面会议系统 双向视频会议系统
小组讨论	记事本 E–mail 录音	音频会议系统 语音邮件	虚拟学习社区 即时聊天系统 桌面会议系统 共笔系统 Web 电话
全班交流	黑板报 / 墙报 问答 口头汇报 幻灯 / 投影	电子小报 音频会议系统 新闻组 电子讲稿(如 PPT)	虚拟学习社区 BBS 电子表决系统 双向视频会议系统 桌面会议系统

合作学习	印刷材料 E–mail 电话	音频会议系统 FTP 传真 语音邮件	虚拟学习社区 桌面会议系统 即时聊天系统 共笔系统 Web 电话

七、教学设计成果的评价

教学评价是指以教学目标为依据，制定科学的标准，运用一切有效的技术手段，对教学活动的过程及其结果进行测定、衡量，并给以价值判断。教学评价是教学设计中一个极其重要的部分。

1. 教学评价的功能

教学评价的功能可以概括为以下几个方面：

(1)导向功能。在教学评价中，对任何被评对象所做的价值判断，都是根据一定的评价目标、评价标准进行的。这些目标和标准也就是努力的方向。

(2)鉴定功能。也就是说，评价活动可以衡量被评价对象是否达到合格标准或其达到目标的优劣程度。

(3)监督功能。因为教学评价总是将被评对象与评价目标相比较，找出差距，监督被评价对象朝评价目标前进。

(4)调节功能。一是评价者为被评价者调节目标及进程。例如，通过评价，评价者认为被评价者已达到目标，并能达到更高目标时，就会将目标调高，将进程调快，使之符合被评价者的实际。二是被评价者通过评价了解自己的长短，明确努力方向及改进措施，以实现自我调节。

(5)诊断功能。教学评价的过程就是评价者通过搜集被评对象的有关资料并进行分析，根据评价标准对被评价对象哪些达到了目标，哪些没有达到目标做出价值判断，并为其所存在的问题找出原因，再针对这些原因提供改进途径和措施的过程。

(6)激励功能。良好的评价会对成功的经验起强化作用，使被评者更加努力，产生获取更大成功的动力。

2. 了解教学评价

(1)教学评价要以教学目标为依据。教学目标是在教学活动中所期待的学生的学习结果，它规定了学习者应达到的终点能力水平。教学之后，学习者在认知、情感和动作技能等方面是否产生了如教学目标所期待的变化,这是要通过教学评价来回答的。因此,教学评价依据的标准是教学目标,离开了明确具体的教学目标就无法进行教学评价。如果某个教师讲课生动,课堂气氛活跃,非常受学生的欢迎,但学生没有发生如教学目标所期待的变化,也就是说,表面上热热闹闹的一堂课,实际上学生什么也没学到,我们应该怎样评价这样一位教师的教学效果呢?我们能说这样的教学效果是好的,这样一堂课是好的吗?显然不能这样评价。因为,如果没有达到预期的教学目标,课堂生动、气氛活跃、受学生欢迎都将失去意义。因此,教学评价的标准应该和教学目标相一致,否则就无法全面、准确、客观地评价教学效果的好与差。

(2)教学评价需要采用一些有效的技术手段。教学评价通常通过测量来收集资料,但是测量不等于评价,测量是指以各种各样的测验或考试对学生在学习和教师在教学过程中所发生的变化加以数量化,给学生的学习结果赋以数值的过程。而评价则是对测量结果作价值判断的过程。比如,通过期末考试,某学生的语文成绩是83分,这就是测量的结果,但还不是评价。评价是对分数加以解释,做出价值判断的过程。例如,83分的考试成绩和该生以前的考试成绩比是提高了还是降低了?如果该生期中考试语文成绩是79分,那么该生期末考试成绩是提高了,说明学生学习进步了;如果该生期中考试成绩是92分,那么,该生的期末考试成绩降低了,说明学生学习退步了。再比如,83分的成绩处在班级什么位置?如果全班学生平均是72分,那么该生的成绩在平均成绩之上,是较好的成绩;如果全班成绩是88分,那么该生的成绩在平均成绩之下,是较差的成绩。我们还可以问83分的成绩是否实现了预期的教学目标?如果教师预期的目标是80分,那么该生达到了预期目标;如果教师预期的教学目标是85分,那么,该生还未达到预期目标。可见,测量是评价的前提和重要手段,但并不等于评价。另外,虽然测量是评价的重要手段,但并不是唯一的手段。教学评价还可以通过一些非测量的方法如观察、谈话和收集学生的作业、作品等有关资料来实施。尤其是信息技术的发展,给教学评价提供了很多方便、快捷的测量、跟踪和统计等工具。

(3)教学评价要对教学的过程和结果进行评价。教学评价,不仅仅是评价教学的结果,更要对教学的过程,对教学中的方方面面进行评价。信息技术环境下的教学设计要改变以往单一评价主体、过分重视总结性评价的教学评价方法,强调多元评价主体、形成性评价、面向学习过程的评价,由学生本人、同伴、教师对学生在学习过程中的态度、兴趣、参与程度、任务完成情况以及学习过程中所形成的作品等进行评估，实施评价的办法有课堂调查表、课堂打分表、作品打分表等。

3. 教学评价的分类

依据不同的分类标准,可以对教学评价种类作不同的划分。例如按评价基准的不同,可分为相对评价和绝对评价;按评价功能的不同,可分为诊断性评价、形成性评价和总结性评价;按照评价方法的不同,还可分为定性评价与定量评价。下面主要介绍常用的诊断性评价、形成性评价和总结性评价三个概念。

诊断性评价也称“教学前评价”,一般是指在某项教学活动开始之前对学生的知识、技能以及情感等状况进行的预测。通过这种预测了解学生的知识基础和准备状况，以判断他们是否具备实现当前教学目标所要求的条件,为实现因材施教提供依据。

形成性评价是在某项教学活动过程中，为了能更好地达到教学目标的要求,取得更佳的效果而不断进行的评价。它能及时了解阶段教学的结果和学生学习的进展情况、存在问题,因而可据此及时调整和改进教学工作。形成性评价在教学过程中用得最频繁,一节课或一个知识点之后的小测验就是一种形成性评价。从形成性评价采用的基准上看,它属于绝对评价,即用于判断前一段教学工作是否达到了教学目标的要求。课堂教学过程中和课件脚本开发过程中进行的评价主要是形成性评价。对于提高教学质量来说,重视形成性评价比重视总结性评价更有实际意义。

总结性评价又称“事后评价”,一般是在教学活动告一段落后,为了解教学活动的最终效果而进行的评价。学期末或学年末进行的各科考试、考核都属于这种评价，其目的是检验学生的学业是否最终达到了各科教学目标的要求。总结性评价重视的是结果,借以对被评价者做出全面鉴定,区分出等级并对整个教学活动的效果做出评定。

4. 课堂教学设计成果的评价

我们知道,课堂教学设计的成果主要是教学方案(即教案)。该方案是否有效?还存在哪些问题?要解决这些问题就必须对其进行评价,也就是对教学设计成果进行评价。教学设计成果的评价与一般的教学评价并无二样,只不过一般的教学评价是评价学生的学习结果,而教学设计成果的评价对象是教学设计的成果(也包括教学设计的工作过程)。对教学设计成果进行评价主要有形成性评价和总结性评价,常用的是形成性评价。教学设计成果的形成性评价,是在设计成果推广使用之前,先小范围试用,测定它的可行性、适用性和有效性,如有缺陷,则予以修改;然后再试用、再修改。一线教师进行教学设计往往在实际教学中,这是一种典型的行动研究,此时,教学、教学设计、教学设计评价几乎是平行进行的。一般的,为了取得最佳的教学设计效果,应尽可能早而且频繁的进行评价。

教学设计的形成性评价是为了判断教学设计的有效性,所以,在教学设计过程的每个阶段都应尽可能创造条件进行评价,以得到即时反馈,对效果不佳的地方进行修改,甚至在教学实施过程中,也应适时进行形成性评价,以根据实际教学、学习情况调整教学方案。

活动五　设计一份教学方案(50 分钟)

一、规划教案基本内容

通过对前面两个教学设计案例的研究学习,我们已经知道教案一般主要由以下部分组成:课程的基本信息、教学目标、教学资源准备和利用、教学进程、评价学习效果的设想和其他可能部分。请同学们考虑授导型教学的教学设计的特点,并设想假如你正完成一篇教案,做简要记录如下:

我选择的学科:____________________

我选择的年级:____________________

我要讲解的章节主题是:____________________

我准备在教案中包括这些部分:____________________

____

其他:____________________

二、设计教案模板

下面提供两个教案模板，请同学们在此过程中关注并思考以下问题：

● 这两个教案模板各有什么特点？

______

______

______

● 这两个教案模板在哪些方面对你有启发或者帮助？

______

______

______

● 这两个教案模板是否包括了教案设计所需要考虑的内容？在哪些方面还可以有所改进？

______

______

教案模板一：

教学设计表 学科____授课年级______学校_____教师姓名_____			
章节名称		计划学时	
学习内容分析			
学习者分析			
教学目标	课程标准：		
	知识与技能：		
	过程与方法：		

	情感、态度与价值观：
教学重点及解决措施	
教学难点及解决措施	
教学设计思路	
依据的理论	

信息技术应用分析				
知识点	学习水平	媒体内容与形式	使用方式	使用效果

教学过程(可续页)					
教学环节	教学内容	所用时间	教师活动	学生活动	设计意图
课堂教学流程图					
教学反思					
专家点评					

教案模板二:

(注:此模板是在英特尔未来教育的单元计划模板的基础上改编而成的)

标题:________________________________

一、学科领域

介绍本教案所适用范围的学科领域。如果在教案中涉及多个学科,建议不要超过4门。

二、适用年级

介绍本教案所适用的学生年级,建议不要跨度过大。

三、教学 / 学习内容概述

在此处对学习内容进行简要的概述,如果涉及到的角色扮演等,还应该在此处设置情境。

四、学习目标 / 学习成果

先要写上一两句话,概述一下学生通过此次学习将会获得或学到什么。然后清晰明了地描述学习者行为的最终结果可以是:

● 学到了一系列知识;
● 解答了一系列问题;
● 培养了高级思维能力和信息处理能力;
● 总结了所创建的事物的特征;
● 阐明了自己的立场并进行了说明;
● 进行了具有创意的工作;
● ……

五、学习过程

介绍学习者完成任务应遵循的步骤。这一部分是教案的关键所在。一定要使这些步骤简明清晰。你还可以在此处为学生提供一些建议,以帮助他们组织所收集的信息或发展高级思维能力。"建议"可以采用由复选框组成的问卷形式,其中的问题旨在分析信息或提请对要考虑的事物的注意。如果有必要,可以在此考虑对不同层次学生的个别化教学问题。

(1)第一步

(2)第二步

(3)……

六、所需材料及资源

利用这一部分介绍学习者可以用于完成任务的材料或参考网址(建议在每个网址后写上一句话,简要介绍通过该网址可以获得的信息。)

七、评价方法或工具

创建量规、自我评价表或其他评价工具,以便学生可以知道将如何评价他们。

三、编制教案

利用你修改好的教案模板,编制教案。

四、教案的评价

1. 研读教案评价表

请同学们研读教案评议表(见表 3–18),并讨论其适当性,并考虑是否需要修订其中的评价标准?

表 3–18 教学方案评议表

	优(15–11)	良(10–7)	中(6–0)	互评	自评
教案总体结构(15)	包含基本要素,条例清晰,可调控。	包含基本要素,条例基本清晰,但调控性不够。	缺乏某些要素,条理欠清晰,调控性不够。		
学习者特征分析(15)	对学生的一般特征、初始能力、学习风格、学习动机与兴趣进行了全面准确的分析。	较全面地分析了学生的特征、初始能力等。	对学生的分析不够全面。		
教学目标分析及教学重难点分析(15)	依据课程标准,全面、准确的分析了“知识与技能”、“过程与方法”、“情感态度与价值观”,定义清楚,条理清晰。 准确把握重、难	较完整、合理的分析了教学目标,较好的定义了教学目标,部分教学目标与课程标准有关联。	简单的分析了教学目标,表述没有错误。 教学内容欠全面,未能体现教学重、难点。		

	点，紧扣目标，内容表述准确，能充分体现教育技术在学科教学中的应用。	能围绕教学目标把握重、难点。			
教学方法选择（20）	能够体现新课标的要求，并根据教学目标及学生特点采用灵活多样的学习方式。	采用的教学方法适度，符合学生特点。	教学方法单一，在调动学生积极性方面需努力。		
教学媒体选择（20）	能根据教学内容及教学方法利用媒体，媒体整合恰当，有效的解决了重、难点。	选用的教学媒体恰当，对教学方法的支持恰当。	未考虑媒体的作用，或没有很好考虑媒体与方法之间的关系。		
教学评价设计（15）	针对目标，评价方式灵活。	针对目标，以测验为主要评价方式。	未考虑评价。		
合计评分					

2. 研讨与评价

（1）以小组为单位评议本组成员的教案，并在上述表格中记录讨论自己教案时的主要观点。

（2）基于小组成员的反馈意见，思考并修改自己的教案设计作品。

（3）推选小组最佳作品。

五、教学设计方案的修改

教案设计好了，并不代表教学设计活动的结束，我们还需要对教学设计活动进行不断的完善和修改，这种途径就是评价反馈。事实上，我们进行教学设计的每一步都在进行着评价。例如，设定好教学目标后，就需要对目标的阐述及价值进行判断。教学设计活动中进行的评价主要是形成性评价，如对新的教学方案进行评价通常是在该方案的试行过程中进行的，目的是为修改该方案搜集有利的数据与资料。假定你搜集的数据表明有一个或两个重要的教学目标没有达成，那么这是教学上对它们关注得不够？是教学策略有问题或这些预期目标制定得过高，还是没有提供学习它们的必要条件呢？这样的问题都有可能。下面的内容说明了一个系统的确定教学设计中需要做改进方面的策划。

(1) 搜集你所能搜集的证据。有多少学生没有达成某一预期教学目标?他们是哪些学生?这些学生的学习与别人有什么不同?有没有其他区分学会与未学会的学生的因素?这些学生离预期学习结果相差多远?如果你有一个未实现的预期教学目标的证据,开始下一步。

(2)检查预期教学目标。是否提供了这一预期学习结果的必要学习条件?这一预期学习结果是否与其他预期学习结果相协调?如果这一预期结果看上去合理的话,接着做下一步。

(3)检查教学内容的组织。这一预期学习结果是否在单元中受到足够的重视?作为单元中的学习目标,它是否有些超前或滞后?教学的内容是否适合教授这种预期学习结果? 如果教学内容组织合理的话,再做下一步。

(4)检查针对预期学习结果的整体教学策略。教学要点有没有对这一预期学习结果给予必要的重视?教学要点是否具有吸引力?教学策略是否恰当?在这一预期学习结果上所花得时间是否充足?实际对它的重视程度如何? 如果教学计划是令人满意的话,进行下面的工作。

(5)检查具体教学过程。是否严格得执行了教学计划? 有什么修改的细节吗?教学计划是否能够吸引并维持学生的注意和兴趣?是否有外界的干扰、没有预计到的事情、计划的改变或其他因素破坏了教学?

教学设计不是一个严格的线性过程,它就像我们的思考过程一样,由不断地对早期观点的修正和完善组成。

第三节 探究性学习设计

<table>
<tr><td colspan="2">时间:4 学时</td></tr>
<tr><td colspan="2">学习目标:
本模块在帮助同学理解探究型学习的内涵的基础上,掌握探究型学习设计的基本方法,并以 WebQuest 为例,设计一个探究型学习方案。</td></tr>
<tr><td>学习活动:
□ 研习探究型学习案例——《校</td><td>学习作品:
□ 探究型学习教学设计方案</td></tr>
</table>

园风光介绍片》 □ 研习 WebQuest 案例——《探索生命》 □ 理解探究型学习 □ 研习 WebQuest 的设计方法 □ 总结探究型学习设计的一般方法与步骤 □ 设计一份探究型学习方案	

活动一 研习探究型学习案例——《校园风光介绍片》(15分钟)

(案例来源:http://www.ictedu.cn/resource/eportfolio/personal/,有修改)

任务:制作某学校校园风光介绍片

1. 目标

(1)知识与技能目标:

● 能陈述数字视频采集的基本方法。

● 能辨别数字视频的格式,判断相应的播放环境。

● 能修改、组合多种媒体(图像、声音、动画)素材。

● 能操作使用数码摄像机。

(2)过程与方法目标:

● 体验视频信息加工的基本流程;

● 掌握设计视频短片的过程方法。

(3)情感态度价值观目标:

● 体会视觉文化的魅力及其在表达交流信息中的价值。

● 参与团队协同,体验合作快乐。

● 增强对学校的认识,感受校园文化氛围,尊重学校历史,热爱母校。

2. 角色

按照校园景区划分若干项目组,如校门、图书馆、操场、教学楼……

各组内分别有学生担任撰稿、记者、配音、主持人等不同角色。

教师以监制的身份全盘把握并作技术支持。

3. 活动

● 撰写景区介绍文案(可结合语文作文教学)。

● 拍摄景区风光(结合通用技术教学,由教师操作,给学生讲解拍摄技术和技巧)。

● 录制文案解说词(教师提供技术支持)。

● 教师从导入视频开始,示范如何利用绘声绘影软件(Ulead)进行视频编辑。

● 以问题引导学生编辑制作视频作品。

(1)一部完整影视作品由哪些部分构成?(画面(特效)音乐、解说)

(2)拍摄的所有画面都可以用吗?(有的是虚的,有的晃动厉害,所以不能全用,只能选其中的一部分用,所以需要剪辑;)

(3)一段视频和另一段视频之间怎么连接?(淡入淡出等转接和过渡特效的应用)

(4)拍摄时现场的风声,说话声我们不想把它播出来可以吗?(可以处理音轨,消除现场声,并配上背景音乐,根据画面加入录制的解说词)

交流、演示作品。

合成作品,制作特别节目在校园电视台播出,制作节目光盘。

4. 评估

评价项目	评价内容及评级分值		
	优秀(16~20)	良好(12~15)	继续努力(12分以下)
分工协作	小组成员分工明确,任务分配合理,有小组分工职责明细单。	小组成员分工较明确,任务分配较合理,有小组分工职责明细单。	小组成员分工不明确,任务分配不合理,无小组分工职责明细单。
	优秀(24~30)	良好(18~23)	继续努力(18分以下)
文案撰写	与各个校园景点对应,语言优美简练,与画面协调统一。	与各个校园景点对应,语言描述清楚,与画面协调统一。	各个校园景点的语言描述不全,与画面不能协调统一。

	优秀(40~50)	良好(30~39)	继续努力(30分以下)
作品要求	作品逻辑结构合理,画面优美,镜头稳定,符合人的视觉规律,有解说词和背景音乐。	作品逻辑结构较合理,画面优美,镜头较稳定,有解说词和背景音乐。	作品逻辑结构不合理,画面一般,镜头不稳定,无解说词和背景音乐。

注:总分80分以上为优秀,60-80为良好,60分以下还要继续努力!

5. 资源与支持

数码摄像设备,视频素材,计算机及编辑软件。

活动二　研习WebQuest案例——《探索生命》(15分钟)

(案例来源:h ttp://www.my-et.net/2009/news/detail.php?targetnewid=79,有修改)

技能目标:

能熟练运用搜索引擎,运用拾荒式搜索模式收集所需资料;能熟练运用FrontPage制作主题网站;能熟练运用Word编写研究小报告;能运用PowerPoint制作专题汇报演示文稿;能熟练运用软盘存储资料。

课程目标:

(1)通过本次《探索生命》网络主题探究活动,让学生了解生命的起源、生命的生理系统、生命存在的环境状况,以及人们对生命的不同认识理解。了解社会上"残害生命"的现象。

(2)培养学生收集、整理、分析、应用信息的能力;培养学生自主合作能力以及初步的网络主题探究能力,逐步加强学生探究精神的培养;通过学生的自主、合作探究,使得学生能科学地认识生命,提高对生命价值的认识理解(珍爱生命),逐步培养学生正确的生命观、人生观。

一、引言

《探索生命》主题探究活动是深圳市南山实验利用网络资源

进行的"学科课程主题探究活动"的一部分。此项活动是在小学中高年级语文课程中进行综合性研究学习的一项实践活动。

通过《探索生命》主题探究活动,让学生通过对丰富的网络资源的收集、整理、分析、应用以及在学生自主合作的过程中,了解生命的起源、生命的生理系统,人们对生命的不同理解、对生命的赞美以及世上"残害生命"的现象……通过探究让学生能科学的认识生命,提高对生命价值的认识理解。

二、任务

现在你要做的:

1. 利用网络,浏览与"生命主题"相关的资料,进行收集、整理、分析,并及时作好记录。

2. 寻找合作伙伴,明确分工,协作商讨共同进行探究活动。

3. 撰写一份研究报告,一份活动体会,汇报交流后交给老师。

4. 制作一份电子作品,可以是 PowerPoint 演示文稿、主题网站或者其他形式的电子作品,汇报交流活动时用。

三、资源

资源网站链接:

- 生命的探索:http://www.lifexpl.com
- 生命奥秘探究:http://smam.myrice.com
- 生命科学站:http//www.coolbionet.com
- 外星生命:http://ufoufo.myrice.com
- 生命驿站:http//netroom.hbu.edu.cn/personal/gene2000
- 生命的起源:http//www.kepu.com.cn/gb/earth/ocean/halobios
- 地球生命的诞生:ttp//nerroom.hbu.edu.cn/personal/fene2002/life-qiyuan.htm
- 人类的诞生:http//netroom.hbu.edu.cn/personal/gene2000/life1.htm
- 吸毒的危害:http//www.peopledaily.com.cn/wsjk/zhuanti/xidu/home1.htm

四、过程

1. 探究活动准备——提出探究主题(集中活动1课时)

(1)提供资源:教师为学生提供介绍与“生命”有关(生命奥秘、残害生命···)的录象、图书资料、相关报道等,让学生通过观看浏览,在教师的引导下确定探究主题—“探索生命”。让学生明确,进行这次主题探究的意义。

① 学生自主浏览资料。

② 学生记录自己感兴趣的资料。

③ 浏览后有什么感受。

(2)讨论归纳——探究主题:在列出需要着手解决的问题之后,需要进一步对问题进行讨论,扩大对教师提供的资料的全面了解。通过讨论,筛选出你认为应该对生命认识理解最重要的、最有价值的几个方面

① 浏览资料,集中讨论,记录自己感兴趣的问题。

② 总结归纳讨论结果,记录有价值、有意义的问题,确定研究主题。

2. 探究活动准备——进行分组并明确分工(集中活动半课时)(自由组合)

(1)让学生分类整理问题,列表,提炼有价值的问题。

(2)让学生根据自己的兴趣,自由组合寻找自己喜欢的合作伙伴,进行分组。

(3)明确小组成员的分工。

〈说明:学生在提出问题过程中,教师要及时引导学生在提出问题时进行适当分类,这样便于对问题多角度认知,并且要让学生学会如何根据问题要求选择重点。小组成员最好不超过5人。每一组最好针对一个或两个问题进行探究,这样探究活动才会有深度和广度。〉

3. 探究活动过程——收集信息?交流评价(以小组为单位活动)

(1)收集信息。

① 聚焦问题：

针对本小组确定的探究主题，分组讨论，并列出你选择本主题的原因。〈及时做好记录，这样更便于进一步的探究活动。〉

②资源搜索：

使用关键词，在网络上搜索、访问与生命相关的网站。并围绕本组所确立的学习主题，收集相关的、可靠的、可用的信息。如果网络资源不足，学生还可以通过其他途径收集资料。如，到各类图书馆查找相关资料或者以采访相关的专家学者，以达到解决问题的目的。

③记录分析：

把收集到的相关的资料进行进一步的分析筛选，精选出对本组探究主题有用的资料。〈让学生要注意信息的来源，一定要养成记录习惯，并记录信息的出处。〉

(2)交流评价〈学习小组〉。

①小组讨论，加深对相关问题的理解。〈讨论形式：可以以小组为单位集中讨论或者在学校的专用区论坛上进行讨论交流。〉

②记录下同一组交流的相关内容。

③总结反思：

重新思考本小组将要完成的学习主题，通过小组内的信息交流和讨论，记录每个同学对生命较为共性的认识，并进行重点讨论。〈注意：小组各成员之间肯定也存在不同的问题，一定要尊重学生的独特体验，让学生根据自己的兴趣探究相关问题。〉

4. 探究活动过程——交流讨论〈全班同学〉(学生利用学校网上专用论坛、网络会议，定期进行讨论交流，让学生自由发挥，教师进行适当的指导和监控。)

(1)交流共享各自收集到的信息，让资源能高度共享。

(2)提出自己不易理解的问题，并进行讨论，以达到共同进步、互相学习的目的。

说明：讨论的前提是要让每个学生做好准备，都要积极参与，并能大胆的发言，教师对论坛及时监控。

5. 探究活动过程——深入认识?完成作品

(1)分组集中讨论小组选定的学习主题，深入认识。

(2)小组分工合作完成研究报告、主题网站和活动体会。

(3)反思。

反复推敲在研究报告或电子作品中存在的一些较为模糊的地方，再次思考，继续完善主题探究电子作品。

说明：深入讨论这一环节难度比较大，在深入讨论过程中，学生有可能出现无从下手的困惑，这时老师就要适时适当地进行引导，让学生选择适当的角度逐步深入分析。选择的角度一定要小，分析时要让学生学会多问“为什么”，这样才能达到目标。在完成报告时，要指导学生注意格式，要有自己鲜明的观点，要注意从多个角度认识选定的“生命主题”。

6. 探究活动总结——汇报交流?完善作品(集中活动2课时)

(1)以小组为单位进行汇报

① 在小组成员共同准备的基础上，派代表向全班汇报大家的研究成果。

② 小组成员记录好报告后其他同学提出的问题和本小组成员的回复。

(2)倾听各小组的汇报

要求：

① 记录下其他小组汇报的要点。

② 在笔记上及时写下你打算提出的质询问题。

③ 记录下该小组对你所提问题的回复。

(3)以小组为单位，加强合作，继续完善主题探究作品。(继续在网上论坛专用区上就某些有价值的、关键性的问题进行讨论)

说明：在交流过程中，要以小组为单位，小组成员要积极配合，尽量完整阐述本组探究成果。同时要让学生在交流过程中学会如何应对别人的质疑，学会通过运用各种方法为自己的观点服务，准备要充分。如果存在问题，要学会及时总结反思，进一步深化自己的认识，让探究活动更有效、更深入。

7. 探究活动总结——提交发布作品

五、评价

评价项目		评价结果			
		完成	统计结果	典范	统计结果
综合分析	主题判断	选择了一个学习主题，能从几个方面阐明选择的依据。能对搜索的资料进行初步分类，分析，能从多个角度来认识问题，有自己独特的见解。	60%	能较准确清晰多角度地阐明所选学习主题的依据，对收集到的资料能进行细致分类、分析、总结，能全面认识生命的真谛，并且对问题认识有与众不同之处	40%
	主题分析	能从生命的起源、生命的生理系统、生命的意义、残害生命等其中的几个方面进行较深入的探究，分析理解有一定的深度与广度。	75%	能从生命的起源、生命的生理系统、生命的意义、残害生命等多角度深入挖掘，能逐步认识生命的真谛。	25%
表达能力	口头表达	普通话标准，有感情地叙述，有相应的肢体语言配合表达内容，对表现主题有一定的帮助，整个演讲过程流畅。	65%	普通话标准流利，声音悦耳动听，有强烈的感染力。能恰如其分地运用肢体语言表达思想情感，演讲过程通篇流畅，一气呵成。	35%
	书面表达	语句表达通畅清晰，没有错别字现象。正确表达自己的观点，通篇文章条理清楚，结构完整，符合文体格式。	80%	语句表达能运用恰当的修饰，简明流畅、生动形象，能鲜明地表达自己的观点，通篇文章条理清晰，结构严谨，完全符合文体格式。	20%
合作学习	小组合作	每个人都能积极参加小组活动，通过协作，能较好地完成合作任务，基本解决在合作中存在的分歧。	85%	全组成员能同心协力完成每一次的协作任务，职责分工明确，能很好地解决合作中产生的冲突。	15%

六、活动结论(总结)

《探索生命》是基于网络资源利用的主题探究活动。本次活动中通过教师的适时适当的指导，以及学生较为有效的自主、合作，利用网络的优势，学生对生命的起源、生命的生理系统、生命的意义、残害生命的现象和本质等相关学习主题，进行了较为深入的探究。学生在自主合作过程中寻找资源、运用多学科知识、分析材料，能及时总结反思，使得探究活动有一定的深度。学生在探究过程中自主合作能力，基于主题的研究性学习能力得到培养和锻炼。学生在探究过程中对生命的认识也逐步深入。学生能科学地认识生命，提高对生命价值的认识理解。通过本次探究活动，对逐步培养学生正确的生命观、人生观有很大的帮助。

在阅读上述两则案例的材料后，比较分析上述两则案例设计中区别及共同点，并与你的同学交流、共享，将结果填写在表 3-19 中。

表 3-19 探究型教学案例比较分析记录表

		校园风光介绍片	探索生命
区别	问题类型		
	信息收集		
	设计步骤		
	媒体使用		
	实施环境		
	作品评价		
	成果展示		
共同点			

活动三 理解探究型学习(20 分钟)

通过对《校园风光介绍片》、《探索生命》两则案例的研习和比较分析，同学们对探究型学习有了初步的认识，那么究竟什么是探究型学习？探究型学习的基本过程包含哪些步骤？接下来，让我们一起深入了解相关的知识。

一、什么是探究型学习

从字面上看，探究(inquiry)是指“通过仔细的考察来了解某一事物”，这也是探究的基本意义。美国《国家科学教育标准》对“探究”给出了一个操作性定义；“探究是一种多层面的活动：需要做观察：需要提出问题；需要查阅书刊和其他信息源：需要设计调研方案；需要运用各种手段来搜集、分析和解读数据；需要提出答案、解释和预测；需要对所作解释加以检验；需要把自己的看法和意思传达给别人”。

所谓探究型学习是学生在教师指导下，从自然、社会和生活中选择和确定专题，并创设一种类似于科学研究的情境，首先通过学生自主、独立地发现问题，然后学生进行调查、实验、搜集与处理信息、表达与交流等探索活动，最后求得问题的解决。因此，探究型学习是在研究过程中主动地获取知识、应用知识，以解决问题的学习活动；是师生围绕着解决问题共同完成研究内容的确定、方法的选择以及为解决问题相互合作和交流的过程。

二、探究型学习的要素

探究型学习的特点是以问题的研究与解决为核心的、涉及问题方案解决设计、资料收集与分析、调查研究并得出结论的过程。对于不同的学习内容、不同的学生，具体的探究过程可有不同的要求，具体参见表 3–20。

表 3–20 探究的不同程度

探究过程要素	探究的不同程度			
1. 问题：学习者探究科学性问题	学习者自己提出一个问题	学习者从所提供的问题中选择，据此提出新的问题	学习者探究的问题来自教师、学习材料或其他途径，但问题不那么直接，需要有所改变或自己体会其含义	学习者探究直接来自教师、学习材料或其他途径的问题
2. 数据：学习者针对问题收集事实数据	学习者自己确定什么可作为证据并进行收集	学习者在他人的指导下选择某些数据	数据直接给出，学习者进行分析	数据和分析方法都给了学习者
3. 解释：学习者从证据出发形成解释	学习者总结事实证据之后做出解释	学习者在得到指导的情况下收集证据形成解释	使用证据形成解释的可能途径已知	证据已知
4. 评价：学习者使解释与科学知识相联系	学习者独立地考察其他事实来源，建立事实与已有解释的联系	学习者被引导到科学知识的领域和来源	可能的联系被给出	
5. 发表：学习者阐述和论证自己的解释	学习者用合理的、合乎逻辑的论据表达自己的解释	学习者阐述自己解释的过程得到他人指导	学习者阐述自己解释的过程得到了广泛的指导	表达的步骤和程序都被给出
	多 ←——学习者自主探究的程度——→ 少			
	少 ←——教师和学习材料指导的程度——→ 多			

三、探究型学习的基本过程

虽然因为探究的程度不同，探究学习活动有多种不同的表现方式，但是总的来说，探究的过程是一个解决问题的过程，包含了一些基本的活动要素。

1. 确定问题

探究过程的第一步就是要确定问题，确定问题的属性，根据问题的属性，进而可以确定采用哪一种程度的探究活动，有没有必要展开深入的研究，是进行完全的探究还是不完全的探究，还是以调查以及资料的收集、整理和评价为主。在解决问题之前，不仅要将问题界定清楚，还需要确定问题所处的情境，也就是描述清楚问题空间。

2. 形成探究思路

确定问题以后，需要在经验的基础上，形成解决问题的研究思路。在设计探究的问题的时候，可以考虑有些问题与学生一起讨论决定，这样问题对学生来说更是“自己的”问题，也更能够将自己的知识经验调动起来，分析问题，收集信息材料，形成解决的思路和策略。另一方面，问题的属性不同，所采取的解决策略也有很大差别，不同的解决策略，需要不同程度的探究活动。

3. 实施探究

开展探究是整个活动的核心过程，探究的过程，是学生根据所确定的探究思路，进行调查、实验、资料收集、访问、考察等各种探究活动，最终将问题予以解决，并得出探究结果的过程，在这一探究活动过程中，所开展的活动类型丰富，在进行学习活动设计的时候，教师可以根据问题的性质和探究的程度选择相适应的活动类型。

4. 结果展示/交流

经过探究以后，根据探究计划，将形成不同形式的探究结果，可以是实验报告、访谈结果、调查报告、作品等。对探究结果的展示和交流，实际上也是探究过程的一种活动方式，可以看作是探究过程的结束活动。

活动四　研习 WebQuest 的设计方法(90 分钟)

在研读上面的 WebQuest 案例后，对于什么是 WebQuest，你已经有了一个感性的认识,但到底什么是 WebQuest? 下面将对此作一个简单介绍。

一、WebQuest 的概念

WebQuest——一种形式的探究型学习,是由美国圣地亚哥州立大学教育技术学院教授伯尼·道奇(Bernie Dodge)和汤姆·马奇(Tom March)首创的一种基于因特网资源的课程单元式探究型学习的模式,所以将其命名为"WebQuest"(网络探究)。

在 WebQuest 中,呈现给学生的是一个特定的假想情景或者一项任务,通常是一个需要解决的问题或者是一个需要完成的项目,课程计划中为学生提供了一些因特网资源,并要求他们通过对信息的分析和综合来得出解决方案。WebQuest 中大部分信息来自因特网,有些甚至还会提供音像参考资料。WebQuest 可以划分为两个水平层次:

(1)短期 WebQuest:这是专门为 1-3 课时的课程单元而设计的,其教学目标是知识的获得和整合,要求学习者能够掌握大量新的信息,并理解它们。

(2)较长期 WebQuest:一般持续 1 周到 1 个月,其教学目标是知识的拓展和提炼,要求学习者通过制作一些可供他人在线或离线交互的多媒体作业来证明自己对这些知识的理解。

二、WebQuest 的组成

一般一个标准的 WebQuest 教学设计必须包括绪言(Introduction)、任务(Task)、过程(Process)、资源(Resources)、评价(Evaluation)、结论(Conclusion)等 6 个部分(关键属性)。除此之外还可以有诸如小组活动、学习者角色扮演、跨学科等非关键属性。

1. 绪言(Introduction)

"绪言"部分的目的主要有两个方面:给学习者指定方向;通过各种手段提升学习者的兴趣。为做到这一点,可以使主题看起来显得:

- 与学习者过去的经验相关;
- 与学习者未来的目标相关;
- 充满吸引力,生动有趣;
- 重要,因为具有全球性意义;
- 紧迫,因为需要及时的解决方案;

● 有趣，因为学习者将进行充实而有意义的角色扮演。

2. 任务(Task)

WebQuest 的“任务”模块对学习结束时学习者将要完成的事项进行描述。最终结果可以是一件作品（如 PowerPoint 演示文稿），或者是口头报告（如解释某一特定主题）。具体可包括编纂、复述、判断、设计、分析等等（参见图 3-5），或是这些任务不同程度的综合。

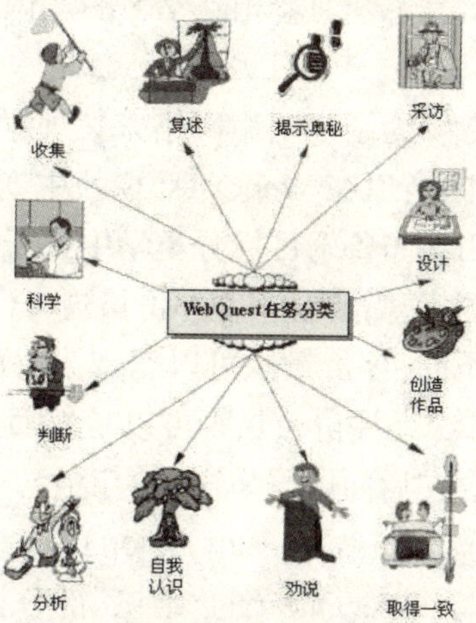

图 3-5　WebQuest 任务分类

3. 过程(Process)

在“过程”模块中，教师给出学习者完成任务将要经历的步骤，让学习者知道完成任务的过程。其中可以包括把任务分块的策略，对每一学习者扮演角色或看问题的视角的描述等等。指导者还可在这一部分提供学习建议及人际关系建议，如如何组织头脑风暴活动等。整个过程描述部分应当相对简短而清晰

4. 资源(Resources)

WebQuest 的资源模块是一个由教师选定的将有助于学习者完成任务的网页清单，其中大部分资源是包括在 WebQuest 文件中作为超链接指向万维网上的信息。学生使用的所有链接都由设计者预先设定是 WebQuest 区别与其他网络活动的又一特征，所以，也可以这样说，相对于信息的搜索，WebQuest 更侧重于信息的使用。但是，非常值得注意的是，可以提供给学生的资源并不仅仅局限于网上的发现，它还可以包括一个与远距离专家的音频会议、一个与不远的教师的视频会议，一个录像带，一份评价报告的精装本、教科书、录音带，以及与他人面对面的访谈。由于这些资源是预先选定的，而且还包含有明确的指针，所以，学习者在网络空间将不再因迷失方向而完全满无边际地漂流。通常，明智的做法是将资源清单分成几个部分。一部分资源在课堂上让每个学生学习，另一些则可以由扮演某一特定角色或持某一特殊观点的学习者阅读。通过这种给予学习者不同数据资源的方式，不仅增强了群体之间的合作和依靠，同时也

培养了学习者相互学习的意识。

5. 评价(Evaluation)

为了证明用网络来拓展学习是可行的,, 我们需要能够测评学习结果,所以在 WebQuest 模块中新增加了评价这项内容。由于我们寻求的学习在布鲁姆目标分类学中处于较高层面，因此难以用多项选择测试题来测量,需要有一个评价量规(evaluation rubric)。根据给予学习者的任务的不同,评价量规可以表现为书面作业、多媒体创建、网页和其他类型多种形式。评价人员既可以是教师,也可以是家长或同学。关于评价量规我们会在后面做更为详细的说明。

6. 结论(Conclusion)

WebQuest 的“结论”部分提供机会总结经验,鼓励对过程的反思,拓展和概括所学知识,鼓励学习者在其他领域拓展其经验。这一部分并不特别重要,但能进一步解释、说明文档,提示读者这是文章的结束。“结论”部分还可以给教师提供许多问题,这些问题在全班讨论时可能会用得到。

7. WebQuest 的非关键属性

(1)团体活动。WebQuest 很可能是团体活动,虽然在远距离教育或者图书馆中人们可以想象进行个体独立的探究。

(2)动机元素。在 WebQuest 的基本结构中可能包含动机元素来增强其效果,这些动机元素是让学习者扮演角色(如,科学家、侦探、记者),模仿角色通过电子邮件进行交互,并且模拟一个特定的工作情节(如,美国国务卿要求你就本周在撒哈拉以南的非洲所发生的事情向他作一个简要的汇报)。

(3)单一学科或者交叉学科。WebQuest 既能够被设计成单一学科的,也能够被设计成交叉学科的。但是,设计有效的交叉学科教学要比为单一内容设计教学更富挑战性,所以,在刚开始的时候,创建者可能应该从后者开始,以便能够尽快地熟悉其格式。

三、WebQuest 的设计方法

学习设计 WebQuest 是一个从简单、熟悉到复杂、陌生的过程。这意味着从单学科的短周期 WebQuest 开始，逐渐上升到长周期的跨学科活动。以下是建议的步骤:

(1)熟悉相关知识领域的网上资源;

(2)把这些资源进行组织整理,分门别类成可查找数据库、参考资料、项目思路,等等。

(3)鉴定适合课程标准且具备网上资料的主题;

(4)从这些主题中挑选任务;

(5)设计评价量规;

(6)设计可供执行的步骤;

(7)进一步加工,完成细节工作,使之符合美学原则。

至此,WebQuest 的设计就大功告成了。需要指出的是, 在这一过程中,最困难的部分是选择任务,最耗时的部分是设计过程。

四、关于评价量规

首先,请同学们再次回顾《校园风光片介绍》和《探索生命》两则案例中的评价部分, 并思考这两个案例中的评价方法有何特点。通过再次回顾,我们会发现在上述这两个案例中都使用了评价量表,而实际上是有一个特定的名词来描述的,被称为评价量规,那么究竟什么是评价量规?

1. 量规的概念

所谓的量规(rubric)往往是以二维表格的形式呈现出来的。这些表格就是量规了,那么它的意思到底是什么呢? 量规专家海蒂·古德瑞齐将它定义为"为一项工作列出标准的评分工具"。我国教育技术专家祝智庭教授则将它定义为"一种结构性的等级量化评价工具"。

虽然从字面上看量规是一个全新的名词, 但从内涵上讲并不是全新的。在传统的教学评价中,特别是在评价非客观性的试题或任务时,人们已经自觉不自觉地应用了这种工具。例如,教师对学生作文的评价,往往会分别就内容、结构、卷面等方面所占的分数给予规定,以便更有效地进行评价;又如教师在期末评价学生一学期的表现时,也往往会从学生的学业成绩、劳动与纪律、同学关系等多个方面进行综合考虑,给出优、良、中、差的等级评定。只是教师使用量规的自觉性和规范性还远远不够。而在表现性评价等非传统评价方法中,量规的运用则更为普遍。

那么,为什么要使用量规呢? 在信息化教学中,学习过程往往是以学生为中心的,而学习活动往往是真实任务驱动的,最后的学习结果则往往是电子作品、调查报告、观察心得等。这就要求相应的评价工具不但要关注学习过程,还要具有操作性好、准确度高的特点。量规是从与评价目标相关的多个方面详细规定的评级指标。一个量规就是一套等级标准。目前,量规这一术语已发展成为一种用于评估复杂学习绩效的工具,只要设计者掌握一些设计要点,完全可以设计出有效的量规来。

2. 评价量规的设计方法

为了更好地评价学生的绩效(Performance),并且获得可靠的分数,设计量规时要注意以下几点。

(1) 要根据教学目标和学生的水平来设计结构分量。教学目标不同,量规的结构分量也应不同。例如,在评价学生的电子作品时,通常从作品的选题、内容、组织、技术、资源利用等方面考虑;而在评价学生的课堂参与性时,又会从学生的出勤率、回答问题情况、作业完成情况、小组合作情况等方面考虑。另外学生的水平也是决定量规结构的一个重要方面,不符合学生水平的结构分量在评价时往往是没有意义的。

(2)根据教学目标的侧重点确定各结构分量的权重。对量规中各结构分量的权重(分数)进行合理的设置不但可以帮助有效的评价,还可以引导学生把握好努力的方向,起到目标导向的作用。结构分量的权重设计与教学目标的侧重点有真接的关系。还是以电子作品的评价为例,如果教师的主要目的是教会学生学习制作电子作品的有关技术,那么就应该给技术、资源利用等结构分量赋予较高的权重;如果教师的主要目的是为了让学生通过电子作品展示自己的调查报告,那么就应该给选题、内容、组织等结构分量赋予较高的权重。

(3) 用具体的、可操作性的描述语言清楚地说明量规中的每一部分。在对量规的各结构分量进行解释时,应使用具体的、可操作性的描述语言,而避免使用抽象的概念性的语言。如在评价学生的信息收集能力时,如果标准是“学生具有很好的信息收集能力”,则此标准形同虚设;而如果标准是“从多种电子和非电子的渠道收集信息,并正确地标明了出处”,则标准就明确得多。后者所具有的可操作性,正是量规最可宝贵的特质之一。

当然,量规的形式并不是固定不变的。有的量规没有采用表格的形式,而是用项目符号为引领标明各项标准,也有的量规中给出了所要求的最高标准(优),而并不写明其他(中、差等)标准。

案例6:《碘的探究——碘是人类的朋友》

(表3-21提供了一个评价量规供同学们参考。案例来源:陈裕森,福建省漳州第一中学。)

表3-21 《碘的探究——碘是人类的朋友》评价量规

项目	评价内容	分数	小组自评	小组互评	教师评价
计划(30%)	小组分工情况和学习任务分配表	10			
	小组介绍(交流学习计划)	10			
	社会调查计划、实验方案	10			
过程(40%)	收集的信息量及其与学习主题的关系	10			
	学习的主动性情况——即是否按计划做了	10			
	学习过程中的合作、交流情况(各方面)	10			
	汇报、交流研究过程和成果的情况(汇报材料的制作、表达能力、交流情况)	10			
成果(30%)	学习成果的数量。(学习体会,调查报告,实验报告,书面和电子作品等)	10			
	学习成果的质量。(学习体会,调查报告,实验报告,书面和电子作品等)	10			
	给政府有关部门的本地区市售食盐含碘量是否达标的研究报告(包括建议)	5			
	尊重版权,标明参考资料来源	5			
总分		100			
评价人(或小组)					

评价总得分:__________ 评价时间:__________

评价方法:

1. 学生通过评价量规进行自我评价;

2. 组织其他小组的学生通过评价量规进行评价;

3. 教师通过评价量规进行评价,最终的评价将同时包括以上3项(三项的总分÷3)。

3. 如何使用评价量规

设计出一个好量规只是成功了一半，使用得当也十分重要。使用量规进行评价时，一般来说，要注意以下几点：

（1）在学习进行前提供量规。在学习开始之前提出预期要求是信息化教学评价的一个重要原则，唯有如此，才能发挥量规对学习过程的导向作用。

（2）与其他评价工具配合使用。正如强调探究型学习不等于否定授导型教学一样，强调量规的优势，也不等于否定其他评价工具（特别是传统评价工具）的作用。每种评价工具都有它的适用范围，配合使用才会取得最佳的效果。比如，在要求学生以电子作品递交作业时，采用量规与范例（学生作品范例）相结合的评价方法就会非常有效。

（3）在整个学习过程中，提醒学生注意量规的要求。关注过程的评价特别强调要求评价要随时并频繁地进行。这在学习过程中，往往要求教师要对学生进行适当的提醒，以便他们能自觉不自觉地运用量规来衡量自己的绩效，并调整努力的方向。

（4）为自评和互评设计良好的氛围。学生的自评和互评不但可以促进学生对于知识的学习，还可以提高学生的评价能力。因此应该积极地鼓励这类评价，如要求学生互相浏览作品，根据量规提出修改意见等。切忌为学生的互评施加压力，否则势必会影响互评的质量，如要求以学生互评的分数作为期末考试分数等。

活动五　总结探究型学习设计的一般方法与步骤（10 分钟）

通过上面的学习，同学们对探究型学习的概念、要素和基本过程已经有个较为全面的认识，同时也掌握了作为探究型学习的一种形式的 WebQuest 的组成和设计步骤，接下来请同学们分组讨论、交流，总结出探究型教学设计中的一般方法与步骤，并将结果记录在表 3-22 中。在填写上表的过程中可参考以下内容。

根据最常见的探究型学习的形式及教学设计的基本思想和方法，探究型学习的教学设计可以概括为：确定课题、组织分工、收集信息、整理分析信息、创建答案 / 解决方案、评价与展示作品等几个步骤。

1. 确定课题

此部分在于确定一个可以发展学生综合能力的课题（问题 / 任务）。在更多的时候，学生会根据教师提出的课题初步构想自己要研究的子课题。教师则根据学生构想的针对性与可操作性帮助学生确定课题。

2. 组织分工

学生自由分组或教师指定分组。小组成员要一起确定所应承担的责任,决定谁做什么工作,以及如何合作。作为一个有经验的参与者,教师将帮助学生发展和完善他们的合作技巧,使组织分工更趋合理。

表 3-22 探究型学习设计的一般步骤与方法记录表

序号	步骤	设计要点
1		
2		
3		
4		
5		
6		
7		
8		

3. 收集信息

小组成员收集有助于回答或解决主要问题的相关信息。教师将就“如何收集信息”以及“收集什么样的信息”等技巧对学生进行指导,教师还可以通过提供资源、参与研究方法的设计和介绍专家等形式帮助学生收集信息。

4. 整理分析信息

当小组成员们认为他们已经收集到足以回答或解决问题的信息时,

他们将在一起把所收集到的信息分类。为了分析所收集的信息,教师将帮助学生明确回答以下问题:所收集的信息是否有助于我们回答主要问题?我们的信息充足吗?是否需要收集更多的信息?所收集的信息是否足以做出决定或解决问题?

在这一步骤,小组成员需要更为深入地研究所收集到的信息。教师或学生自己所设计的多种支架将支持他们整理分析收集到的信息,以便获得最终的答案和解决方案。

5. 创建答案/解决方案

在这一步骤,小组成员们要思考下面一些问题:我们怎样才能利用已有的观点和所收集的资料创建一个新的答案或解决方案?最终结果(产品)将是怎样的?这是一个富有创造性的步骤,教师将帮助学生们有效地展示他们的成果。

6. 评价与展示作品

教师组织专家、校内同行、其他班级的同学等参与学生成果的展示活动,共享学生们的研究成果,并对他们在项目上的表现和成果价值进行评价。如果是课题形式的探究型学习,这一步骤也称为"结题"。

活动六　设计一份探究型学习方案(50分钟)

一、确定探究型学习的主题

1. 请根据你自己的学科背景选定一个主题

在确定主题的过程中,你可以从以下几个方面来考虑。

(1)选择的主题是否属于课程标准范围中的内容?

(2)问题是否具有开放性、综合性和挑战性?

(3)是否与学生的实际生活相关或是来自于真实的生活情境?

2. 思考该主题可能采用的形式和主要资源

选定主题后,请思考该主题可能采用的形式,如基于网络的探究型学习,可能涉及到的主要学习资源。本教材以WebQuest为例,并提供了WebQuest设计模板,因此建议选择基于网络的探究型学习形式。

3. 初步拟订选定主题的大致方案,与同学讨论该主题的实施可行性

主题名称:____________________

课程标准：________________

探究型学习的形式：________________

二、查找资源

（1）在查找资源前，你首先应该就自己所选择的主题，思考一些问题。如：

（1）本主题所涉及的学科有哪些？所对应的课程标准有哪些？

____

____

（2）学生在学习本主题时应该掌握哪些知识或技能？应该具有什么样的学习起点？

____

____

（3）学生在进行探究的过程中可能需要哪些资源作支持？

____

____

（4）在设计中需要哪些教学媒体？

____

____

（2）带着上述几个问题通过网络、光盘、图书馆等渠道查找资源，并将结果填写在下表3-23中。

表3-23 资源列表

资源编号	资源名称	资源来源	资源内容	主要用途和目的	资源与问题紧密相关程度
1					
2					
3					
4					
……					

三、探究型学习的教学方案设计

你已经为你的选题准备好了所需要的资源，现在，让我们利用WebQuest模板，开始设计一个探究型学习教学设计方案。

主 题 适用年级________ 所属学科________
绪言： 绪言模块让学习者明确将要学习的是什么。这部分的目的是吸引读者、为学习做准备。
任务： 任务模块将帮助学习者聚焦到他们将要进行的活动上；特别是那些推动所有学习活动顺利进行下去的最终表现或成果。
过程： 这一部分勾画了学习者将如何完成学习任务，为学习者设置的"脚手架"包括了清晰的学习步骤、学习资源、以及信息组织的工具。
资源： 资源模块是一个由教师选定的将有助于学习者完成任务的网页清单，其中大部分资源是包括在WebQuest文件中作为超链接指向万维网上的信息。资源并不限定在网上，也可以包括非网上的资源，如教科书、录音带、与他人面对面的交流。
评价： 这一部分描述的是评价标准，这些评价标准需要符合课程标准（课程实施大纲）中关于有关行为和内容的要求。同时，评价是通过量规来实现的。
结论： 用来对活动进行小结，同时鼓励对问题的深入思考。

为了帮助大家更好的使用该模板，请参考以下说明内容。

1. 绪言

在这里写一段简短的文字向学生介绍活动或者课程。如果这里有诸如"你是一个侦探，尝试着识别一首神秘的诗歌"之类的角色或者情节，那么这里就是为学生创设的活动舞台。你将在这个环节中传达一些"大问题"（本质性问题、导向性问题），整个WebQuest将围绕着这样问题展开学习活动。

如果这里没有上述那样的促使学生开展活动和课程的说明，那么也可以运用这个部分来预先提供一个简短的背景说明或概要。

2. 任务

清晰的描述学生通过学习活动，将会取得怎样的最终成果。同时，如果完成最终的成果需要使用某种工具（例如，电台、网页、录像），也请在这里说明。

任务部分可以是一个：

- 解决谜团或问题；
- 清晰阐述一个观点、或者为其辩护；
- 设计一个产品；
- 分析事物的复杂性；
- 澄清、梳理个人见解；
- 概述；
- 撰写说服他人的文案或者新闻报道；
- 创造性的工作；
- 处理和加工他们已经搜集的信息情报。

下面例举出一些具体的任务：

（1）编辑任务举例。在一个科学实验中，由于机器的故障你被送到了唐朝，写一篇游记，介绍你在唐朝的生活。游记的内容必须包括唐朝的食品、衣着、住房、交通、职业、农业五个方面。另外，你还需要在你的游记中插入一些反应唐朝人生活的实景图片。

（2）采访任务举例。你将和你的小组一起采访被评为“市级十佳少年”的一位同学，以及他的学友和班主任，从采访中了解他是如何安排学习和娱乐的，并就此主题为校报撰写名为“高效率少年的习惯”的新闻稿。

（3）说服任务举例。某公司计划修建一条通往河的公路，以便建造一个新的水电站。这条公路恰好将穿过你所研究的热带雨林，你将给土地管理部门写一封呼吁信，说服他们否决该公司修建公路的计划。

（4）分析任务举例。难道你喜欢被“宰”吗？我们都不喜欢，但是有时也很难说。当承包者给你一份家庭维修报价单时，你怎么知道这份报价单有没有做手脚呢？现在，我们告诉你房间的尺寸、材料和劳动力的成本数，请你辨别一下精明的承包人有没有“宰”你。

(5)科学任务举例。学生将针对小镇上池塘和学生建造的池塘进行科学实验,比较两个池塘的水质,并且创建实验报告,尽力回答所遇到的问题,并给予确凿的证据。

(6)设计任务举例。为一个公司设计一个花园,花园里要以各种形状:圆形、方形或三角形来展现公司的LOGO。作品的形式应该是一份有标识的花园素描,和一分清单,列出各种所需的植物及其数量和颜色。

(7)创造性作品任务举例。今天你的心情是愉悦还是略带忧郁?色彩可能是你心情的最佳表露者。试用色彩画图为你一天的心情作个日记,并在每个色彩图的旁边加上一小段文字来描述当时的心境。

3. 过程

为了完成任务,学习者需要经历哪些过程?对这部分的详尽描述将帮助其他老师了解单元的学习流程,以及运用本方案开展教学。因此在这一部分,你的说明越详尽越好。记住,本文档面向的是学生,所以你需要使用第二人称来描述各个步骤。

- 首先,你被分配到一个三人小组……
- 你选择一个角色去扮演……
- ……等等。

在学生按照整个过程开展活动时,他们将接触到你事先已经确认过的在线资源。你可以做一批链接作为学生掌握相关背景知识的途径,这些链接提供给任何一个学生看,当然你也可以不这么做。如果你把学生分成一个个的小组,那么你可以把这些链接插入到活动过程每一个阶段的描述中,使每个小组到那个阶段的时候看到(注意,这是一个新变化,你可以单独列出资源,也可以在过程中提供资源,而实际上在过程中提供资源要优于单独列出资源)。

在过程模块中,你可能还需要为学习者提供一些如何对所搜集的信息进行组织的指导。这些建议可以通过一些流程图、摘要表单、概念地图,或者其他组织框架来体现。同样也可以采取问题核对表单的形式来分析相关信息、需要注意的事物或者需要思考的问题。

4. 资源

资源模块是一个由教师选定的将有助于学习者完成任务的网页清单,当然资源并不限定在网上,也可以包括非网上的资源,如教科书、录音带、与他人面对面的交流。也正如前所述,你可以在此模块中单独列出资源列表,但更好的方式是在活动过程中的每一具体实施阶段才提供给学生,那样会有更好的效果。

5. 评价

向学习者描述他们的表现将被怎样评价。详细说明无论是小组活动还是个体活动都将有共同的评价等级标准。评价可以使用评价量规来完成,因此你需要根据前面有关评价量规的知识设计出一个合理有效的量规。

6. 结论

对学习者通过完成这项活动或课程将会获得的或是学到的东西进行总结。你可以在其中包括一些反问或链接,鼓励他们把这种探究的经验超越本单元的学习,扩展到其他领域。

至此,你的探究学习方案已经有了雏形,请你再回过头去,检查你所设计的教学方案,作必要的润色与修改。

四、分享教学设计成果

首先,请把你的设计方案先在小组范围内进行展示交流,与你的小组学伴分享设计中的心得与体会。在倾听你的小组学伴汇报交流的时候,请针对其方案设计中的问题,一起展开讨论,并记录讨论要点。

以小组为单位,向全班展示小组的优秀设计作品,并汇报小组讨论的要点,与其他小组交流设计中的心得体会及存在问题。

最后,请根据讨论和交流中获得的意见,修改自己的教学设计方案。

思考与练习

本模块主要介绍了教学设计的基本概念及其功能、授导型教学设计的步骤与方法,并在学习探究型学习设计的步骤与方法的基础上,重点学习了 WebQuest 的设计。请思考并回答下列问题:

1. 什么是教学设计?教学设计的功能有哪些?

2. 根据处理教学中问题范围和大小的不同,教学设计可以分为以__________、__________和__________为中心的三个层次。

3. 授导型教学设计和探究型学习设计包含了哪些步骤?两种不同类型的教学设计之间有何区别?

4. "将知识分解,找出各部分之间的联系",在布卢姆关于认知学习领域目标分类中,属于__________。

A、知道　　B、领会　　C、应用　　D、分析

5. 试分析布卢姆和加涅的目标分类理论。

6. ABCD 教学目标编写方法包括____、____、____和____四要素。

7. 什么是探究性学习?探究性学习的要素有哪些?

8. 探究性学习的核心是__________。

9. WebQuest 教学设计中有哪些关键属性?

10. 反思自己设计授导型教学方案和探究型学习方案的过程,思考在这个过程中收获了些什么?还有哪些地方值得注意和改进?

第四章　信息技术基本技能

时间:22 学时	
内容提要: 本章通过引导学生进行动手实践，帮助学生初步掌握利用 Photoshop 制作图像素材、利用 Flash 制作动画素材、利用 Premiere 制作视频素材的基本方法。最后,以 PowerPoint 为工具,根据自己设计的教案,制作一份演示文稿。	
核心概念: 多媒体技术;多媒体课件制作;演示文稿	
学习环节: ☐ 多媒体课件制作基础 ☐ Photoshop 图像处理基础 ☐ Flash 动画制作基础 ☐ Premiere 视频处理基础 ☐ 演示文稿制作	**学习主要成果:** ☐ 图像作品 ☐ 动画作品 ☐ 视频作品

学习导入

多媒体技术的迅速兴起和广泛应用，使教育技术进入一个新的开发阶段。从传统的黑板、幻灯机、录像机等常规模式下的媒体手段发展到建立在计算机网络和数字化信息技术基础上的多媒体教育手段，使教学方式和教学结构发生质的飞跃。

随着技术的发展,各种数字媒体素材也越来越丰富,越来越方便。俗话说“巧妇难为无米之炊”。在多媒体教学资源的设计中，多媒体素材的采集和处理是一个十分重要的环节。如果没有高质量的媒体素材，再好的多媒体创作工具也难以制作出高质量的成品。这好比建筑一样，没有建筑材料，再好的设计蓝图也没有办法实现。因此本章主要介绍图像、动画和视频媒体素材的加工处理和演示文稿的制作。

第一节 多媒体课件制作基础

时间:1 学时	
学习目标: 通过研习，理解多媒体技术的特征和运用多媒体的基本原则，在此基础上熟悉多媒体课件制作的一般步骤和流程。	
学习活动: □ 理解多媒体技术及特点 □ 了解多媒体素材的应用原则 □ 熟悉多媒体课件制作的一般步骤	**学习作品:** □ 多媒体技术特性记录表 □ 多媒体课件设计流程记录表

活动一 理解多媒体技术及特点(10 分钟)

通过前面第二章的学习，我们已经知道，媒体主要有两种含义：一是信息的存储实体，如磁带、磁盘、光盘和半导体存储器等；二是信息的载体，如文本、声音、图形、图像、动画及视频等。多媒体技术和多媒体课件中的“媒体”一词的含义指的是后者。

一、多媒体技术

多媒体一词源自“Multimedia”，多媒体信息是指集数据、文字、图形与图像为一体的综合媒体信息。而多媒体技术则是指利用计算机综合处理多种媒体信息——文本、图形、图像、声音、视频等，使多种信息建立逻辑连接，集成为一个具有交互性的系统。

二、多媒体技术的基本特征

多媒体技术的基本特征主要包括信息载体的多样化、交互性和集成性。

1. 多样化

多样性指的是信息媒体的多样化。通过采用多种媒体表现形式，施加多种感官作用，使用多种设备，不仅使计算机所能处理的信息空间范围扩大和放大，而且使人与计算机的交互具有广阔的空间。

2. 交互性

交互性是指用户和计算机的交互，它为用户提供更加有效的控制和使用信息的手段，也为多媒体技术的应用开辟了领域。交互性不仅增加了用户对信息的注意力和理解，延长了信息的组织过程，用户甚至可以控制信息的传播过程，从而激发用户的学习兴趣，并获得新的感受。

3. 集成性

集成性一方面是指把单一的、零散的媒体有效地集成在一起，即信息载体的集成。另一方面，集成性还充分表现在存储信息的实体的集成。多媒体信息由计算机统一存储和组织，使得 1+1>2 的系统性得到体现，应该说集成性是系统的一次飞跃。

请你和你的同学按表 4-1 中所列出的主题进行交流、讨论，完成下表的填写。

表 4-1　多媒体技术特性记录表

分析主题	分析结果
除了上面提到的多媒体技术的特征，你认为还有哪些特征？	
在以前的学习中，你接触过多媒体课件吗？感受如何？	

活动二 了解多媒体素材的应用原则(10分钟)

多媒体能丰富课堂信息、提高学习积极性,但在使用多媒体时,还需注意以下基本原则,才能更准确、更方便地使用媒体素材。

一、科学性原则

媒体所表现和传输的知识、概念、原理必须正确、科学;选取的素材要有典型性、代表性,要真实、准确,符合科学事实和科学规律;采用模拟事物的模型、图像、动画、特技、色彩、声音以及选用的图表等都要准确,要能反映科学的客观规律,符合科学原理,不能片面追求图像的漂亮、声音的悦耳、表现方法的新颖而有损真实性、科学性。

二、艺术性原则

软件中的教学信息通常都是通过声音和画面的有机结合来呈现教学内容的,因此在对媒体进行应用分析时应综合运用美术、音乐、影像等艺术手段的优势,把教学内容表现得生动、形象,富有趣味性,具有较强的表现力和艺术感染力。

三、可控性原则

对于软件中需要应用的声音、动画、视频等媒体的设计,应注意考虑应用时学习者可以根据需要随意控制,如音乐的开关,视频动画的播放控制等。

四、适度性原则

在软件的开发过程中,媒体的应用应遵循适度原则,不能为了使用多媒体素材而使用,过多或过少都达不到预期的效果。在媒体的表现方面,应切实根据教学设计的需要,合理适量应用,而不应片面追求形式。

活动三 熟悉多媒体课件制作的一般步骤(30分钟)

请同学们观摩多媒体课件作品,在观摩的同时,注意思考以下问题:

- 课件界面是否美观大方?
- 页面的信息内容是否简洁、易懂,便于理解?
- 教学内容的呈现是否科学准确?
- 课件是否提供有效的导航和交互功能,易于使用?

● 课件提供的教学过程是否吸引人?

多媒体课件的开发和一般系统工程的要求一样，要制作一个优秀的多媒体课件,首先应对制作什么样的课件进行调查,包括需求分析和制作能力的评价。课题确定之后,要对课件制定总体目标,然后确定制作的具体目标,对制作任务进行具体分析,如怎样收集制作素材,如何撰写制作脚本等。选择好表现教学内容的媒体方式后,进行制作,制作完成后进行评价。最后,根据评价情况再反复进行修改,然后打包发布。

一、项目规划、目标分析和选题

这是课件开发的第一步。在此需要明确开发系统的目的,确定使用对象,对需求目标进行分析,同时确定选题。选题时应注意选择适合用多媒体来表现的学科内容,或当前教学活动中急需解决的重点、难点问题,选题也是为了明确具体的教学任务和要求。

此环节,应该根据课程标准的要求,明确教学的目标、要求和教材的重点难点,再根据学生的需要和教学目标,确定具体的教学内容及教学内容的知识结构,策划有效的教学策略。

二、教学系统结构设计

确定系统目的、内容和使用对象后，就必须决定如何构造信息的结构,即要设计好教学目标,设计好课件略图。在结构设计中,要特别注重系统的交互能力和多种媒体的综合控制能力。

三、编写脚本

脚本设计是对课件教学内容、教学策略的进一步具体化。也就是研究课件每一屏的呈现信息、画面设计、交互方式以及学习过程的控制,描述在计算机屏幕上如何组织整个教学活动。根据项目开发的规模和组织的不同,脚本的含义、详细程度和内容方面也会有很多的差异,编写脚本没有统一的分类和标准。主要包括以下几个方面的设计过程。

1. 界面设计

主要对教学信息在屏幕上的显示区域及用户操作区域进行设计。界面风格要符合使用对象的特点,并与课件主题内容吻合,界面设计要体现易用性、友好性原则。此外,还要保持课件界面具有一致的风格,如字体、字型要协调一致,图像动画其外观和播放效果应和整体风格融为一体。使用者的第一印象非常重要，因此对界面进行精心设计是制作出成功课件的重要一环。提高界面设计能力的途径主要通过多看一些界面设计比较成功的软件,多在实践中摸索,从中积累制作经验。

2. 交互设计

多媒体课件的强大生命力主要体现在交互能力上，对多媒体课件而言,屏幕上呈现的任一对象都可以作为交互对象,如按钮、文字、图形图像乃至一个热区等。

3. 反馈设计

多媒体课件离不开对课件使用者的及时反馈，课件应具有跟踪课件使用者学习情况的能力,对学习者在学习中取得的成绩、遇到的困难及时反馈,或提出表扬、鼓励或给出一定的帮助信息。

学习链接　脚本编写

你可参阅附录3的脚本范例《I'm more outgoing than my sister》。在阅读了脚本设计的范例后,你能否设计出你自己的课件脚本格式？其实,脚本的格式并不是最重要的,重要的是脚本要能清晰地描述课件的内容和制作方法。

四、制作和修改

前面工作完成之后,就进入具体制作阶段,这一阶段主要是制作者选择什么样的制作工具,包括各种素材的制作。常用的多媒体课件和素材制作工具在后面的学习中做进一步详细的介绍。制作好之后,还需进行多次调试运行,以便及时发现问题,进行修改和调整。

五、评估和打包

课件制作好后,不可避免的会存在一些错误和不足,因此,必须进行评估,提出修改意见,课件的最终评估是要在教学的实践过程中进行的。

使用多媒体课件工具软件制作的课件程序属于源程序，这种程序可以随意修改,但是离开这个工具软件,课件就无法运行,同时一些课件也不愿公开源代码,因此,以课件源程序的方式进行播放是不合适的,应将源程序变成可执行文件,这个过程就叫“打包”。打包后的课件可直接运行，而且不能进行修改和查看程序了。

通过对多媒体课件制作的一般步骤的学习和了解，你认为还有哪些环节在课件制作中是比较重要而上面却没有列出来的？请与你的同学进行交流、讨论、总结并填写在表4-2中。

表4-2　多媒体课件设计流程记录表

	设计步骤	主要工作
1		
2		
3		
4		
5		
6		
7		

第二节　Photoshop图像处理基础

时间：6学时

学习目标：

了解并初步掌握Photoshop图像处理软件的基本功能，能够使用它进行艺术字、背景、按钮等制作。

学习活动：

- □　认识Photoshop
- □　学习Photoshop的应用

学习作品：

- □　特效泡泡字
- □　透明背景素材
- □　背景图形素材
- □　圆角矩形、圆形立体按钮

多媒体课件中少不了大量的精美图片。这些图片的素材无论来源如何，大多不会完全符合设计者的要求，对它们进行再加工是必需的。利用Photoshop图像处理软件可以完成各种图像的处理工作，并可以制作背景、按钮以及特殊的图像效果，使我们的课件更精彩！

从功能上看，Photoshop可分为图像编辑、图像合成、校色调色及特效制作。

图像编辑是图像处理的基础，可以对图像做各种变换，如放大、旋转、镜像等。也可以进行复制、去除斑点、修补和修饰图像的残损等。这在课件制作的图像美化加工上有很大作用。

图像合成是将几幅图像通过图层操作、工具应用合成完整的、传达明确意义的图像。Photoshop提供的绘图工具让外来图像与创意很好的融合，所以一些课件的界面和背景就可以利用这些功能来完成。

校色调色可以方便快捷的对图像的颜色进行明暗、色调的调整和校正，也可在不同颜色间进行切换以满足图像在多媒体课件制作等方面的应用。

特效制作在Photoshop中主要由滤镜、通道及工具综合应用完成。包括图像的特效创意和特效字的制作，而各种特效字的制作尤其适合于课件应用。

活动一　认识Photoshop（100分钟）

一、Photoshop CS3的工作界面

Photoshop CS3的界面主要分为主菜单、工具选项栏、工具箱、图像窗口、调板五大部分，如图4-1所示。

菜单部分囊括了所有的Photoshop命令，由十个下拉式菜单组成，用来选择各种功能和执行命令。

运用工具箱中的工具可以创建选区、绘画、绘图、编辑、移动和注释等。当选择工具箱中的某种工具时，对应于该工具的选项出现在工具选项栏。

调板板位于窗口右侧，是浮动的，用于定义和设置图像处理过程中的操作方式或相关属性。主要的调板有：导航面板、信息面板、颜色面板、色板

面板，样式面板、图层面板、通道面板、路径面板、历史面板以及动作面板。

图 4–1 Photoshop CS3 的工作环境

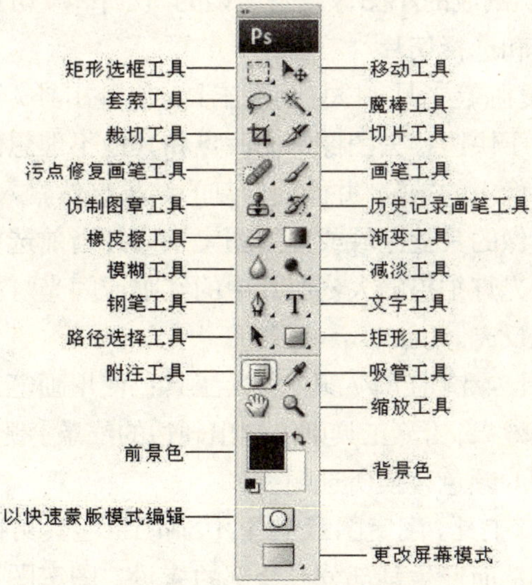

图 4–2 Photoshop 的工具箱

二、PhotoShop 的工具箱

在 Photoshop 中，处理图像的主要工具都放在工具箱中，可分别用来绘图、编辑图像、选择颜色、观察图像和标注文字。有些工具的右下角有一个小黑三角，这标明它有隐含的工具。你可以通过在工具箱中单击来选中不同的工具；同时，你可以通过点按小黑三角来弹出隐含的工具。Photoshop CS3 的工具箱，如图 4–2 所示。

- 选框工具：选框工具下包括矩形选框工具、椭圆选框工具、单行选框工具和单列选框工具，用来创建规则形状的选区。
- 套索工具：套索工具下包括自由套索工具、多边形套索工具和磁性套索工具，用来创建不规则的选区。
- 魔棒工具：魔棒工具可选择着色相似的区域，用以创建选区。
- 移动工具：移动工具用来移动选区、图层和参考线。
- 裁切工具：裁切工具用来裁切图像。
- 切片工具 / 切片选择工具：下载几个小图像文件要比下载一个大图像文件快，为了缩短下载的时间，可将一个大图像文件切割成几个小文件，这些小文件在下载时可以无缝拼接，并且可以对每个小图像文件进行单独优化，这些切割成的小图像就是所谓的“切片”。切片工具和切片选择工具用于创建和选择切片。
- 污点修复画笔工具 / 修复画笔工具 / 修补工具 / 红眼工具：污点修复画笔工具用于快速移去图像中的污点和其他不理想部分。修复画笔工具用于修复图像中的缺陷，并能使修复的结果自然融入周围的图像。修补工具可以从图像的其他区域或使用图案来修补当前选中的区域。红眼工具可以移去闪光灯拍摄的人物照片中的红眼或闪光灯拍摄的动物照片中的白眼或绿色反光。
- 画笔工具 / 铅笔工具 / 颜色替换工具：使用画笔工具可以绘制出边缘柔软的画笔效果，铅笔工具则绘制出硬边的线条。颜色替换工具能够简化图像中用新的颜色替换所选颜色。
- 仿制图章工具 / 图案图章工具：仿制图章工具可以准确复制图像的一部分或全部从而产生某部分或全部的拷贝。图案图章工具可将各种图案填充到图像中。

● 历史记录画笔工具 / 历史记录艺术画笔工具:历史记录画笔工具将所选状态或快照的拷贝绘制到当前图像窗口。历史记录艺术画笔工具可使用指定历史状态或快照作为绘画源来绘制各种艺术效果的笔触,利用其工具栏选项,可以创建不同的艺术效果。历史记录画笔工具和历史记录艺术画笔工具都使用指定的状态作为绘画源,不同的是,历史画笔工具只是将绘画源中的数据照搬,而历史记录艺术画笔工具则参照绘画源的数据信息,并根据工具选项栏中的设定创建不同的艺术效果。

● 橡皮擦工具 / 背景橡皮擦工具 / 魔术橡皮擦工具:橡皮擦工具可将图像擦除至工具箱中的背景色,并可将图像还原到历史记录调板中图像的任何一个状态。背景橡皮擦工具可将图层上的颜色擦除成透明色。魔术橡皮擦工具可根据颜色近似程度来确定将图像擦成透明的程度,即通过一次点击将纯色区域擦抹为透明区域。

● 渐变工具 / 油漆桶工具:渐变工具用来填充渐变色。注意,如果不创建选区,渐变工具将作用于整个图像。使用时按住鼠标拖曳,形成一条直线,直线的长度和方向决定了渐变填充的区域和方向。油漆桶工具可根据像素的颜色的近似程度来填充颜色,填充的颜色为前景色或连续图案。

● 模糊工具 / 锐化工具 / 涂抹工具:模糊工具和锐化工具可使图像的一部分边缘模糊或清晰,常用于对细节的修饰。模糊工具可降低相邻像素的对比度,将较硬的边缘软化,使图像柔和;锐化工具则增加相邻像素的对比度,将较软的边缘明显化,使图像聚焦。涂抹工具用于模拟用手指涂抹油墨的效果,以涂抹工具在颜色的交界处作用,会有一种相邻颜色互相挤入而产生的模糊感。

● 减淡工具 / 加深工具 / 海绵工具:减淡工具可使图像的细节部分变亮,类似于加光的操作。加深工具可使细节部分变暗,类似于遮光的操作。海绵工具用来增加或降低颜色的饱和度。

● 钢笔工具 / 自由钢笔工具 / 添加锚点工具 / 删除锚点工具 / 转换点工具:钢笔工具用于绘制边缘平滑的路径。自由钢笔工具的用法就像使用铅笔工具在纸上画线一样,按住鼠标拖曳,线段开始形成,松开鼠标,线段终止,鼠标拖曳的轨迹就是路径的形状。可以在任何路径上添加或删除锚点,添加锚点可以更好地控制路径的形状,删除锚点可用来改变路径的形状或简化路径。转换锚点工具可使锚点在直线锚点和曲线锚点之间转换。

● 文字工具/文字蒙版工具:文字工具在图像上创建文字。文字蒙版工具可在文字形状中创建选区。

● 路径选择工具/直接选择工具:用于选择路径,并可显示路径上的锚点、锚点上的方向线和方向点。

● 形状工具:形状工具包括:矩形工具、圆角矩形工具、椭圆工具、多边形工具、直线工具、自定形状工具。使用矢量形状工具可以迅速创建各种基本形状。

● 注释工具:注释工具包括附注工具和语音批注工具,用于创建附加在图像上的文字和语言注释。

● 吸管工具:用来吸取文字或者图像的颜色。

● 手形工具:当图像的显示比例较大时,拖动画面以查看图像的不同部分。

● 缩放工具:用来放大或者缩小图像。

三、PhotoShop 的基本概念

在学习 PhotoShop 进行图像处理之前，有一些基本概念必须要搞清楚。PhotoShop 中的图像处理大都离不开图像的区域选择、通道处理和图层应用。区域选择是图像处理的前提,是对局部制作特效的基础;通道是利用对不同色彩进行的分离,从而方便选择区域的修改与合并;图层是层与层之间的叠加,图层之间存在不同的叠加效果,可调节透明度和混合方式产生丰富的效果。

1. 图层

图层是 PhotoShop 中最具特色的概念，它是创作各种合成效果的重要途径。我们可以将图层想象为透明胶片,每张胶片都具有不同的透明度且包含有图像的不同部分,将多张胶片叠加在一起,就是我们看到的整幅图像。图层之间相对独立,我们可以对其进行排列、增加、删除等操作,而不影响其他图层的图像,这给复杂图像的编辑提供了极大的方便。

2. 通道

在 Photoshop 中,通道存放图象的颜色信息,是一个独立的原色平面。

图像的颜色模式(而不是其图层数)决定所创建的颜色通道的数目。例如，RGB 图像有三个默认通道:分别用于红、绿、蓝颜色的通道，另外加上一个用于编辑图像的复合通道。这些颜色是一种色彩以一个通道平面来储存，各种颜色互不干扰，叠合起来则形成了一个真彩色图像。

用户可以定义自己的 Alpha 通道。Alpha 通道不是用来储存图像而是用来保存选区的，在 Alpha 通道中，黑色表示非选取区域，白色表示被选取区域，不同层次的灰度则表示该区域被选取的百分率。

3. 选区

选区也即所选择的区域，创建选区对于图形的处理来说显得相当的重要，因为我们在对图形图像进行再处理时必然会涉及到对素材进行局部编辑的问题，此时就需要选中该区域。

4. 路径

路径可以用来:(1)制作选区:可以进行精确定位和调整，适用于不规则的、难于使用其它工具进行选择的区域;(2)填色和描边:可以在路径所包围的区域内填上颜色或图案，可以使用前景色描画路径。

5. 色彩

电脑屏幕的色彩是由 RGB(红、绿、蓝)三种基色光合成得到，而我们可通过调整这三个基色的比例来获得其它的颜色。

色彩在多媒体课件素材中具有重要的作用，不同色彩的有不同的魅力，下面做一概要介绍，以便设计者在使用时充分表现出主题和创意。

红色系:象征着力量、华丽、喜庆、青春、革命、危险，有强烈的视觉冲击力，易刺激人们的情绪，红色洋溢着青春健康、欢乐的气息。

橙色系:象征着温暖、健康、欢乐、和谐、色彩鲜明、活泼，易吸引人们的注意，最适宜表现食品及其给人带来的欢乐情绪。

黄色系:象征着光明、希望、快乐、富贵，色彩明快、响亮，表现一种灿烂辉煌的品质特征。

绿色系:是大自然中草原、树木的颜色，视觉感受最舒服，象征着和平、安静、新鲜、成长、健康、安全、可靠。纯度高的绿色在表现金融业、建筑业、百货业、食品业等题材方面应用机器广泛。混浊的暗绿色应用不多。

蓝色系:象征着理想、平静、希望，最适宜表现高科技的产品，给人以朴实、理智、洁净和清新的感受。

在页面中尽量使用看上去比较淡雅、简洁的色彩；比如背景尽量少用灰暗、深沉的色彩(除非特殊需要)，并且根据页面的主题来选择主色调。

活动二 学习 Photoshop 的应用(200 分钟)

一、更改图像大小

图片导入到课件中时大小通常都要调整，使之适合课件的界面。矢量图在显示时无论显示画面是大还是小，画面上的对象对应的算法是不变的，所以，即使对画面进行倍数相当大的缩放，其显示效果仍然相同，也即没有失真。而位图是由像素阵列的排列来实现其显示效果的，每个像素都有自己的颜色信息。在对位图图像进行缩放操作时会产生失真，从而影响图片的显示效果。

请按照如下步骤操作在 Photoshop 中来调整图片的大小：

- 通过选择【文件】→【打开】在 Photoshop 中打开图片 Panda.jpg。
- 选择【图像】→【图像大小】，打开“图像大小”对话框，如图 4–3 所示。

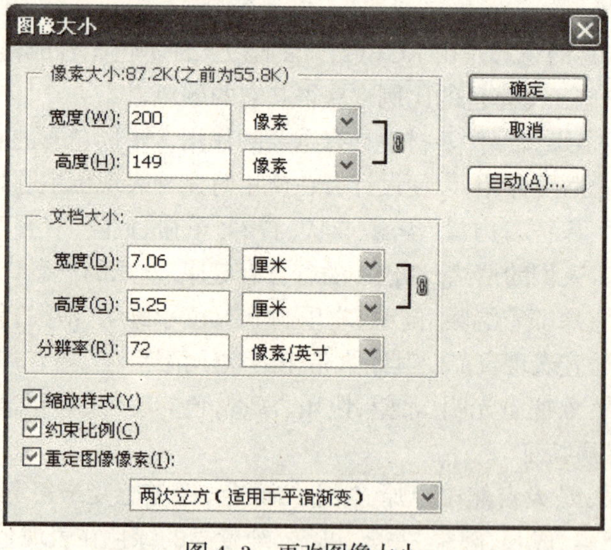

图 4–3 更改图像大小

- 在“像素大小”选项区中可以看到当前图像的“宽度”和“高度”。高度和宽度通常是以“像素”为单位的，另外，还有一个单位是“百分比”，可输入缩放的比例。右边的链接符号表示锁定长宽的比例。若想改变图像的长宽比例，可取消勾选“约束比例”复选框。

● 在“像素大小”选项区中设置图像的宽度为200像素，从而改变图像的大小。改变图像大小后，“像素大小”后面会显示改变后的图像大小，并在括号中显示改变前的图像大小。

● 你也可以在“文档大小”选项区中设定图像的高度、宽度和分辨率。

二、创建选区

在课件中经常需要选取图片中的某一部分，如选取绿叶中的一朵花或抠出人物的头像等。在Photoshop中，要对图像的局部进行编辑，可以通过各种途径将其选中，也就是所说的创建选区。根据具体情况的需要，创建选区的方法有很多种，下面介绍其中的几种简单方法。

● 使用选框工具。选框工具包括矩形选框工具、椭圆选框工具、单行选框工具和单列选框工具。使用选框工具可以创建规则的选区。

● 使用套索工具。套索工具包括自由套索工具、多边形套索工具和磁性套索工具。

● 自由套索工具的用法是按住鼠标进行拖曳，随着鼠标的移动可形成任意形状的选择范围，松开鼠标后就会自动形成封闭的浮动选区。

● 多边形套索工具可产生直线型的多边形选区。其用法是单击鼠标形成直线的起点，移动鼠标，拖出直线，再次单击鼠标，两个单击点之间就会形成直线，依此类推。当终点和起点重合时，工具图标的右下角出现圆圈，此时单击鼠标可形成完整的选区。

● 磁性套索工具可在拖曳鼠标的过程中自动捕捉图像中物体的边缘以形成选区。在拖曳的过程中，如果单击鼠标手工加入固定点以更好的捕捉图像边缘。若要结束当前路径，可双击鼠标，终点和起点会自动连接起来，形成封闭选区。

● 使用魔棒工具。魔棒工具是基于图像中相邻像素的颜色近似程度来进行选择的。在魔棒工具的选项栏中有一个非常重要的选项即“容差”，它的数值范围为0~255。容差数值越大，表示可允许的相邻像素之间的近似程度越大，选择的范围也就越大；反之，容差的数值越小，所选的范围越小。

请按照如下步骤操作试着在素材图片中创建一个选区：

● 通过选择【文件】→【打开】在 Photoshop 中打开素材图片 Ducky.jpg。

● 选择工具箱中的椭圆选框工具后，在打开的图片素材上从左上角开始拖曳鼠标至一定区域，松开鼠标后会出现浮动的椭圆形选择线，如图 4–4 所示。这标明已经选中了此区域，此时我们就可以对选区中的部分进行操作了。

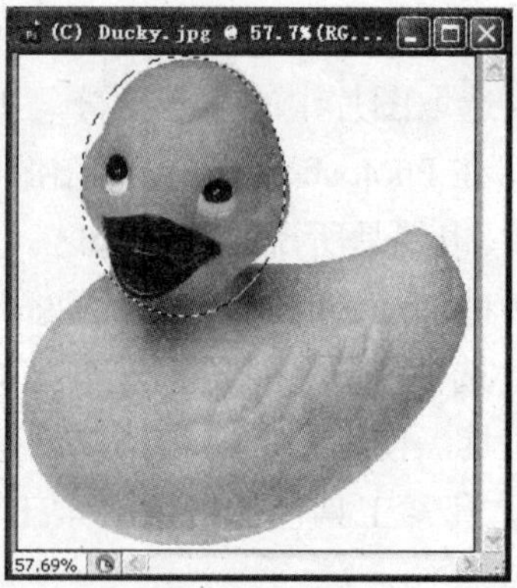

图 4–4 使用椭圆选框工具创建选区

● 选择【编辑】→【拷贝】命令，复制选区中的内容至剪贴板。

● 选择【文件】→【新建】命令，打开“新建”对话框，如图 4–5 所示。

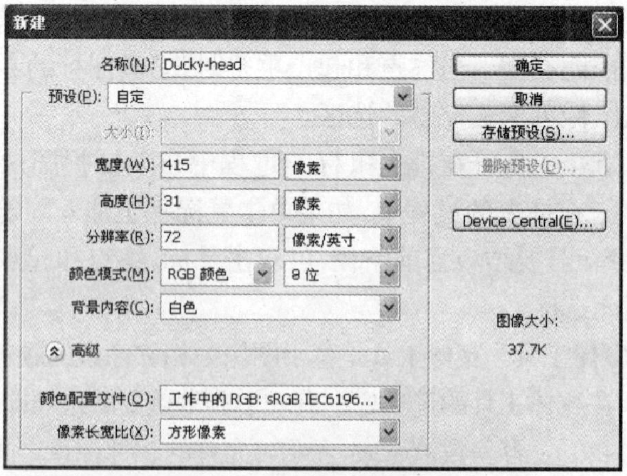

图 4–5 设置“新建”对话框

● 在“新建”对话框的“名称”栏输入文件名 Ducky-head，选择“颜色模式”为 RGB 颜色，“背景内容”为白色，如图 4-5 所示。单击“确定”按钮。

● 选择【编辑】→【粘贴】命令，将素材图片选区中的内容粘贴在新建的文件中。

你可以通过设置选框工具、套索工具和魔棒工具的选项栏中的“羽化”值，使抠出的图像过渡自然，边缘柔和。同学们可以对比一下将“羽化”值设置为 0 和 5 的对比效果。

当然，如果要选取的图像形状不规则，颜色差异又大，使用前面的几种创建选区的方法可能都无法获得所期望的选区，此时可借助工具箱中的路径工具来描出路径，然后再转换成选区。绘制路径的工具在工具箱中，分别是：钢笔工具、自由钢笔工具、添加锚点工具、删除锚点工具和转换点工具。

在有些情况下，图像中要选取的物体边缘可能非常复杂，即使花费很大精力也难以准确的选择，此时使用滤镜下的抽出命令，可将复杂边缘的物体从其背景中分离出来，并将背景删除。

三、Photoshop 制作特效字

在课件中，醒目的标题往往给人深刻的印象，而我们可以在 Photoshop 中制作出非常多种多样的字效。下面我们来看一个如何制作泡泡字的实例，请按照如下步骤操作：

● 选择【文件】→【新建】命令，打开“新建”对话框，新建一个宽和高都是 200 像素，“颜色模式”为 RGB 颜色，“背景内容”为白色的文件。

● 单击“设置前景色”工具，打开“拾色器（前景色）”对话框，将前景色设置为红色。当然，你也可以选择其他颜色，所选的颜色即为泡泡的颜色。

● 在工具箱中选择油漆桶工具，填充图像。

● 在工具箱中选择横排文字工具，在文字工具的选项栏中设置好字体、字号和文字颜色后，在图像中输入文字“探”，如图 4-6 所示。

● 在工具箱中选择椭圆选框工具，按下 Shift 键，拖曳鼠标，在字体周围建立一个圆形选区，如图 4-7 所示。

● 按下 Ctrl+E，合并图层。

图 4–6　输入文字

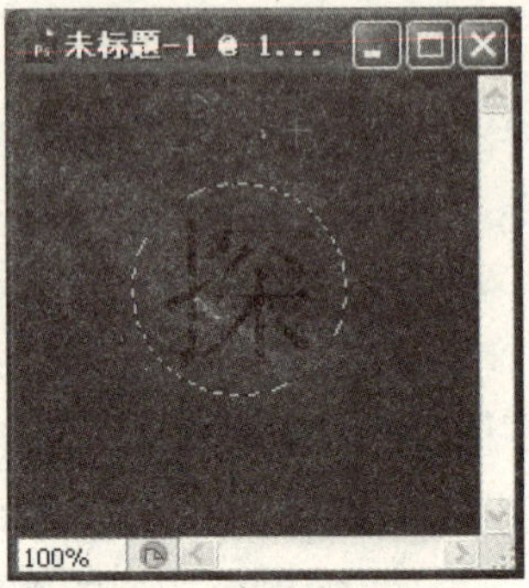

图 4–7　创建圆形选区

● 选择【滤镜】→【扭曲】→【球面化】命令，打开“球面化”对话框，其中的参数设置如图 4–8 所示。

● 选择【编辑】→【拷贝】命令或按下 Ctrl+C，复制选区。

● 再新建一个文件，选择【编辑】→【粘贴】命令或按下 Ctrl+V，粘贴图层。

● 选择【编辑】→【自由变换】命令，将其调整至合适位置，如图 4–9 所示后。按 Enter 键确认。

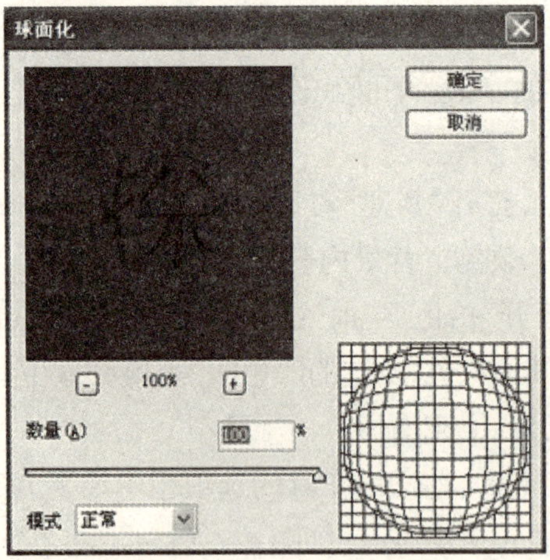

4–8　设置“球面化”对话框

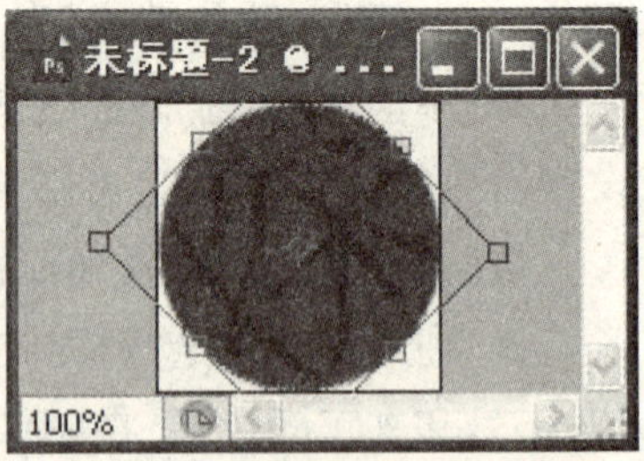

图 4–9　使用“自由变化”命令

● 选择【滤镜】→【渲染】→【镜头光晕】命令，打开“镜头光晕”对话框，其中的参数设置如图 4–10 所示。

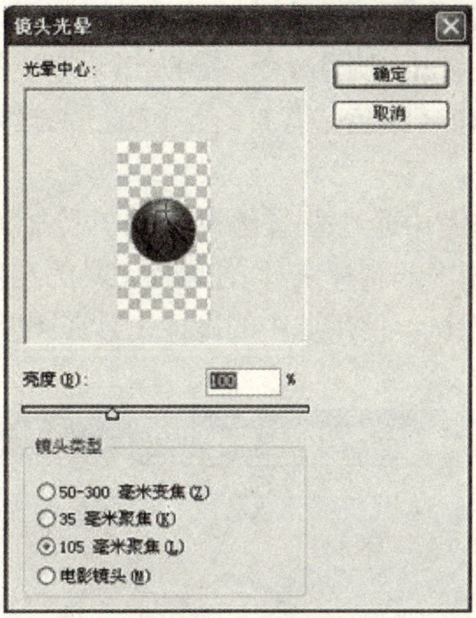

图 4–10　设置“镜头光晕”对话框

● 用同样的办法制作另外三个字，最终效果如图 4–11 所示。

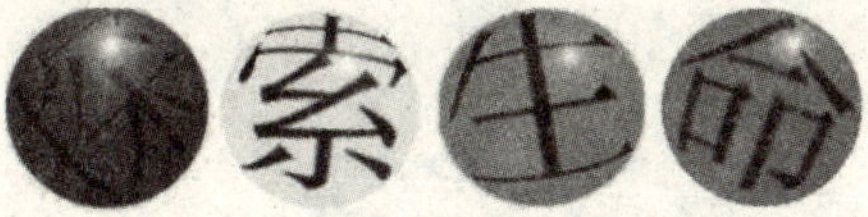

图 4–11　泡泡字效果图

* 选择【文件】→【存储】命令，打开“存储为”对话框，选择目标文件夹以存储生成的图片文件，输入文件名，选择 JPEG 格式，单击“保存”按钮即可。

四、制作透明背景图形素材

图像素材的原始格式一般有 JPG、GIF 等，其中以 JPG 格式的居多。此格式色彩丰富，表现力强，而且有极高的压缩比。但也有不足，就是背景是不透明的，而使用时经常需要一些透明背景的图片，接下来的实例就来学习在 Photoshop 中将图像素材处理成透明格式的方法，请按照如下步骤操作：

● 通过选择【文件】→【打开】命令，在 Photoshop 中打开素材图片 Insect.jpg。

● 通过选择【选择】→【全部】命令或者按 Ctrl+A，全选图片。

● 通过选择【编辑】→【拷贝】命令或者按 Ctrl+C，复制选区中的图像。

● 选择【文件】→【新建】命令，新建一个文件，在“新建”对话框中设置“颜色模式”为 RGB 颜色，“背景内容”为透明，这样就新建了一个透明图片。

● 在新建的图片中通过选择【编辑】→【拷贝】命令或者按 Ctrl+V 粘贴。

● 选择工具箱中的魔棒工具，在魔棒工具的选项栏中设置“容差”为 16，其他设置保持默认。使用选中的魔棒工具在图像中的背景区域单击，如图 4–12 所示。

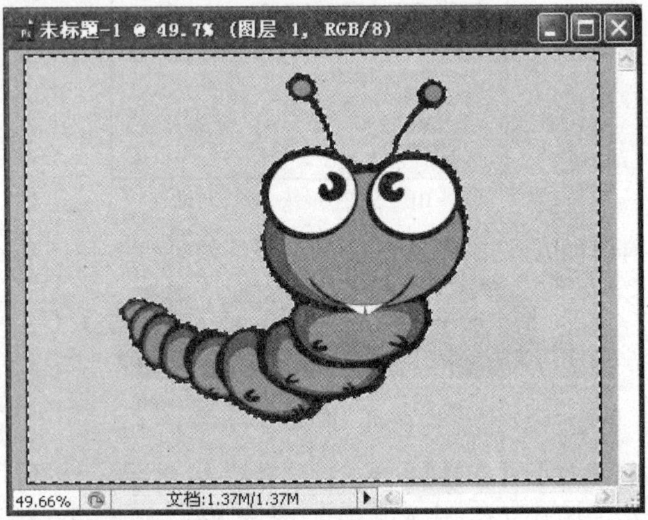

图 4–12　虚线状态显示

● 按 Delete 键，选中的背景区域被删除。

● 通过选择【选择】→【取消选择】命令或者按 Ctrl+D，取消选区，如图 4–13 所示。

● 存储处理好的透明背景图像。选择【文件】→【存储为 web 所用格式】命令，弹出“存储为 web 所用格式”对话框，如图 4–14 所示。在“优化”选项卡中将文件格式”选择为 GIF，单击“存储”按钮确认即可。

本实例尝试了在 Photoshop 中将图像素材处理成透明格式的方法，处理过程并不复杂。但应注意，如果背景比较复杂，就要使用多种选择工具，并合理设置参数，如容差值等，逐步的删除背景，将前景图像剥离出来。

同时，还应注意，Photoshop 只支持 GIF 和 PNG 两种透明背景格式，一定要将处理好的图像存储为其中的一种格式，才能实现透明背景的制作。

图 4–13　最终图像效果

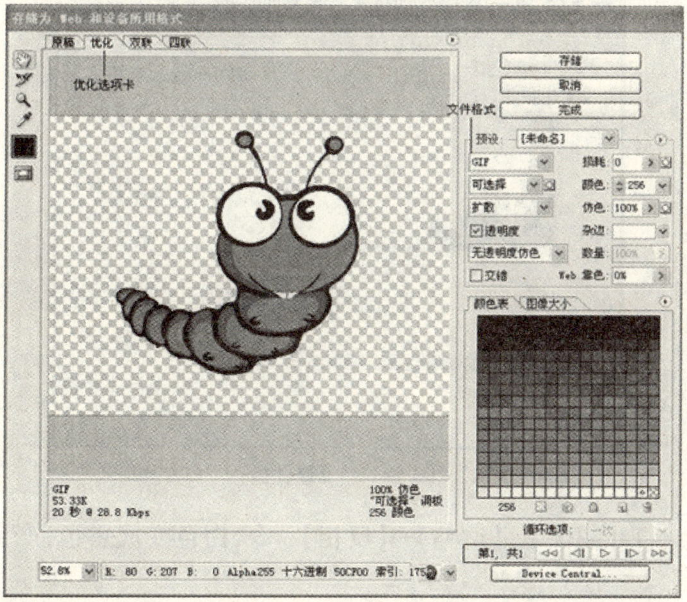

图 4–14　利用“存储为 web 所用格式”对话框存储为 GIF 格式

五、制作背景图形素材

一个漂亮的界面,能为课件增色不少,它可以用来突出课件主题,增强课件的感染力。而在多数情况下很难找到特别合适的素材,这时就需要自己动手制作,一个简单的方法就是在成品的基础上对图片进行简单的润色和加工。本实例就是要在一幅准备好的素材图像上进行再创作,让图像合乎需求。

请按照如下步骤操作来制作一幅背景图片:

- 通过选择【文件】→【打开】在 Photoshop 中打开素材图片 Lotus.jpg。
- 选择【图层】→【复制图层】命令,打开"复制图层"对话框,保留默认设置,直接单击"确定"按钮。
- 执行【图像】→【调整】→【去色】命令,给图片去除颜色。去色命令可以使图像中所有颜色的饱和度为 0,从而将彩色图变为灰阶图。
- 选择【图像】→【调整】→【色阶】命令,打开"色阶"对话框,其参数值设置如图 4–15 所示。通过调整色阶以增加黑白对比。

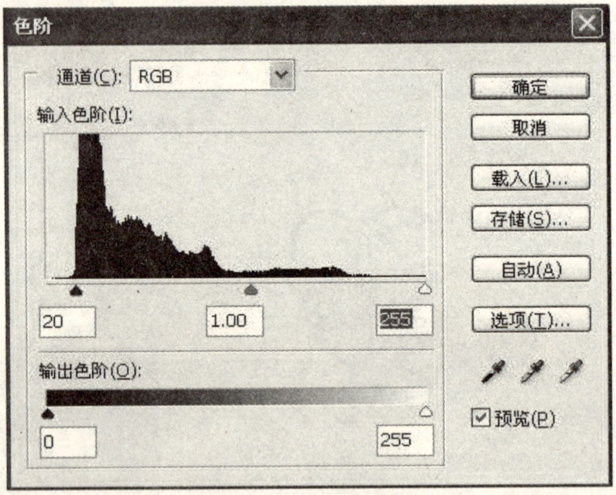

图 4–15 调整色阶

- 执行【图像】→【调整】→【反相】命令,白色变成黑色,产生原图的负片。
- 选择【滤镜】→【模糊】→【高斯模糊】命令,打开"高斯模糊"对话框框，其中的参数设置如图 4-16 所示。

● 选择【滤镜】→【画笔描边】→【喷溅】命令，打开“喷溅”对话框，其中的参数设置如图 4-17 所示。

● 在图层面板中，单击“创建新图层”按钮，创建一个新的图层，并设置图层混合模式为颜色。

图 4-16　使用高斯模糊

图 4-17　使用喷溅滤镜

● 在工具箱中单击“前景色”，选择粉红色。

● 在工具箱中选择画笔工具，给荷花涂上颜色。

● 在工具箱中选择横排文字工具，添加诗句“映日荷花别样红”。并在图层面板中，将不透明度调整为60%。

● 存储处理好的荷花背景图像。选择【文件】→【存储】命令，在弹出的“存储为”对话框中，设置保存路径，输入文件名，选择JPG格式。单击“保存”按钮。

至此一副荷花背景图制作完毕，如图4-18所示，你就可以在你的课件中使用它了。

图4-18 最终的效果图

六、Photoshop按钮的制作

具有交互功能的按钮在课件中的作用也是十分重要的，通过按钮的操作，用户可以很方便的进行非线性的学习，从而实现个性化学习。通过使用Photoshop，可以制作出精美立体感的按钮效果。从而增加课件的美观。

1. 圆角矩形按钮的制作

请按照如下步骤操作来制作一个圆角矩形按钮：

● 选择【文件】→【新建】命令，打开“新建”对话框，新建一个宽和高都是200像素，“颜色模式”为RGB颜色，“背景内容”为白色的文件。

● 如果通道面板还没有打开，选择【窗口】→【通道】命令打开它。在通道面板下面单击“创建新通道”按钮，新建一个新的通道Alpha 1，此时图像变为黑色。

● 设置前景色为黑色，背景色为白色。

● 在工具箱中选择椭圆选框工具，按住 Shift 键的同时拖曳鼠标，在图像左边创建一个圆形选区，按 Delete 键删除，如图 4–19 所示。

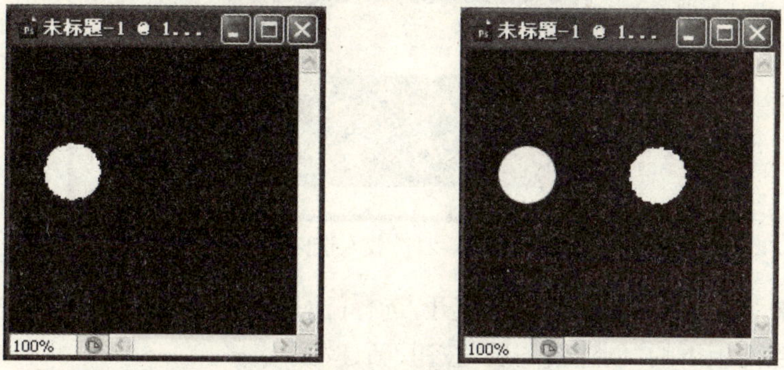

图 4–19　在 Alpha 1 通道中创建圆形选区

● 按住 Alt+Ctrl+Shift 键，用鼠标拖动它的副本放在右边，如图 4–19 所示。

● 用矩形选框工具，选取两小球之间的区域，如图 4–20 所示，再按 Delete 键删除。

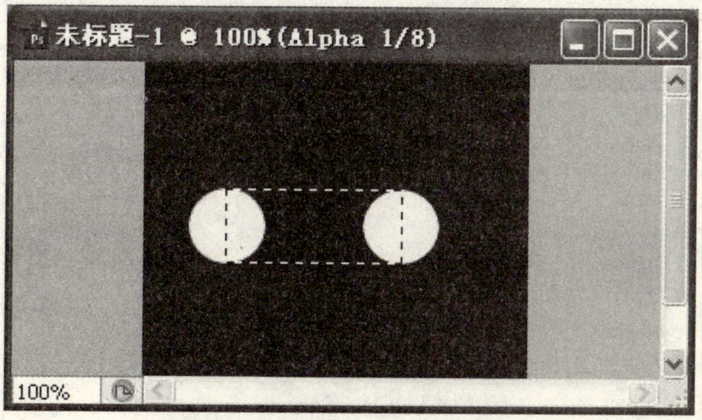

图 4–20　连接通道中的圆

● 选择【选择】→【取消选择】命令或者按 Ctrl+D 取消选区。

● 选择【选择】→【载入选区】命令重新载入选区。你也可以在按住 Ctrl 键的同时，用鼠标单击 Alpha 1 通道来载入选区，如图 4–21 所示。

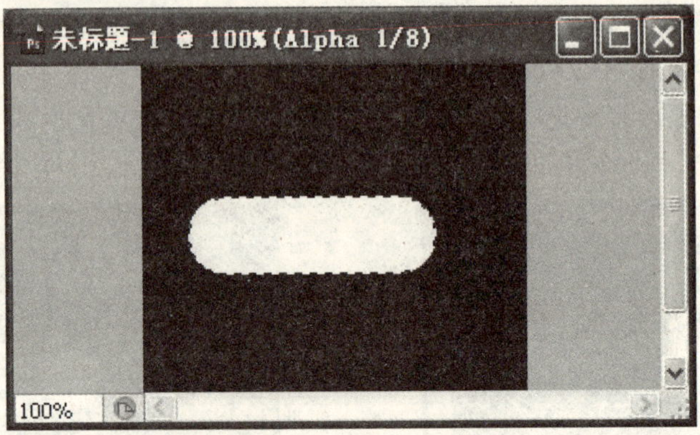

图 4–21 载入选区

● 如果图层面板还没有打开，选择【窗口】→【图层】命令打开它。单击图层面板下的“创建新图层”按钮，新建“图层 1”。

● 改变前景色为黄色，按 Alt+Delete 键填充前景色。

● 在图层面板中，单击图层面板下的“添加图层样式”按钮，选择斜面和浮雕的图层样式，打开“图层样式”对话框。斜面和浮雕图层样式的参数设置如图 4–22 所示。设置完毕后，点击“确定”按钮，按钮外形基本就做成了。

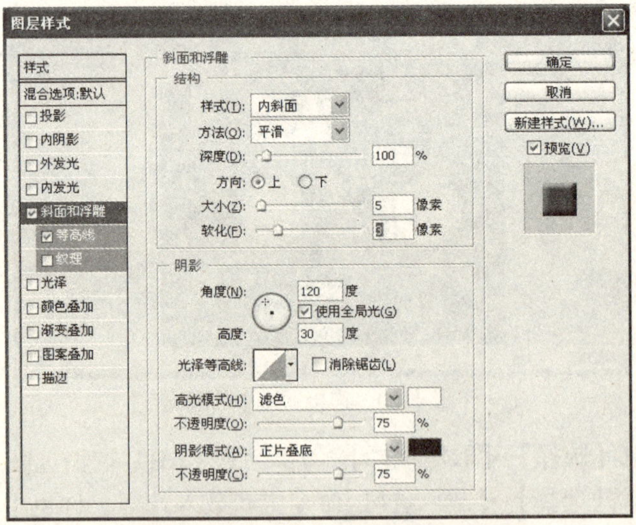

图 4–22 设置斜面和浮雕的图层样式

● 在工具箱中选择横排文字工具，输入文字“古诗朗诵”，使用移动工具调整文字到合适位置。

● 点击图层面板右上角的小三角，在弹出的菜单中选择合并可见图层，制作完成。最终的效果如图 4-23 所示。

● 存储处理好的圆角矩形按钮。选择【文件】→【存储】命令，在弹出的“存储为”对话框中，设置保存路径，输入文件名，选择 JPG 格式。单击“保存”按钮。

至此一个“古诗朗诵”圆角矩形按钮制作完毕，你就可以在你的课件中使用它了。

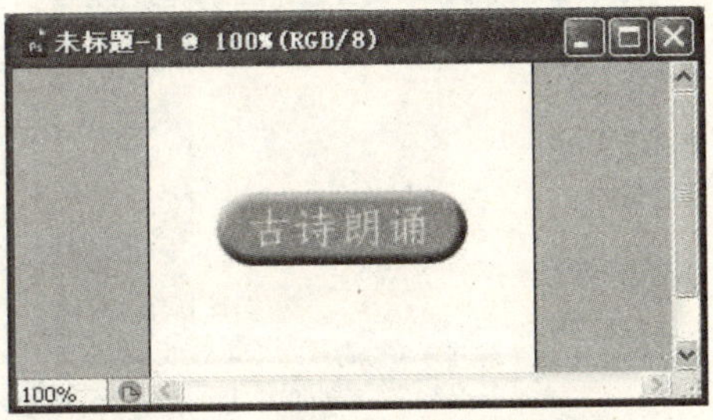

图 4-23 圆角矩形按钮效果图

2. 圆形立体按钮

请按照如下步骤操作来制作一个圆形立体按钮：

● 选择【文件】→【新建】命令，打开“新建”对话框，新建一个宽和高都是 200 像素，“颜色模式”为 RGB 颜色，“背景内容”为白色的文件。

● 选择【窗口】→【图层】命令，打开图层面板。单击在图层面板中的“创建新图层”按钮，创建一个新的图层“图层 1”。

● 利用椭圆选框工具，按下 shift 键的同时在页面中拖曳鼠标创建一圆形选区。

● 选择【编辑】→【描边】命令，打开“描边”对话框，直接单击“确定”按钮。

● 设置前景色为天蓝色，选择工具箱中的渐变工具。在渐变工具的选项栏选择“前景到背景”的渐变，并选择线性渐变的类型，从下到上填充渐变，如图 4-24 所示。

● 选择【选择】→【修改】→【收缩】命令，将选区缩小 4 像素，并进行和上次方向相反的渐变填充，如图 4–25 所示。

● 选择【选择】→【修改】→【羽化】命令，羽化 5 个像素。

● 在图层面板上，在图层 1 上右击，在弹出的快捷菜单中选择“混合选项”，打开“图层样式”对话框，选择“投影”图层样式，获得立体感的效果，如图 4–26 所示。

● 使用文字工具在按钮背景上添加相关文字。

● 选择【文件】→【存储】命令，在弹出的“存储为”对话框中，设置保存路径，输入文件名，选择保存格式。单击“保存”按钮，制作完成。

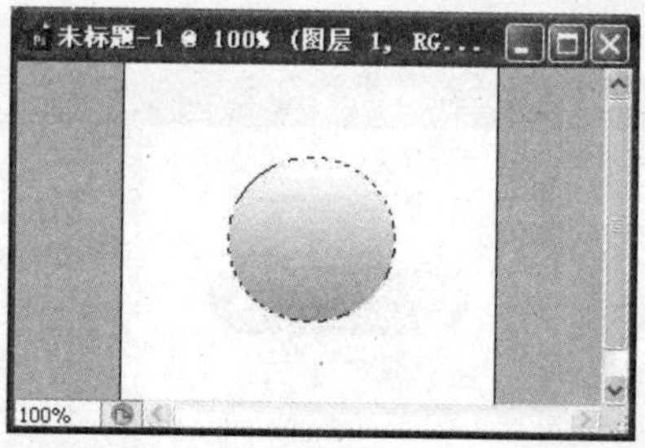

图 4–24 绘制圆形按钮

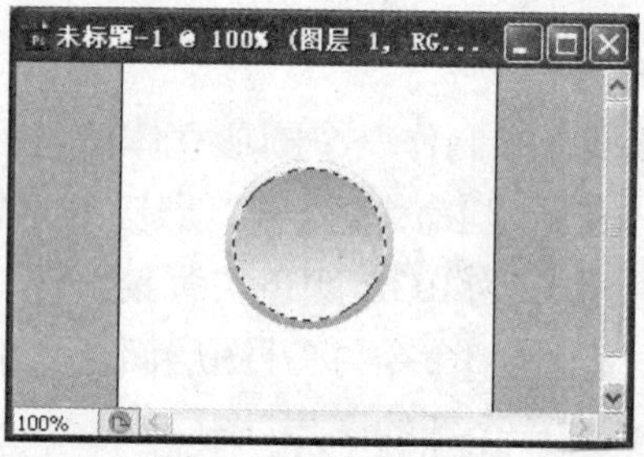

图 4–25 缩小变化

图 4–26 添加图层样式

第三节　Flash 动画制作基础

时间:6 学时	
学习目标: 了解并初步掌握 Flash 动画制作软件的基本操作，并能够使用它进行简单的动画制作。	
学习活动: □　认识 Flash □　制作酒精灯火焰动画 □　制作唐诗《渔父歌》动画 □　利用模板制作 Flash 课件	**学习作品:** □　酒精灯火焰动画作品 □　唐诗《渔父歌》动画作品 □　演示文稿模板动画作品

活动一　认识 Flash(100 分钟)

Flash 是一款优秀的矢量动画编辑工具。它主要用于交互式的矢量图形和动画的制作,可以方便的制作出带同步声音的大量动画，创造出生动的、富于表现力

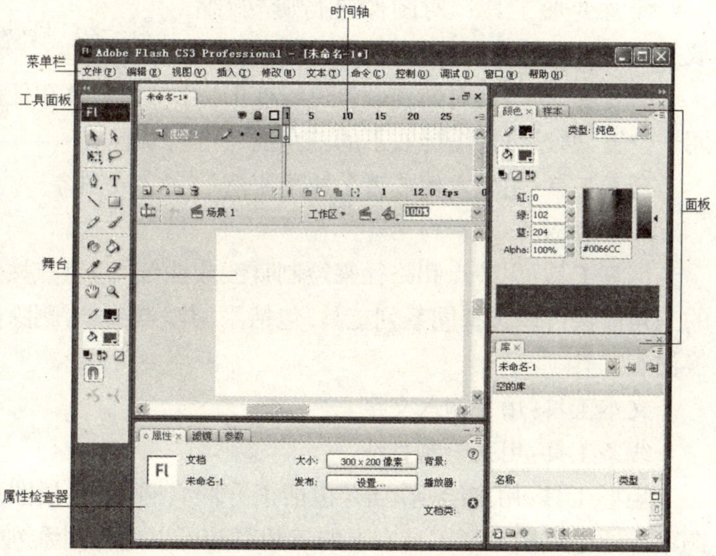

图 4–27　Flash CS3 的工作环境

的网页。像电影中的帧一样,Flash 把动画按时间离散成帧。设计者可以在影片窗口中对图片进行编辑处理,形成单独的帧图,然后再把单独的帧图合成为动画。Flash 的工作界面如图 4–27 所示。

在学习使用 Flash 制作动画之前，需要先了解下面的基本知识和概念。

一、Flash 的工具箱

Flash 提供了强大的绘图功能，这是 Flash 制作中最基础也是最常用的功能。Flash 的绘图功能主要借助工具箱中的工具来完成。Flash 工具箱如图 4–28 所示,下面，我们就来了解工具箱中工具的功能和作用。

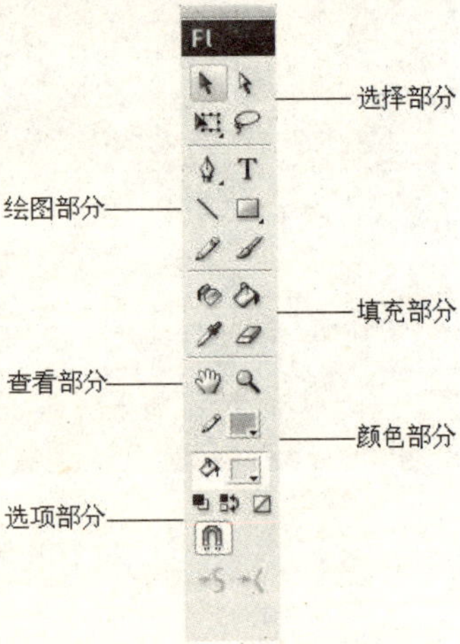

图 4–28　Flash CS3 的工具箱

1. 选择部分

选择工具:用来选取文字或图像。

部分选取工具：通过选取图形的节点和路径来改变图像的形状。

任意变形工具：对图像进行旋转、缩放、扭曲、封套等变形操作。

渐变变形工具:对渐变颜色进行变形操作。该工具和任意变形工具在同一位置,通过点按图标右下的三角箭头进行切换。

套索工具:用魔术棒或者多边形来选取文字或图像。

2. 绘图部分

钢笔工具:用节点和路径来绘制直线或曲线。通过点按钢笔工具右下的三角箭头可以选择同系列工具,包括添加锚点工具、删除锚点工具和转换锚点工具。

文本工具:用来输入文字。

线条工具:用来绘制直线。

矩形工具:用来绘制矩形(包括正方形)、椭圆(包括圆形)、多边形等图案。通过点按矩形工具右下的三角箭头可以选择同系列工具。

铅笔工具:用来自由绘制线条。

刷子工具：用来自由绘制刷子效果的线条或者填充所选对象内部的颜色。

3. 填充部分

墨水瓶工具:要来描绘所选对象的边缘轮廓。

颜料桶工具:用来对封闭区域填充颜色。

滴管工具:用来吸取文字或者图像的颜色。

橡皮擦工具:用来擦除文字或者图像。

4. 查看部分

手形工具:当图像的显示比例较大时,拖动画面以查看图像的不同部分。

缩放工具:用来放大或者缩小图像。

5. 颜色部分

笔触颜色:对绘图部分设置笔触的颜色。

填充颜色:对填充部分设置填充的颜色

6. 选项部分

选项部分根据选择工具的不同而出现设置这个工具的选项，在此不再逐一说明。

二、元件

在 Flash 中,元件是一种可重复使用的,保存在元件库中的对象。你可以将舞台上选择的对象创建为元件,也可以先创建一个空元件,然后在元件编辑模式下制作或者导入对象。Flash 的元件包括图形元件、按钮元件和影片剪辑元件,而且每个元件都有一个时间轴、舞台和图层。

● 影片剪辑元件:影片剪辑是构成 Flash 复杂动画必不可少的元件,它拥有自已的时间轴、图层以及其他图形元件。实际上,一个影片剪辑元件就是一个小 Flash。

● 按钮元件:按钮元件是具备鼠标响应效果的一种特殊元件,它有三种状态,,一种是正常状态,一种是鼠标滑过时的状态,一种是鼠标单击时的状态。

● 图形元件图形元件主要是用于静止的图形,它是一种最基本的元件类型。

下面的实例将创建一个按钮元件，你可以按以下步骤操作：

● 启动 Flash CS3，选择【文件】→【新建】命令，建立一个新的 Flash 影片文档。

● 选择选择【插入】→【新建元件】命令，打开“创建新元件”对话框，新建一个名为“细胞结构”的按钮元件，如图 4–29 所示。

图 4–29 创建“细胞结构”按钮元件

● 单击“确定”按钮，进入元件编辑模式。此时 Flash 自动创建一个 4 帧的时间轴，“弹起”表示按钮的正常状态，“指针经过”表示但鼠标指针位于该按钮上时按钮的状态，“按下”表示鼠标单击时的状态，“点击”用于定义响应鼠标单击的区域，该区域在影片中是不可见的。

● 在“弹起”帧中使用工具箱中的文本工具输入“细胞结构”，并在属性面板中设置其颜色为黑色，字体大小为 30。

● 在时间轴中的第 2 帧“指针经过”区域上右击鼠标，在弹出的菜单中选择【插入关键帧】命令，插入一个关键帧。使用工具箱中的选择工具选中文字，并在属性面板中修改其颜色为红色，字体大小 32。

● 在时间轴中的第 3 帧“按下”区域上右击鼠标，在弹出的菜单中选择【插入关键帧】命令，插入一个关键帧。使用工具箱中的选择工具选中文字，并在属性面板中修改其颜色为蓝色。

● 回到场景 1 中，将库中的“细胞结构”按钮元件拖动到舞台中。

● 选择【控制】→【测试影片】命令，弹出测试窗口，观察按钮效果。

三、实例

在上例中，我们再创建了一个按钮元件后，又将按钮元件从“库”中拖动到了舞台中，为什么要这样做呢？

在 Flash 中创建了一个元件后，该元件并不能直接应用到场景中。

如果需要将元件应用于舞台，就需要创建元件的实例。创建实例就是将元件从“库”面板拖动到舞台中。因此，实例是元件在舞台中的具体体现。

元件只有一个，但通过该元件却可以创建无数个实例。使用实例不会明显增加文件的大小，但却可以有效减少影片的创作时间，方便影片的编辑修改。你可以根据需要，对创建的实例进行修改，以得到元件的更多效果。

四、库

在 Flash 中，“库”面板是存储了在 Flash 文档中创建的元件以及导入的文件，如视频剪辑、声音剪辑、位图和导入的矢量图形等内容。可以通过共享库资源，可以方便地在多个 Flash 影片中使用一个库中的资源，提高动画制作的效率。

选择【窗口】→【库】命令，可以打开“库”面板，如图 4–30 所示。

“库”面板中的列表主要用于显示库中所有项目的名称，项目名称旁边的图标表示该项目的文件类型。但选择“库”面板中的项目时，在“库”面板上部会显示该项目的预览缩略图。如果选择的项目是动画或声音文件，可以使用“库”面板中的“播放”按钮预览该项目。

在当前影片文档中使用库中的项目时，可以将项目从“库”面板拖入舞台中，此时该项目就会添加到当前图层中。

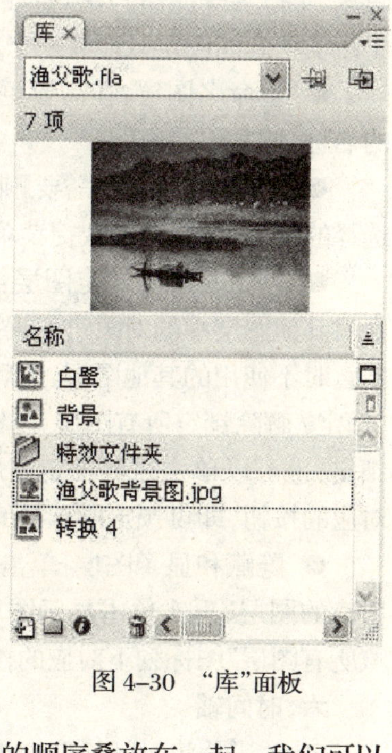

图 4–30 “库”面板

五、图层

图层的概念类似于一叠含有不同图形图像的透明胶片，这些透明胶片按照一定的顺序叠放在一起。我们可以在不同的图层中分别处理和绘制图形图像，而不会在处理当前图层时，影响其他图层。默认情况下，“图层”面板位于舞台的左上角，如图 4–31 所示。

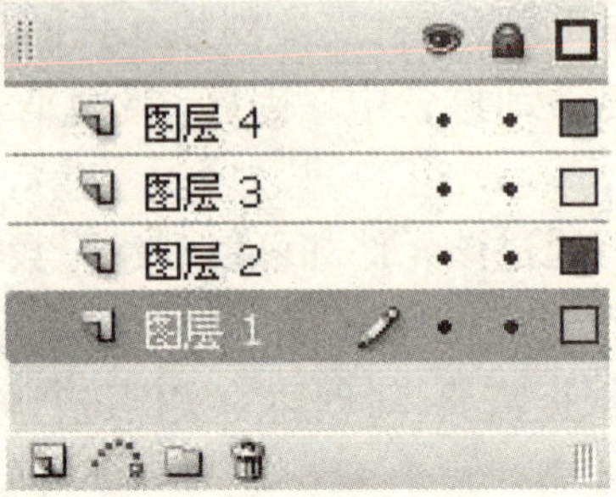

图 4–31 “图层”面板

当想修改和编辑图层时，需要首先选择图层。图层名称旁的铅笔图标，表示该图层处于活动状态，即为当前的操作图层。在选择了图层之后，就可以对该图层中所有对象进行操作，也可以对该图层进行删除、复制、隐藏、重命名等操作。在 Flash 中，虽然我们可以同时选择多个图层，但处于活动状态的图层只能有一个。

● 重命名图层：在需要更改名称的图层的名称上双击，然后输入新的名称，按 Enter 键确认。

● 删除图层：选择需要删除的图层，单击“删除图层”按钮。或者右击选择的图层，从弹出的快捷菜单中选择【删除图层】命令。

● 锁定与解除锁定图层：当我们在编辑当前图层中的对象时，有时会对其他图层中的对象进行误操作，为避免这样情况的发生，我们可以锁定暂时不使用的其他图层，然后再对所需的图层中的对象进行操作。单击“锁定 / 解除锁定所有图层”图标 ，可以锁定所有的图层，再次单击解除锁定；也可以单击需要锁定图层中“锁定 / 解除锁定所有图层”图标列下对应的按钮，即可锁定所选择的图层。

● 隐藏和显示图层：单击“显示 / 隐藏所有图层”图标 ，可以隐藏所有的图层，再次单击显示图层；也可以单击需要隐藏图层中“显示 / 隐藏所有图层”图标列下对应的按钮，即可隐藏所选择的图层。

六、时间轴

Flash 影片将时间长度分为帧，时间轴用于组织和控制影片内容在一定时间内播放的层数和帧数。“时间轴”面板的主要组件是图层、帧和播放头，如图 4–32 所示。

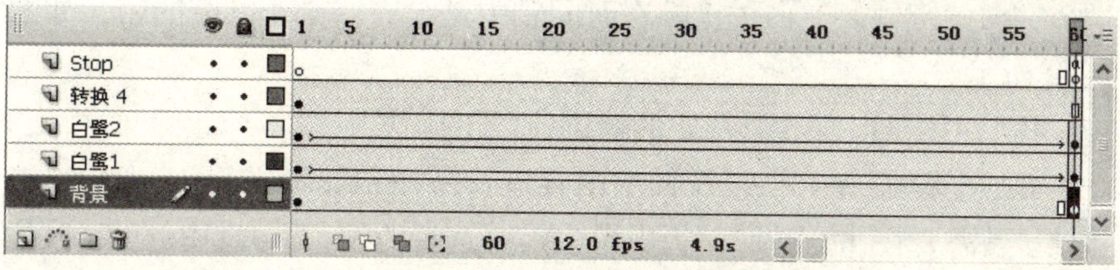

图 4–32　“时间轴”面板

Flash 影片中的图层显示在时间轴左侧的区域中，每个图层中包含的帧显示在该图层名称右侧的区域中。时间轴顶部的时间轴标题显示帧编号，播放头指示舞台中当前显示的帧。时间轴状态显示在时间轴的底部，它指示所选的帧的编号、当前的帧频以及到当前帧为止的运行时间。

默认情况下，帧是以标准方式显示的，单击“时间轴”面板右上角的按钮，将打开帧视图菜单，可在此修改时间轴中帧的显示方式。

七、帧

帧在时间轴上的排列顺序决定了一个动画的播放顺序，至于每一帧中有什么具体内容，则需要在相应帧的工作区域进行制作。帧的播放顺序，不一定会严格按照时间轴的横轴方向进行播放，比如自动播放到某一帧就停止下来接受用户的输入或回到起点重新播放等。

在 Flash 中，用来控制动画播放的帧有不同的类型，选择【插入】→【时间轴】命令，可以看到帧的三种基本类型：普通帧、关键帧和空白关键帧。

● 普通帧：在 Flash 中连续的普通帧在时间轴上用灰色显示，并且在连续普通帧的最后一帧中有一个空心矩形块，如图 4–32 所示。连续普通帧的内容都相同，在修改其中的某一帧时其他帧的内容也同时被更新。

因此，通常用来放置动画中静止不变的对象，如背景图和静态文字。

● 关键帧：关键帧是时间轴中含有黑色实心圆点的帧，如图 4–32 所示。关键帧是用来定义动画变化的帧，是动画制作过程中最重要的帧类型。补间动画的制作就是通过关键帧内插的方法实现的。

● 空白关键帧：在时间轴中插入关键帧后，左侧相邻帧的内容就会自动复制到该关键帧中，如果不想让新关键帧继承相邻左侧帧的内容，可以采用插入空白关键帧的方法。在每一个新建的 Flash 影片文档中都有一个空白关键帧。空白关键帧在时间轴中是含有空心小圆圈的帧，如图4–32所示。

我们可以对Flash影片中的帧进行以下操作：

● 选择帧：在对帧以及帧中内容进行操作和编辑之前，首先必须选择帧。只需要在"时间轴"面板中单击需要选择的帧，即可选中该帧。按住Ctrl键的同时，单击"时间轴"面板中需要选择的帧，可以选择多个不连续的帧。如要选择多个连续的帧，可按住Shift键，单击需要选择的帧的范围的开始帧和结束帧即可。

● 创建帧：右击时间轴上需要创建帧的位置，在弹出的快捷菜单中选择【插入关键帧】命令，或者按F6键即可创建一个关键帧；选择【插入空白关键帧】命令，创建一个空白关键帧。

● 删除和清除帧：删除帧操作不仅可把帧中的内容清除，还可以吧被选中的帧进行删除，还原为初始状态；清除帧操作仅把被选中的帧中的内容清除，并把这些帧自动转换为空白关键帧状态。可以选择【编辑】→【时间轴】→【清除帧】和【编辑】→【时间轴】→【删除帧】命令，执行该操作，也可在需要清除或删除的帧上右键单击，选择快捷菜单中的【清除帧】或【删除帧】命令。

● 复制帧和移动帧：要进行移动帧的操作，只需在选中需要移动的帧后，将其拖动到目标位置后释放鼠标即可。复制帧操作可以将选中的帧复制到文档的其他位置，可以选择【编辑】→【时间轴】→【复制帧】，或者在需要复制的帧上右键单击，选择快捷菜单中的【复制帧】命令，执行复制操作。

通过以上学习，同学们对Flash的工作环境和工具箱有了初步的印象，对Flash中的基本概念，如元件、实例、库、时间轴、图层、帧也有了一定了解，接下来我们通过两个动画实例的制作来帮助大家进一步熟悉使用Flash制作动画的技能。

活动二　制作酒精灯火焰动画（100分钟）

酒精灯是中学实验常用的实验器材，被广泛地运用在理、化、生各科需要加热的实验中。特别是在制作理、化、生各科教学课件时，凡是涉及到加热的实验，为了使酒精灯加热过程栩栩如生，都缺少不了酒精灯火焰动画。请按照如下步骤操作来制作一个酒精灯火焰动画：

一、绘制“酒精灯”图形元件

● 双击安装好的 Flash 运行图标，启动 Flash 程序。

● 打开的程序界面是“开始页”，在其中选择“新建”下的“Flash 文件”，启动 Flash 的工作窗口并新建了一个影片文档。

● 选择【修改】→【文档】命令，或者按快捷键 Ctrl+J，打开“文档属性”对话框，设置舞台尺寸为 300×300 像素，背景选择 #FFCCFF，如图 4–33 所示。

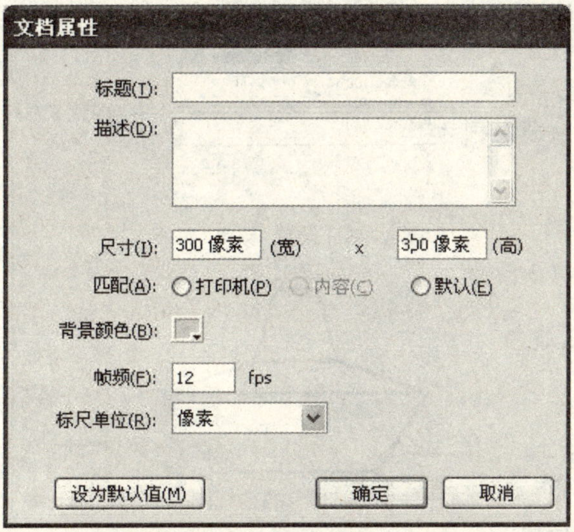

图 4–33 设置“文档属性”对话框

● 选择【插入】→【新建元件】命令，打开“创建新元件”对话框，新建一个名为“酒精灯”的图形元件，如图 4–34 所示。

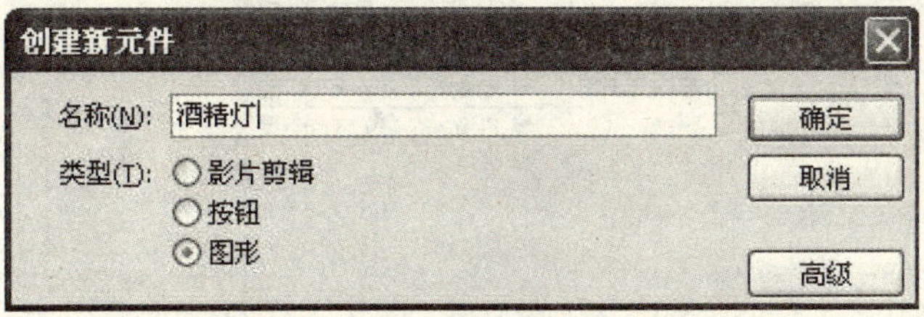

图 4–34 创建“酒精灯”图形元件

● 选择工具面板中的线条工具绘制酒精灯的轮廓。

● 选择【窗口】→【颜色】命令，打开“颜色”面板，设置填充“类型”为线性和渐变色为从白色到淡蓝色，，如图 4–35 所示。

● 选择工具面板中的颜料桶工具，对酒精灯进行线性渐变填充，最终效果如图 4–36 所示。

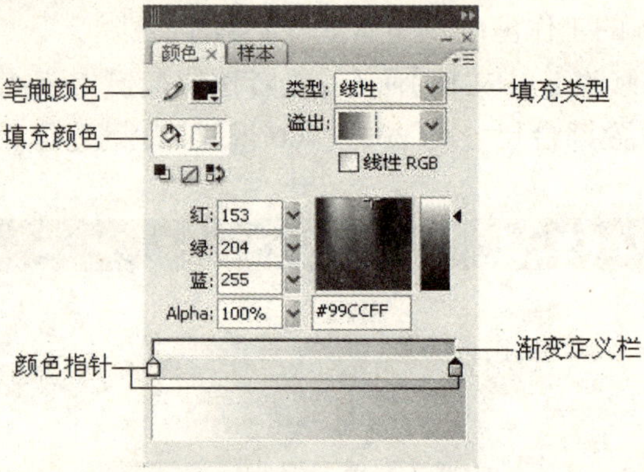

图 4–35　设置“颜色“面板

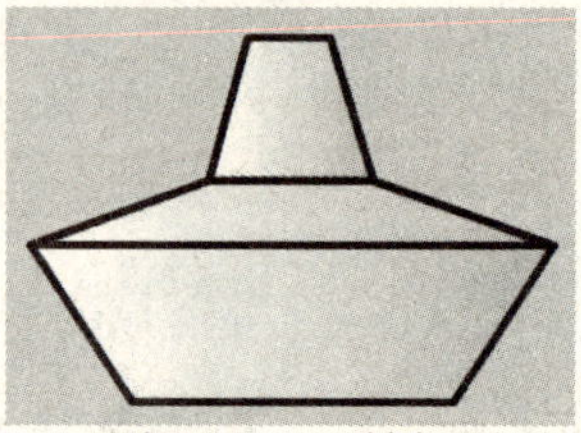

图 4–36　酒精灯图

二、布局场景

● 在“场景 1”中插入 4 个图层，并重新命名（方法是在图层名称上双击，即可重新给图层命名），如图 4–37 所示。

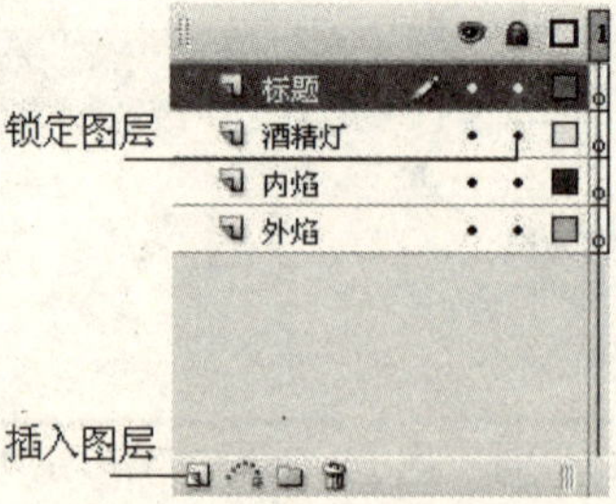

图 4–37　图层结构

● 选择【窗口】→【库】命令，或者使用快捷键 Ctrl+L，打开库。把"酒精灯"图形元件从库中拖放到相应的"酒精灯"图层中，调整好位置与大小后，单击锁定图层按钮，来锁定这个图层。

三、创建逐帧动画效果

● 在"外焰"图层上，用钢笔工具勾出火焰的轮廓，用淡黄到深黄的线性渐变填充。使用工具箱中的选择工具，选中轮廓线，按 Delete 删除。右击外焰图形，在弹出的快捷菜单中选择【封套】命令，仔细的调整外焰形状。

● 选择【修改】→【形状】→【柔化填充边缘】命令，在弹出的"柔滑填充边缘"对话框中，设置参数，对火焰进行柔化处理，完成效果如图 4–38 所示。

图 4–38　外焰

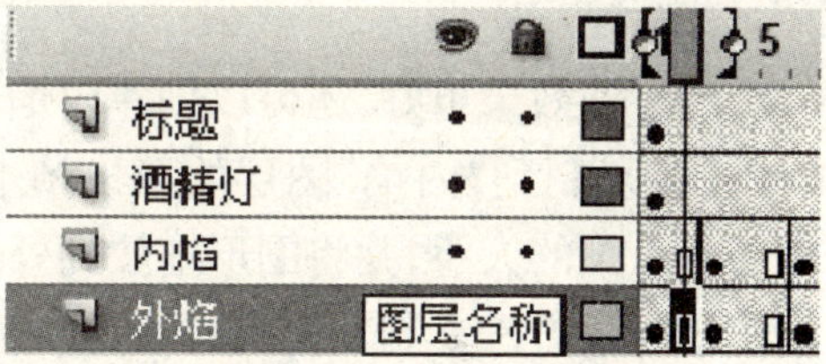

图 4–39　绘图纸外观

● 单击外焰图层的第 2 帧，第 2 帧显示为蓝色背景，表示此帧被选中，那么下面的操作就是针对第 2 帧了。

● 在第 2 帧选中的状态下，选择【插入】→【时间轴】→【关键帧】命令，在第 2 帧插入关键帧，可以看到第 2 帧变成关键帧。

● 按照上面的方法为"外焰"图层的第 3 ~ 8 帧插入"关键帧"。

四、运用"绘图纸"修改各关键帧上的形状

● 选中"外焰"图层的第 2 帧，单击时间轴下方的"绘图纸外观"按钮，打开"绘图纸外观"，此时帧和场景区域都发生了变化，如图 4–39 所示。

说明：在通常情况下，Flash 在舞台上一次显示动画中一个帧，为了方便定位和编辑逐帧动画，可以使用"绘图纸"功能在舞台中一次查看两个或多个帧。打开"绘图纸外观"后，可以看到播放头下面的帧用全彩色显示，但是其余的帧是暗淡的，看起来好像每个帧是画在一张半透明的绘图纸上，而且这些绘图纸相互层叠在一起，那些暗淡的帧是无法编辑的。选择“绘图纸外观”功能后，时间轴标题中出现了一对带有圆形的大括号，那是开始和结束的标志，拖动它可以改变范围。

● 选择第 2 帧，拖动“起始绘图纸外观”和“结束绘图纸外观”标记的指针至第 1～2 帧间，显示出重叠的两帧形状，其中第 2 帧显示在前，第 1 帧以暗色调显示在后。

● 在工具箱中选择任意变形工具，单击“封套”按钮，调节节点修改火焰的形状，然后用“渐变变形工具”修改填充色的中心和大小。

● 按同样的方法，编辑第 3 到 8 帧上的形状，根据经验修改火焰的变化。

● 选中“外焰”图层的第 1 帧右击，在弹出的快捷菜单中选择“插入帧”命令，重复同样操作，在其他关键帧的后面添加帧，用来模拟变化的更加真实情况。

● 为了使效果更好，还可以创建内焰逐帧动画。选中“外焰”图层的第 1 帧内容复制到“内焰”图层的第 1 帧上，用“任意变形工具”调整“内焰”图层上火焰的大小，并将图形拖放到外焰中间。

● 用同样方法复制其他相应帧的内容，调整“内焰”图层上图形的大小和位置，酒精灯制作完成。效果图如图 4–40 所示。

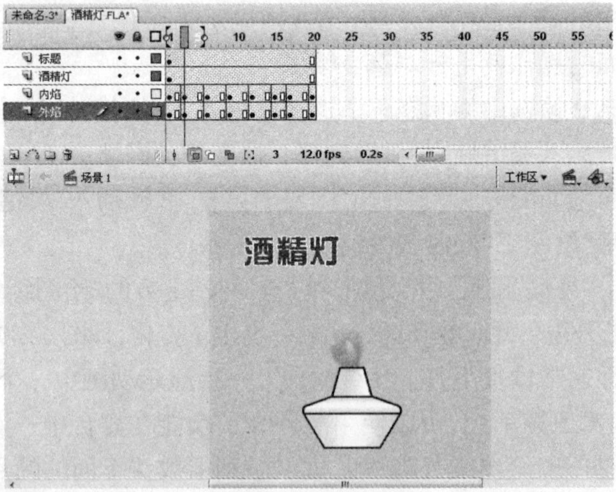

图 4–40 效果图

五、保存和测试影片

● 选择【文件】→【保存】命令，弹出“另存为”对话框，选择保存位置，输入文件名“酒精灯”，保存即可，文件的扩展名是 fla。

● 选择【控制】→【测试影片】命令，弹出测试窗口，可以观察到影片的效果，并且还可以对影片进行调试。

● 选择【文件】→【导出】→【导出影片】命令，弹出“导出影片”对话框，指定导出影片的文件夹，输入导出影片的文件名“酒精灯”，单击“保存”按钮，即可输出影片，扩展名是 swf。

活动二 制作唐诗《渔父歌》(80 分钟)

唐诗《渔父歌》描述了一幅美丽的中国山水画：青山绿水、桃花缤纷，一行白鹭自由飞翔，渔翁唱着渔歌，悠闲的驾船徜徉。本实例利用 Flash 的时间轴动画来模拟这首古诗的情景。

一、创建所需的元件

● 选择【文件】→【新建】命令或者按 Ctrl+N 键，新建一个影片文档。

● 选择【插入】→【新建元件】命令，打开“创建新元件”对话框，新建一个名为“背景”的图形元件。

● 选择【文件】→【导入】→【导入到舞台】命令，将背景图片导入到文档中。

● 选择【插入】→【新建元件】命令，打开“创建新元件”对话框，新建一个名为“白鹭”的影片剪辑元件。

● 在元件编辑模式下，用钢笔工具绘制一个白鹭。依次在第 2 帧、第 3 帧和第 4 帧中插入一个关键帧。选择“任意变形工具”里的“封套”按钮，修改每帧上的白鹭的翅膀，使白鹭有种正在展翅飞翔的动作。如图 4-41 所示。

图 4-41 白鹭效果图

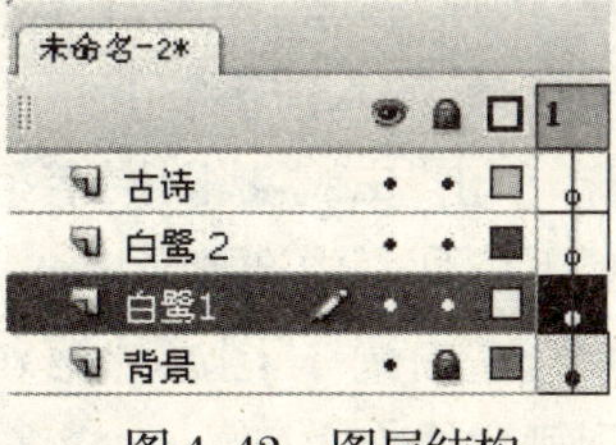

图 4-42 图层结构

二、布局场景

● 在场景 1 中新建 4 个图层，把所有图层分别命名为“背景”，“白鹭 1”、“白鹭 2”和“古诗”，图层结构如图 4–42 所示。

● 选择“背景”层，把库中创建好的“背景”元件拖放到相应的图层中。

● 分别在“白鹭 1” 和“白鹭 2” 图层中，拖放一个“白鹭”影片剪辑元件到舞台的左中偏上的位置，并在属性面板中设置宽度为 25，高度为 15。

● 在“古诗”图层中输入古诗“渔父歌”的全部内容，并设置文字的颜色。此时，舞台布局效果如图 4–43 所示。

图 4–43 布局效果

三、创建时间轴特效动画

● 选择“背景”图层，在该图层的第 60 帧上右键单击，在出现的快捷菜单中选择【插入关键帧】命令。

● 单击“白鹭 1”图层上第 1 帧中舞台上的实例，在属性面板中，在“颜色”下拉列表中选择 Alpha，将实例的 alpha 通道值修改为 50%。

● 在“白鹭 1”图层的第 60 帧插入关键帧，将该帧上的“白鹭”实例拖放到舞台的右上部。

● 创建“白鹭 1”图层的第 1 帧到第 60 帧的补间动画。在“白鹭 1”图层中第 1~60 帧的任意一帧上右键单击，在出现的快捷菜单中选择【创建补间动画】命令，此时就做好了白鹭从左上角到中上部的飞翔效果，按回车键，可以预览效果。

● 按照同样的方法，制作“白鹭 2”图层上的补间动画。

● 选择“古诗”图层，右击其中的文字对象，在弹出的快捷菜单中选择【时间轴特效】→【变形 / 转换】→【转换】命令，弹出“转换”对话框，如图 4–44 所示。在“转换”对话框中，设置“效果持续时间”为 60 帧，其他可自己定义。单击“更新预览”按钮，可以看到效果，单击“确定”完成。在创建完成后，“古诗”图层名被修改为“转换 1”，在库面板中也相应的出现一个“转换 1”图形元件，同时添加了一个具有该特效名称的文件夹。另外，修改效果持续时间为 60 帧是为了让特效时间和主动画时间一致。

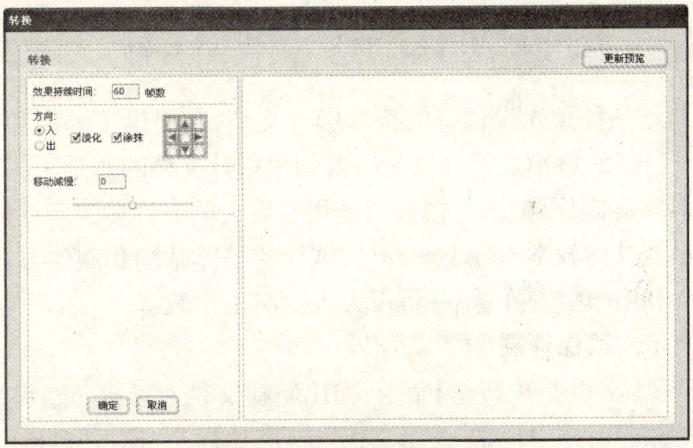

图 4–44　“转换”对话框

● 整个课件的动画制作完毕，新插入一个图层并命名为 Stop。在最后一帧，即第 60 帧上插入空白关键帧。在第 60 帧上右键单击，在快捷菜单中选择【动作】命令，打开“动作 – 帧”对话框，找到“全局函数” →“时间轴函数” →“stop”，双击即可定义一个 stop( )，如图 4–45 所示。该步骤目的是为了避免课件的重复播放。

● 制作完成后，选择【控制】→【测试影片】命令，可以测试效果。

● 选择【文件】→【导出】→【导出影片】命令，输出并保存影片。

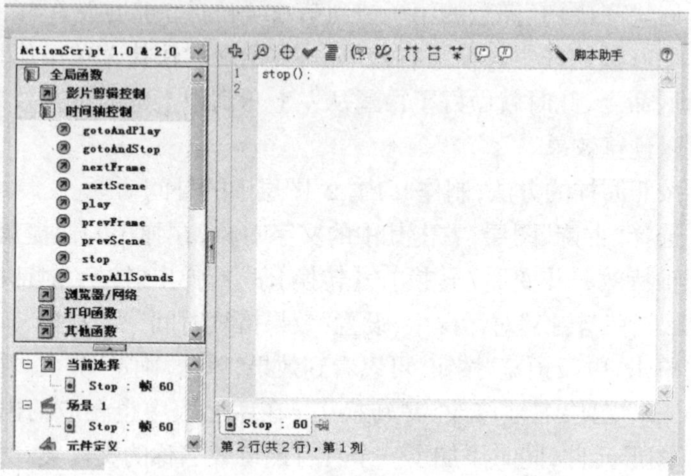

图 4–45 定义 stop()

活动三 利用模板制作 Flash 课件(20 分钟)

模板,是一种预先设置好的特殊影片文档,它提供了外观和框架,当调用一个模板后,该模板就会成为所要创建影片文档的基础。

在用 Flash 制作课件时,模板的作用是巨大的。许多演示性教学内容的课件,除了具体教学内容不一样外,课件的整体结构和制作方式是相同的。因此,利用模板制作课件,可以大大提高工作效率。

一、演示文稿课件制作

● 选择【文件】→【新建】命令,弹出新建文档对话框,选择“模板”选项卡,在“类别”窗格中单击“演示文稿”选项,这样从“模板”窗格中可看到“演示文稿”模板的 4 种样式,在“预览”窗口中可以预览到 4 种样式的效果。如图 4–46 所示。

● 选择一种演示文稿样式,单击“创建”,便完成了用模板创建的过程。创建好的影片文档如图 4–47 所示。

● 可以根据提示,在幻灯片内容图层上添加相应的关键帧,并将关键帧上的内容改成自己的内容,就成了自己的演示文稿。

● 可以将自己的标题内容放到徽标层上, 就可以创建课件的首页。同样,其它画面也可以修改,这样就完成了一个基于模板的演示文稿。

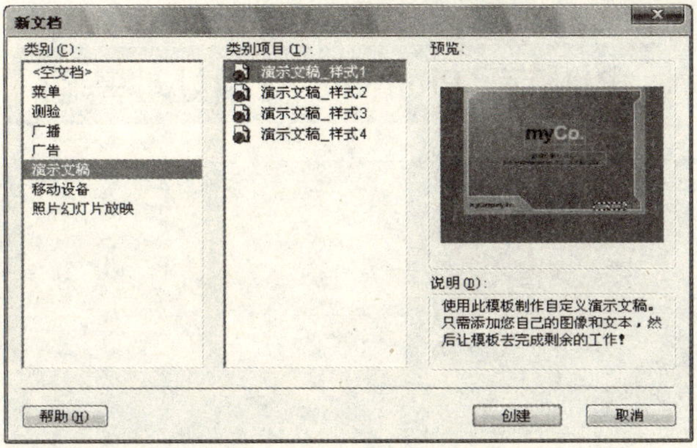

图 4-46　模板对话框

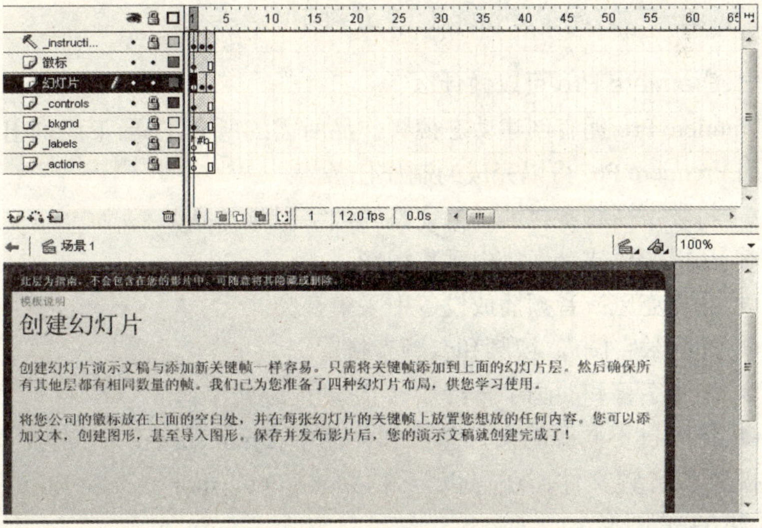

图 4-47　创建好的影片文档

二、照片幻灯片放映模板课件制作

● 选择【文件】→【新建】命令，弹出新建文档对话框，选择“模板”选项卡，在“类别”窗格中单击“照片幻灯片放映”选项，单击创建即可。

● 准备放映的图片，图片的格式和尺寸必须合适才能使用照片幻灯片模板，一般情况下，需要将图片处理成 jpg 格式，每个图片的尺寸大小都为 640×480 像素。并且在保持图片文件时以编号顺序命名，其他的按照说明操作即可。

第四节 Premiere视频处理基础

时间:4学时	
学习目标: 结合视频制作案例与个人的动手实践,制作自己的一个视频作品。	
学习活动: □ 认识Premiere □ 创建自己的第一份视频作品	**学习作品:** □ 视频作品

活动一 认识Premiere(25分钟)

一、Premiere Pro可以做什么

Premiere Pro拥有创建动态视频作品所需的所有工具,下面列出了一些使用Premiere Pro可以完成的制作任务。

- 将数字视频素材编辑为完整的数字视频作品。
- 从摄像机或录像机中采集视频。
- 从麦克风或音频播放设备中采集音频。
- 加载数字图像、视频和音频素材库。
- 创建字幕和动画字幕特效,如滚动或旋转字幕。
- 将来自不同源的文件整合到作品中,Premiere Pro不仅可以导入数字视频和音频文件,还可以导入Adobe Photoshop、Adobe Illustrator、JPEG和TIFF图形。
- 创建特效,如扭曲、模糊或挤压。
- 创建标志或图形在屏幕上飞行或弹跳的运动特效。
- 创建透明效果。
- 编辑声音。使用Premiere Pro可以剪切与组装音频素材,并创建复杂的音频效果,如交叉淡化与抖动。
- 创建切换效果。使用Premiere Pro可以创建从一个场景向另一个场景淡入淡出的简单效果,以及大量复杂的切换效果,如滚动和窗帘擦除。
- 以多种数字格式输出文件。Premiere Pro可以输出QuickTime、

Windows Media、Video for Windows、MPEG 和 Flash 视频文件。

● 将文件输出到录像带和 DVD 中。

二、Premiere Pro 如何工作

非线性编辑程序，如 Premiere Pro 完全改变了传统的线性视频编辑过程。当我们使用 Premiere 时，所有的作品元素都数字化到磁盘中。Premiere Pro 的 Project(项目)面板中的图标代表了作品中的各个元素，无论它是一段视频素材、声音素材还是一幅静帧图像。

Premiere Pro 面板中代表最终作品的图标称为时间线(Timeline)。时间线的焦点是视频和音频轨道，它们是横过屏幕从左延伸到右的平行条。当需要使用视频素材、音频素材或静帧图像时，只需要在项目面板中选中它并拖动到时间线中的一个轨道上即可。你可以依次将作品中的项目放置或拖动到不同的轨道上。在工作时，可以通过单击时间线的期望部分访问自己作品的一部分，也可以单击或拖动一段素材的起始或末尾以缩短或延长其持续时间。

要调整编辑内容，你可以在 Premiere Pro 的 Source Monitor(素材源监视器)和 Program Monitor(节目监视器)中逐帧查看和编辑素材。也可以在素材源监视器面板中设置出点和入点，以指定素材开始播放和停止播放的位置。工作时，可以很容易地预览编辑、特效和切换效果。

完成所有的编辑后，可以将文件导出到录像带，或者以某种格式创建一份新的数字文件。

活动二 创建自己的第一份视频作品(175 分钟)

接下来我们将逐步了解创建一份视频短片的整个过程。通过学习，你可以学习如何在时间线上放置素材、在素材源监视器中编辑素材、应用切换效果以及淡化视频和音频。在此项目中，我们将要创建的简短视频序列命名为 Escape。

一、建立一个 Premiere Pro 项目

Premiere Pro 数字视频作品在此称为一个项目，其原因是因为使用 Premiere Pro 不仅能创建作品，还可以管理作品资源，以及创建和存储字幕、切换效果和特效。因此，我们为之工作的文件不仅仅是一份作品，事实

上是一个项目。

在 Premiere Pro 中创建一份数字视频作品的第一步是新建一个项目,请按照如下步骤操作:

1. 启动 Premiere Pro。双击 Adobe Premiere Pro 图标（也可以通过 Windows“开始”菜单单击来打开)。当启动 Premiere Pro 时,程序自动假设用户想要创建一个新项目或者打开一个以前创建的项目。

2. 要创建一个新项目,请单击 New Project(新建项目)图标。如果 Premiere Pro 已经打开,那么可以通过选择【File】(文件)→【New】(新建)→【Project】(项目)来创建一个新项目。

(1)指定项目设置。在开始导入文件进行编辑之前,必须为项目指定视频和音频设置。无论何时创建新项目,都将显示如图 4–48 所示的 New Project(新建项目)对话框。使用此对话框可以快速选择预定的视频和音频设置。最重要的项目设置决定了项目的帧速率(帧 / 秒)和画幅大小(查看区域),以及如何压缩数字视频。

按照如下步骤为项目指定设置:

● 选择 DV–PAL Standard 48 KHZ 预置。单击此预置后,将显示此项目的设置信息。

● 选择用于存储文件的位置。如要改变默认文件位置，请单击 Browse(浏览)并使用鼠标导航到想存储项目的文件夹。

● 在 Name(名称)区域输入一个名称,如 Escape。

● 要打开新项目,请单击 OK(确定)按钮。

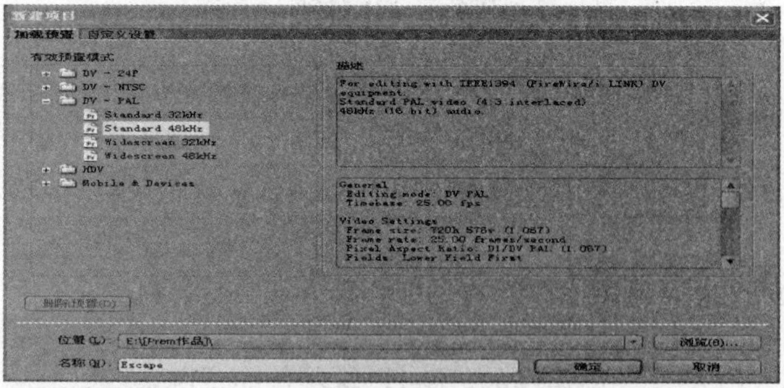

图 4–48 使用 Premiere Pro CS3“新建项目”对话框选择项目设置

(2)设置工作区。在开始编辑之前,可能需要设置工作区,以便查看编辑时所使用的最重要的 Premiere Pro 面板。通过选择一个编辑工作区可以轻松完成工作区的设置：选择【Window】(窗口)→【Workspace】(工作区)→【Editing】(编辑),打开 Project(项目)、Source Monitor(素材源监视器)、Program Monitor(节目监视器)和 Timeline(时间线)面板,以及 Info(信息)和 History(历史)面板。本案例中,将使用项目面板作为源影片的主界面,在时间线和素材源监视器面板中编辑素材,在节目监视器中查看已编辑项目。

(3)导入作品元素。在 Premiere Pro 项目中可以放置并编辑视频、音频和静帧图像。所有的媒体影片,或称为素材,必须先保存在磁盘上。表 4-3 中列出了可以导入 Premiere Pro 的主要文件格式。

在打开 Premiere Pro 面板之后,就可以直接导入各种图形和声音,以组成自己的数字视频作品。所有导入的分类都出现在项目面板的列表中。一个图标代表一个分类,在图标旁边,Premiere Pro 显示此分类是一段视频素材、音频素材,还是一幅图像。

在将文件导入 Premiere Pro 中时,可以选择导入一个文件、多个文件(单击文件时按住 Ctrl 键)或整个文件夹。如果需要,甚至可以使用【File】(文件)→【Import】(导入)→【Project】(项目)命令将一个项目导入到另一个项目。

表 4-3　Premiere Pro 中支持的文件

媒体	文件格式
视频	Video for Windows（AVI Type 2）;MPEG-1、MPEG-2 和 Windows Media（WMV、WMA） QuickTime(MOV)(需安装苹果公司的 QuickTime);
音频	AIFF、WAV、AVI、MOV 和 MP3
静帧图像和序列	TIFF、JPEG、BMP、PNG、EPS、GIF、Filmstrip、Illustrator 和 Photoshop

按照下面的步骤加载项目所需的作品元素。

- 选择【File】(文件)→【Import】(导入)
- 载入如下文件：Video-1.mov、Video-2.mov、Video-3.mov、Sound – The Great Escape.wav。

● 重命名每个素材。因为所导入素材的名称不能清晰地描述各自的内容，所以可以在 Project（项目）面板中对它们进行重命名。要重命名一段素材，请在项目面板中单击它并选择【Clip】（素材）→【Rename】（重命名），也可以右键单击在出现的快捷菜单中选择【Rename】（重命名）。将素材 1 命名为 Traffic，将素材 2 命名为 Airport，将素材 3 命名为 Clock。

图 4–49 显示了带有创建项目所需的所有素材的项目面板。在后面将学习如何创建 Intro 字幕。

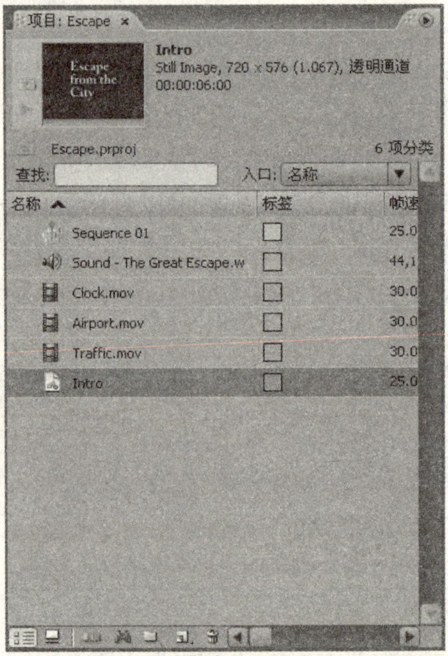

图 4–49　带有创建项目所需素材的 Project（项目）面板

该项目需要的文件如下：

● 交通车辆的视频素材（Traffic）；

● 钟表的视频素材（Clock）；

● 男人正在登上一架小型喷气式飞机的视频素材（Airport）；

● 背景音乐的声音素材（The Great Escape）。

（4）在项目面板中查看素材。在开始编排设计自己的作品之前，可能需要查看素材，或者听一听音频轨道。单击素材可以在 Project（项目）面板中看到素材的缩略图预览。此预览出现在项目面板的左上角。在缩略图预览区域的左侧会出现一个 Play(播放 / 停止开关)按钮(小三角形)。单击 Play(播放 / 停止开关)按钮可以查看视频素材的预览或者聆听音频素材。如果愿意,也可以单击并拖动缩略图预览下方的小滑块查看素材。

注意:双击 Project(项目)面板中的素材可以在 Source Monitor(素材源监视器)中打开素材。单击 Source Monitor(素材源监视器)的 Play(播放 / 停止开关)按钮也可以预览素材。

二、编排作品元素

导入所有作品元素后,需要将它们放置在时间线面板中的一个序列中,以便开始编辑项目。在此,一个序列是指作品的视频、音频、特效和切换效果等各组成部分的顺序组合。

1. 将素材放置到时间线上

要将 Project(项目)面板中的素材或图形移动到时间线上,只需要单击 Project(项目)面板中的素材,然后将它们拖动到时间线中的一个轨道上。素材或图形的持续时间由时间线中素材的长度表示。

2. 在时间线中选定素材

编辑作品时在时间线中放置素材需要花费大量的时间。Premiere Pro 的 Selection(选择工具)和 Track Select(轨道选择工具)可以帮助您按顺序编排节目素材。下面说明如何选择和移动素材。选择工具和轨道选择工具位于 Tool(工具)面板,如图 4-50 所示。

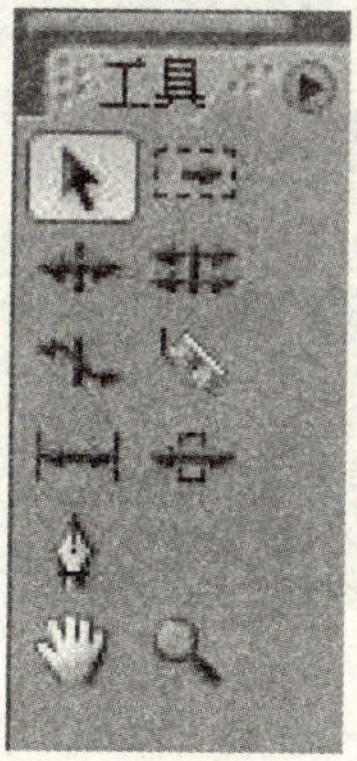

图 4-50 带有选择和轨道选择工具的工具面板

单个素材：单击 Selection（选择工具）（工具面板中的箭头图标）。然后单击时间线中素材的中间位置（要快速激活选择工具，请在键盘上按 V 键）。选中素材后，单击并将它拖动到期望位置。

整个轨道：单击素材上的 Track Select（轨道选择工具）（选择工具右方的虚线矩形图标）。轨道选择工具将从单击的点开始选定整个轨道。

图 4–51 显示了项目的时间线面板。字幕出现在 Video 2（视频 2）轨道上。本例中它放置在此是为了创建透明效果，即将字幕文本淡化到 Video 1（视频 1）轨道的背景视频中。Traffic 视频素材出现在 Video 1（视频 1）轨道上。下一素材（Airport）也是如此。本例中创建了一种叠化特效，在交通车辆上方显示钟表的旋转指针。在 Traffic 和 Airport 素材之间是一个切换效果，这是一种通过在 Video Effects（视频特效）面板中拖动到时间线中而创建的一种擦除效果。最后，随着 Airport 素材和声音素材的淡出，项目结束。

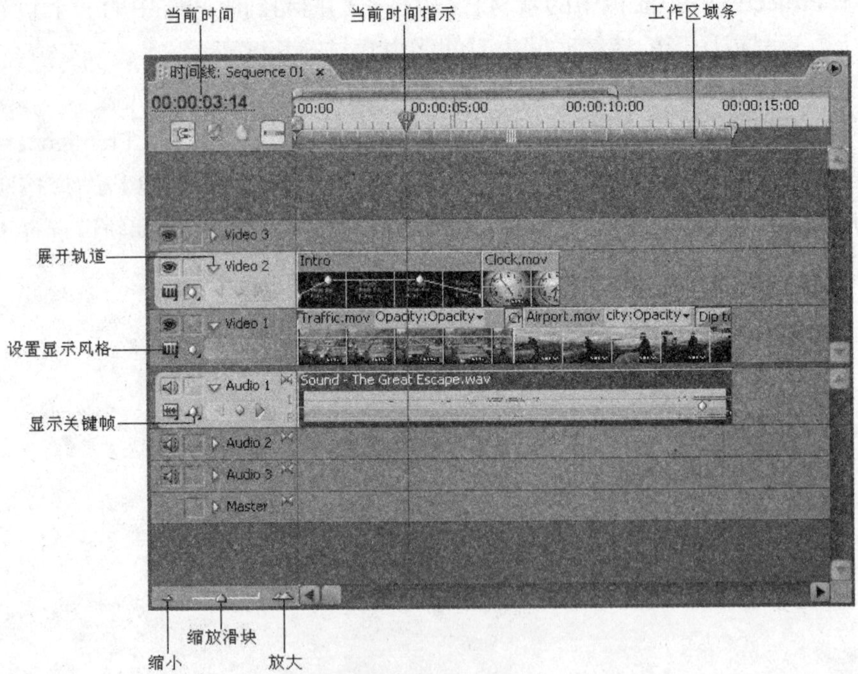

图 4–51 项目素材的 Timeline（时间线）面板

三、尝试使用 Timeline(时间线)面板

在继续学习该项目之前,先尝试改变缩放设置,单击和拖动当前时间标示点,并展开一个视频轨道。之所以这样做,目的是使同学们熟悉时间线控制,因为在本例中将会使用它们进行工作。

1. 改变缩放级别

要放大或缩小,请单击时间线左下角的 Timeline Zoom(时间线缩放)滑块。图 4-51 显示了时间线缩放滑块以及 Zoom In(放大)和 Zoom Out(缩小)按钮。单击并向左拖动(缩小)可以在时间线中显示更多影片;单击并向右拖动(放大)可以在时间线中显示更少影片。

2. 移动当前时间标示点

当前时间指示是在时间线标尺区域顶部的蓝色三角图标。如果单击并拖动当前时间指示,就可以移动红色的编辑线。此编辑线显示 Program Monitor(节目监视器)中的当前编辑位置。试着单击并拖动当前时间指示。注意,在拖动的时候,蓝色的当前时间读数会发生改变,以显示时间线中的当前位置。在图 4-51 中,编辑线位于 00:00:03:14 标记处,如果想快速跳转到时间线的某个区域,只需单击标尺区域。如果想一帧一帧地缓慢通过时间线,那么请选定时间线并按右箭头键或左箭头键。

四、展开轨道

默认情况下, 在时间线中可以看到 3 个视频轨道。如果展开一条轨道,可以在轨道中看到视频帧和视频特效。默认情况下,视频 1 和音频 1 轨道是展开的。在本例中,也使用了视频 2 轨道,现在就可以尝试通过单击视频 2 轨道左端的右指三角形来展开轨道。

1. 创建字幕

下面创建一个字幕,并把它添加到时间线中。Premiere Pro 自动在字幕中包含一个 Alpha 通道, 它允许背景视频出现在 Alpha 通道的黑色区域。下面将创建字幕并将它放置在视频 2 轨道中,这使得字幕淡入时可以显示背景视频。

请参照如下步骤创建字幕:

- 选择【File】(文件)→【New】(新建)→【Title】(字幕);
- 在 New Title(新建字幕)对话框中,将字幕命名为 Intro,单击 OK

(确定)按钮。此时将打开 Title(字幕)面板,如图 4–52 所示;

● 在 Title(字幕)面板中,单击并输入单词 Escape from the City,如图 4–52 所示。按 Enter 键回车确认;

● 使用 Title(字幕)面板中的 Selection(选择)工具(箭头图标)将字幕放置到帧中,如图 4–52 所示;

● 如果想改变文字样式,请单击 Selection(选择)工具(箭头图标)。单击 Title(字幕)面板下方的 Title Style(字幕样式)面板中的任一样式;

● 关闭 Title(字幕)面板,此时,字幕将自动添加到 Project(项目)面板中。默认情况下,Premiere Pro 将字幕设置为 5 秒钟长。

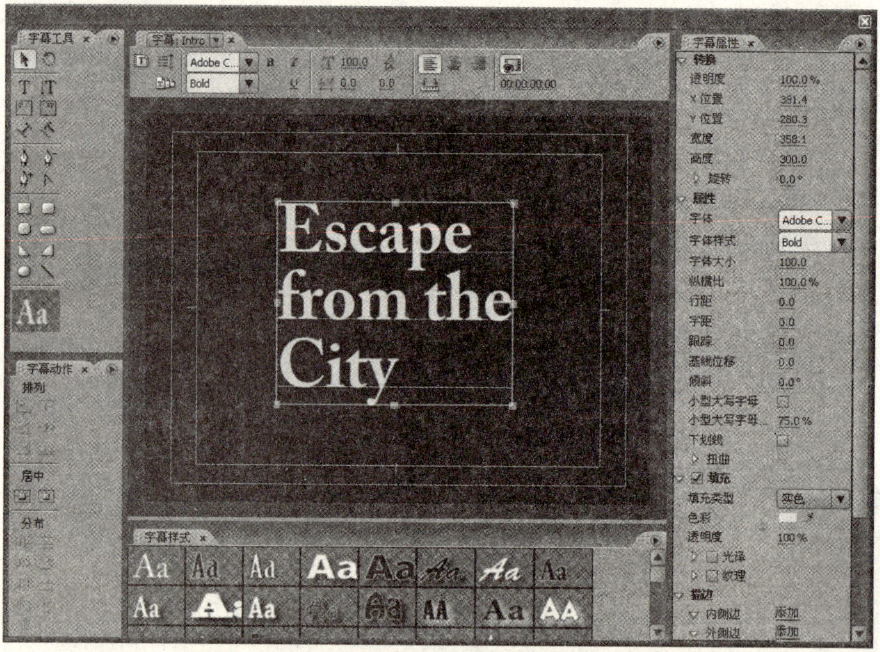

图 4–52 使用 Title(字幕)面板创建作品字幕

请参照如下步骤将字幕添加到时间线中:

● 在 Project(项目)面板中单击 Intro 字幕并将它拖动到 Video 2(视频 2)轨道中;

● 如果想在时间线中查看更多字幕细节,单击并向右拖动缩放滑块可以放大;

● 通过单击 Video 2(视频 2)轨道左端的三角可以展开视 2 轨道。这样,你就可以访问 Set Display Style(设置显示风格)下拉菜单;

● 在时间线中将影片作为单独的帧查看。在 Video 2(视频 2)轨道,单击 Set Display Style(设置显示风格)下拉菜单并选择 Show Frames(显示全部帧)。

2. 字幕淡入

现在我们可以设置字幕淡入了。在图 4–53 中,轨道中第一条斜线段代表淡入特效斜线段,指示字幕在第一秒的时间内逐渐淡入。本例中,通过使用 Effect Controls(效果控制)面板改变字幕素材的不透明度创建淡入特效。图 4–53 显示了 Effect Controls(效果控制)面板和 Opacity(不透明度)滑块。效果控制面板时间线显示处的菱形称为关键帧,当使用不透明度设置随时间改变时,Premiere Pro 将创建关键帧, 它将逐渐改变关键帧之间的不透明度。

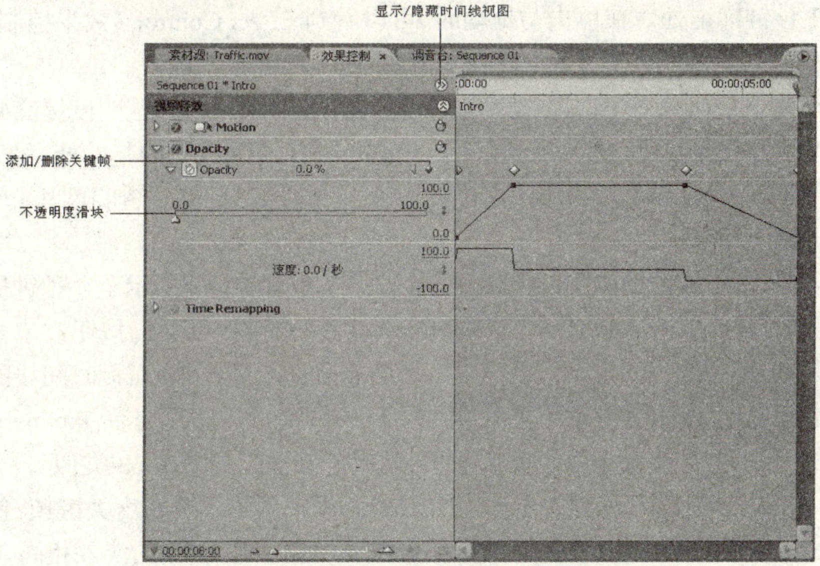

图 4–53 改变不透明度创建字幕淡入淡出效果

请参照如下步骤改变不透明度:

● 单击选中时间线中的 Intro 字幕;

● 选择【Window】(窗口)→【Effect Controls】(效果控制), 打开

Effect Controls(效果控制)面板;

- 单击 Show/Hide Timeline view(显示/隐藏时间线视图)图标,展开效果控制板,以便查看面板的时间线和缩放滑块;
- 在效果控制面板或时间线面板中,将当前时间标示点设置为 00:00:00;
- 单击单词 Opacity(不透明度)左侧的右指三角形按钮,展开 Opacity(不透明度)特效。Opacity(不透明度)控件展开,通过单击和拖动 Opacity(不透明度)滑块可以很轻松地改变不透明度;
- 如果单词 Opacity(不透明度)左侧的秒表图标没有变黑(被选中),则单击它;
- 将不透明度降低为零。要降低不透明度,请单击并向左拖动 Opacity(不透明度)滑块直到读数为 0%,如图 4–53 所示;
- 现在将 Effect Controls(效果控制)面板中的当前时间标示点拖动到 1 秒钟标记处。在单击与拖动时,可以看到 Effect Controls(效果控制)面板左下角的时间显示发生改变,并在到达 1 秒钟时停止;
- 通过单击并向右拖动 Opacity(不透明度)滑块将不透明度提高到 100%。不透明度的改变将创建两个关键帧,一个处于素材的起始处,另一个位于 1 秒钟之后。在两个关键帧之间,Premiere Pro 将不透明度从 0% 增加到 100%;
- 在 4 秒钟处位置创建淡出。单击并拖动当前时间指示至 4 秒钟标记位置,然后单击 Add/Remove Keyframe(添加/删除关键帧)按钮;
- 将当前时间指示拖动至 Effect Controls(效果控制)面板时间线的末端标记处。单击并拖动不透明度滑块至 0%。完成这些改变后,Premiere Pro 将添加另一个关键帧。完成之后,效果控制面板与图 4–53 类似。

如果想在 Effect Controls(效果控制)面板中创建不透明度关键帧,使 Traffic 素材的不透明度淡入,其操作方法与设置字幕 Intro 的淡入相同。

3. 在时间线面板中修整素材

编辑视频和音频素材有几种方式。只需要在时间线中单击并拖动素材的出点即可编辑第一个素材。在编辑素材之前,可能需要在素材源监视器面板中播放它,在项目面板中双击此素材就可以播放。当素材出现在素材源监视器面板中时，单击播放/停止开关按钮即可查看素材，如图 4–54 所示。

按照下面的步骤将第一段视频（Traffic 素材）添加到时间线中并编辑它：

● 将 Traffic 素材从 Source Monitor（素材源监视器）拖动到 Video 1（视频 1）轨道中。将素材放置在 Timeline（时间线）的起始处；

● 在 Timeline（时间线）面板中将当前时间指示器移动到 7 秒钟标记位置。将当前时间指示器的位置（编辑线）用作缩短素材的可视准线；

● 将鼠标指针置于的末端。光标变成一个括号；

● 单击并向左拖动以缩短素材。将素材制作为 7 秒钟长，以使它结束于时间线上的 7 秒钟标记处（00:00:07:00）。为了更精确，首先尝试将当前时间指示器拖动到 7 秒钟标记处，然后单击并向左拖动素材的右侧边缘调整素材，以使它吸附到编辑线上。在向左拖动时，注意节目监视器中显示的素材持续时间。

图 4–54　在素材源监视器面板中播放素材

4. 在节目监视器中预览

你在工作时，可能会注意到时间线标尺区域下方出现的红线。红色表示 Premiere Pro 还没有渲染视频。当 Premiere Pro 渲染时，它会创建并显示带有特效的预览文件。虽然通过播放可以查看许多特效，但若要确保已经渲染了所有特效，则需要按 Enter 键，或者选择【Sequence】(序列)→【Render Work Area】(渲染工作区)。当 Premiere Pro 渲染时，它还会在时间线的起始处重新启动项目并播放素材。现在按 Enter 键并观看字幕淡入的效果。在节目播放时，可以看到字幕的淡入，并且 Traffic 素材叠化到开始字幕的下方。Traffic 素材只出现在字幕素材的黑色区域中。

如果不渲染视频，那么按空格键仍然可以从当前时间指示中启动并停止播放视频，节目监视器会播放在时间线面板当前序列中已编辑的节目。

5. 在素材源监视器中编辑

Source Monitor(素材源监视器)面板提供了对所编辑素材的精确控制。使用素材源监视器可以轻松地导航到特定的帧，然后标记入点和出点。设置完入点和出点之后，可以将素材直接拖动到时间线中。

在下面的步骤，我们将学习如何在素材源监视器面板中设置入点和出点。在本例中，需要在素材源监视器面板中将 Clock 素材编辑至 2.5 秒，并将它拖动到视频 2 轨道。然后，创建钟表指针在交通车辆上方旋转的透明特效。

● 在 Project(项目)面板中双击 Clock 素材。这将在素材源监视器中打开素材，如图 4–55 所示。如前所述，素材源监视器显示的是源素材，而节目监视器显示的是时间线面板中的编辑序列。

● 在 Source Monitor(素材源监视器)面板中单击 Play(播放 / 停止开关)按钮播放素材。场景显示钟表的指针正在旋转。在编辑素材的入点和出点之前，需要跳转到想要编辑的准确帧。

● 在编辑素材之前，单击 Go to In Point(跳转到入点)按钮跳回到第一帧。

● 现在缓慢通过素材以设置入点，可以使用以下方法之一：

● 在 Source Monitor(素材源监视器)中单击当前时间指示并拖动。

在拖动时是逐帧移动。

● 单击并拖动 Source Monitor（素材源监视器）面板底部的微调拨轮。在单击与拖动时是逐帧移动。

● 单击并按下快速搜索控件以慢速或快速移动。速度是根据控件向左或右移动了多远来控制的，向右移动快速搜索控件会使素材前进，向左移动快速搜索控件会使素材后退。

● 单击 Step Backward（逐帧退）或 Step Forward（逐帧进）按钮一次前进或后退一帧。

● 单击并将微调拨轮向右拖动，或者将 Source Monitor（素材源监视器）中的当前时间标示点向右拖动，大约 15 帧的素材。

● 单击 Set In Point（设置入点）按钮，如图 4–55 所示。

● 在 Time Display（时间显示）处单击并拖动或者键入精确的位置，将 Source Monitor（素材源监视器）面板中的当前时间指示定位至 00：00：03：00 处。

● 单击 Set Out Point（设置出点）按钮，如图 4–55 所示。如想清除入点或出点，则在单击 Set In Point（设置入点）或 Set Out Point（设置出点）按钮时按住 Alt 键。

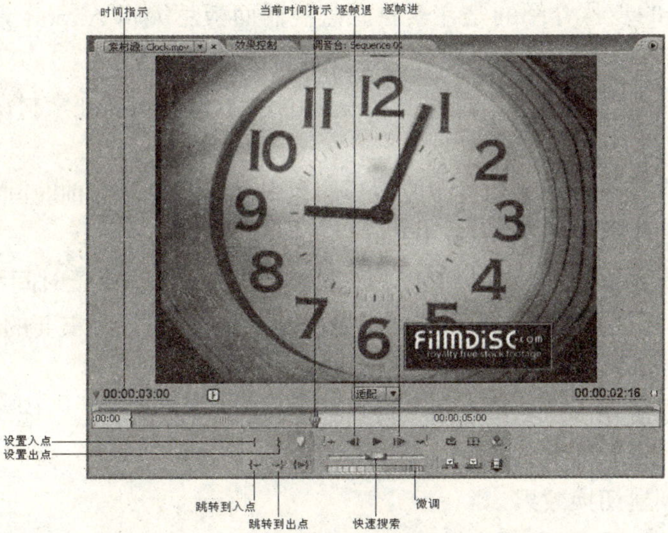

图 4–55　在素材源监视器面板中编辑素材

● 将素材拖动时间线中以使它吸附到 Intro 素材中。注意,Clock 素材的长度超过了 Traffic 素材,这样做是为了延长叠化特效,关于叠化特效会在会面讲述。

五、创建叠化特效

如前所述,将 Clock 素材放进视频 2 轨道中是为了创建钟表指针在交通车辆上方旋转的叠化特效。为此,需要降低 Clock 素材的不透明度。因为利用鼠标可以轻松实现这一点,所以我们可以在时间线而不是字效果控制面板中更改不透明度。

● 将当前时间指示拖动至 Clock 素材任一部分。钟表会出现在节目监视器面板中。

● 单击视频 2 轨道的 Keyframe(显示关键帧)下拉菜单。选择 Show Opacity Handles(显示不透明控制)。

● 在时间线面板的 Clock 素材中向下拖动黄色的不透明度图线。在拖动时,应该能够看到所显示的不透明度百分数。在降低不透明度时查看节目监视器以决定特效结果。本例中将不透明度设置为 50%。

● 要查看特效,请按 Enter 键渲染项目。

六、编辑 Airport 素材

下面的步骤介绍的是在素材源监视器面板总编辑 Airport 素材并将它添加到节目中。Airport 素材将制作成大约 7 秒种长:

● 在 Project(项目)面板中双击 Airport 素材。这将在素材源监视器中打开素材。

● 设置入点。在素材源监视器面板中单击并拖动当前时间指示,大约 15 帧的素材。单击 Set In Point(设置入点)按钮。

● 设置出点。将素材制作为 7 秒钟长,以使它结束于时间线上 00:00:07:15。查看面板右下角的时间显示以选定帧,在找到需要的帧之后,单击 Set Out Point(设置出点)按钮。

● 设置完入点和出点后,直接将素材从素材源监视器中拖动到时间线面板中,使它衔接到 Traffic 素材的结尾处。

七、创建切换效果

在节目监视器中预览作品。要在时间线的起始处启动预览,请在节目监视器中单击 Play In to Out(播放入点到出点)按钮。观看预览时,我们会发现从 Traffic 素材到 Airport 素材的切点还比较生硬。要使作品更加流畅,可以在两个素材之间添加切换效果。

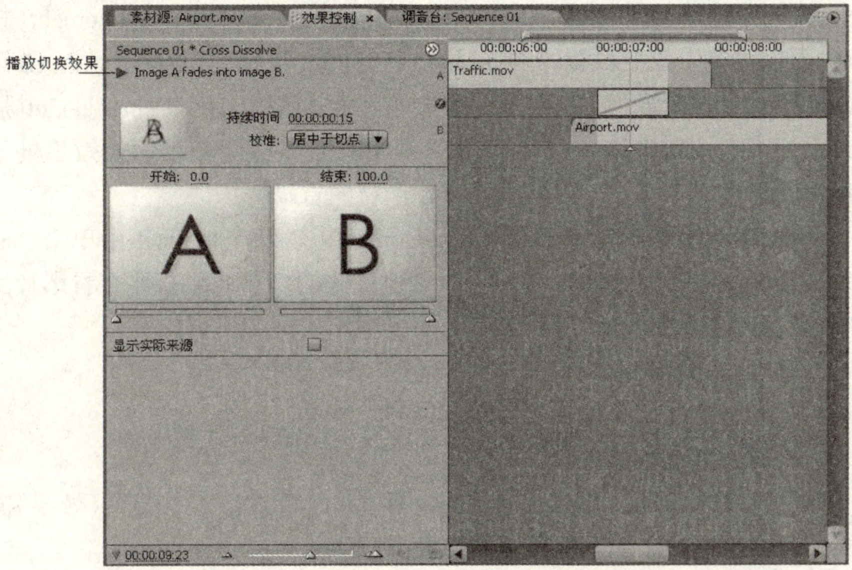

图 4–56 效果控制面板中的 Cross Dissolve(化格擦除)切换效果

1. 添加切换效果

按照下面的步骤对项目添加 Cross Dissolve(化格擦除)切换效果:

- 如果 Effect(效果)面板没有打开,则选择【Window】(窗口)→【Effect】(效果)。
- 在 Effects(效果)面板中单击三角图标打开 Video Transitions(视频切换效果)容器。注意,在 Premiere Pro 中,效果和素材的文件夹称为容器。
- 单击三角图标打开 Dissolve(擦除)容器。
- 要对项目添加切换效果,请单击并将 Cross Dissolve(化格擦除)切换效果拖动到 Timeline(时间线)Traffic 素材的末端、Airport 素材的首端。释放鼠标。
- 要打开 Cross Dissolve(化格擦除)控件,请在 Timeline(时间线)中双击 Cross Dissolve(化格擦除)图标。这将在效果控制面板中打开此切换效果。

● 调整切换效果的位置和长度(可选)。单击并拖动 Effect Controls(效果控制)面板中的切换效果,可以调整切换效果的位置和持续时间。一个方法是在 Duration(持续时间)读数中输入一个值并在 Alignment(校准)下拉菜单中改变设置。例如,通过将时间读数改变为 00:00:00:15 可以将持续时间设置为 15 帧。确保在校准下拉菜单中选择 Center at Cut(居中于切点),如图 4–56 所示。居中于切点能够保证一半切换效果处于 Traffic 素材的末端,一半处于 Airport 素材的首端。

● 查看缩略图预览。在 Effect Controls(效果控制)面板中单击 Play Transition(播放切换效果)按钮可以预览最终的切换效果。要查看影片的特效预览,请选中 Show Actual Sources(显示实际来源)复选框。

2. 预览切换效果

要从起始处渲染项目,请按 Enter 键。

3. 添加淡出

可以以简单地淡出到黑色来结束视频,此特效位于 Effects(效果)面板的 Video Transitions(视频切换效果)容器中。

● 单击在 Effects(效果)面板选项卡,显示面板的内容。如果 Effect(效果)面板还没有打开,则选择【Window】(窗口)→【Effect】(效果)。

● 在效果面板中单击三角图标打开 Video Transitions(视频切换效果)容器。

● 单击三角图标打开 Dissolve(擦除)容器。

● 单击并将 Dip to Black(黑场过渡)切换效果拖动到 Airport 素材的最右端。

4. 添加与淡入音频轨道

现在,大部分的编辑工作已经完成,是时候添加音频轨道了。Premiere Pro 处理音频的方式和视频基本相同。在本例中,我们将把音乐轨道拖动到时间线中,然后使用钢笔工具和音频轨道上的关键帧创建淡出:

● 在 Project(项目)面板中双击收听音频素材 The Great Escape。在素材源监视器面板中打开素材后,单击 Play(播放/停止开关)按钮。

● 将背景音乐素材从 Project(项目)面板拖动到时间线的 Audio 1

(音频 1)轨道中。对齐音频轨道和视频轨道的起始处。

● 缩短音频轨道,使它与视频同步结束。为此,请单击并拖动音频 1 轨道的右端,使它结束于 14 秒钟标记处。

● 如果音频 1 轨道没有展开,那么单击轨道最左端的三角图标将它展开。

● 单击音频 1 轨道的 Show Keyframes(显示关键帧)下拉菜单,并选择 Show Clip Volume(显示素材音量)。

● 激活 Tool(工具)面板中的 Pen(钢笔工具)。

● 使用 Pen(钢笔工具)在音频的结尾创建一个关键帧。大约在项目的 13 秒钟位置,使用 Pen(钢笔工具)Ctrl+ 单击创建一个关键帧。

● 通过再次 Ctrl+ 单击在音频素材的最末端创建一个关键帧,然后向下拖动最终关键帧创建淡出。

● 按 Enter 键预览整个项目并收听淡出效果。

八、导出自己的第一个影片

完成影片编辑之后,可以以多种格式将它导出为一个新文件。下面是对 Premiere Pro 导出命令的小结:

● 如果想将文件导出为 Web 或 DVD 使用的格式,那么请选定时间线面板并选择【File】(文件)→【Export】(导出)→【Adobe Media Encoder】。使用 Media Encoder 可以创建 MPEG-2、Windows Media、RealVideo 和 QuickTime 视频流文件。

● 如果想将影片导出为 AVI、QuickTime 或者动画 GIF 文件,则选定时间线面板并选择【File】(文件)→【Export】(导出)→【Movie】(影片)。

● 如果想把影片导出到录像带中,则选定时间线面板并选择【File】(文件)→【Export to Tape】(输出到磁带)。不过,若要此命令起作用,必须连接一个录像设备。

● 如果想把影片嵌入到 Adobe Acrobat PDF 文件中用于工作组浏览,则选定时间线面板并选择【File】(文件)→【Export】(导出)→【Adobe Clip Notes】。

● 如果想从 Premiere Pro 中直接刻录一张 DVD，则选择【File】(文件)→【Export to Encore】(输出到 Encore)。如果要刻录 DVD 而不在 Encore 中创建菜单，则选择 Direct Burn Without Menus 选项。

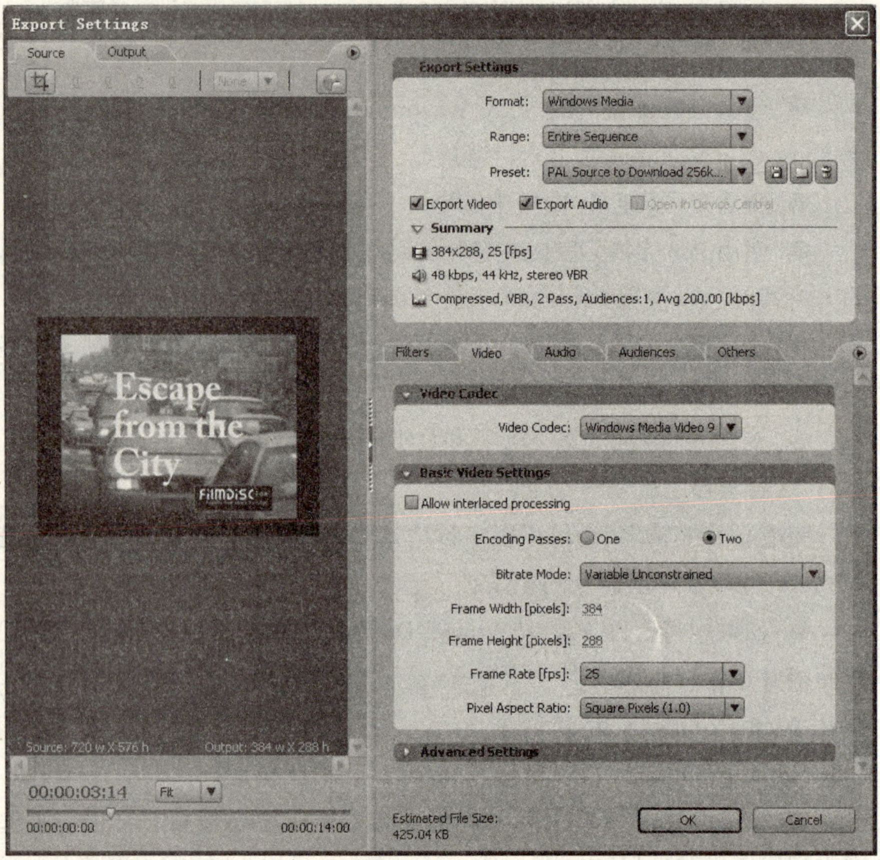

图 4–57 使用 Adobe Media Encoder 的 Export Setting(导出设置)
对话框创建用于 Web 的 Windows Media 文件

下面以将影片以 Windows Media 格式导出为例，进行说明。请按以下步骤操作：

● 选定包含有导出影片的时间线面板。选择【File】(文件)→【Export】(导出)→【Adobe Media Encoder】。此时会出现 Export Settings(导出设置)对话框。

● 在 Format 下拉菜单中，选择 Windows Media，如图 4-57 所示。

● 在 Preset 下拉菜单中选择一种预设。

● 单击 OK（确定）按钮。

● 在 Save File 对话框中，选择目标文件夹以存储生成的 Windows Media 文件，并输入文件名。

● 要开始导出，请单击 Save（保存）按钮。

至此，我们的第一个视频作品大功告成。

第五节 演示文稿制作

时间：5 学时	
学习目标： 结合案例观摩与个人操练，学习演示文稿的制作方法，并结合自己的学科专业背景，确定与自己所学专业相关的课程，制作 1-2 节课的演示文稿。	
学习活动： □ 认识演示文稿 □ 掌握演示文稿制作的基本操作 □ 制作一份演示文稿	**学习作品：** □ 演示文稿作品

活动一 认识演示文稿（10 分钟）

一、认识演示文稿

请同学们首先观摩演示文稿范例《宋词选》，了解演示文稿的构成。

演示文稿是教师在多媒体课堂教学中经常采用的一种媒体展示方式。一个演示文稿一般由多张幻灯片组成，每一张幻灯片上可以集成文字、图形、图像、电影和声音等多种媒体信息，最终以屏幕放映的形式呈现给学生。

课堂教学演示文稿（又称课件）通常是按照教学内容呈现的先后顺序进行编辑。它由多张幻灯片组成，其中一般需要包括：封面、目录、正文和结束。第一张幻灯片作为封面，呈现所讲解内容的标题和副标题、作者和日期信息等；接着提供演示文稿的内容目录；然后依据教学内容的知识结构和教学先后顺序，依次展示正文内容幻灯片；结束部分可以是对所讲述内容的总结，还可以是作业布置，也可以包含课件制作的有关说明及联系方式、致谢等内容。在实际制作中可以根据实际需要进行取舍。

常用的制作演示文稿的软件是微软公司推出的 Office 系列产品中的 PowerPoint，利用 PowerPoint 制作的演示文稿有以下特点：

● 内置丰富的动画、过渡效果和声音效果，以制作效果多样的演示文稿；

● 支持演示文稿内、外的超链接，支持网络链接，以实现交互操作；

● 强大的多媒体功能，可以集成文字、图形图像、视频和声音多种信息类型；

● 强大的网络功能，可以直接通过 Web 网页展示演示文稿，实现网上教学。

下面我们就将开始学习如何利用 PowerPoint 制作一个演示文稿。当然，在开始制作之前，建议你结合在第三章教学设计中所学知识，根据自己的学科专业背景，确定与自己所学专业相关的课程，设计 1–2 节课的教案，并规划演示文稿需要包括的主要内容。

二、PowerPoint2003 的工作环境与视图方式

本教材以 PowerPoint2003 为例进行介绍。PowerPoint2003 的工作环境包括标题栏、菜单栏、工具栏、状态栏、工作区、任务窗格等，如图 4–58 所示。

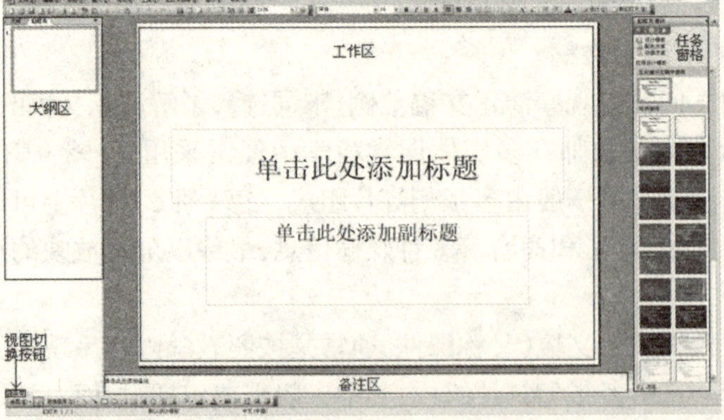

图 4–58 PowerPoint2003 的工作环境

在 PowerPoint2003 中提供了普通视图、幻灯片浏览视图和幻灯片放映视图三种视图方式：

● 普通视图

普通视图是主要的编辑视图，可用于撰写或设计演示文稿，其有三个工作区域：

左侧为大纲区，可通过"大纲"和"幻灯片"选项卡，在幻灯片文本大纲和幻灯片缩略图之间切换。

右侧为工作区，以大视图的方式显示当前幻灯片，可以添加文本、表格、超级链接、多媒体信息等多种对象。

底部为备注区，可以添加与每张幻灯片内容相关的备注，并在放映演示文稿时将备注用作打印形式的参考资料，或者创建希望观众以打印形式或在网页上看到的备注。

● 浏览视图

浏览视图是以缩略图的形式显示幻灯片的视图方式，可以在屏幕上看到演示文稿中的所有幻灯片，以方便幻灯片的重新排列、添加删除等操作。

● 放映视图

放映视图是将演示文稿进行真正的放映，以观看其实际效果，这种在全屏幕视图中所看到的演示文稿就是将来观众所看到的。

活动二 掌握演示文稿制作的基本操作(40 分钟)

一、应用模板新建演示文稿并保存

启动 PowerPoint2003 后会自动新建一个新的空演示文稿。此时，我们仍然可以使用多种方式来创建一个新的演示文稿。

● 选择【文件】→【新建】命令，打开"新建演示文稿"任务窗格，如图 4-59 所示；

● 选择"根据设计模板"，打开"幻灯片设计"任务窗格，所有可供使用的设计模板都在下方呈现出来，如图 4-60。这些模板已经对字体和颜色方案等做了设计。

● 单击选择其中的任意一种模板，该模板就被应用到正在制作的演示文稿中。

● 新的演示文稿已建立，选择【文件】→【保存】命令或单击工具栏上的“保存”按钮，打开“另存为”对话框，输入文件名，选择保存类型为“演示文稿”(PPT)后，选择一个合适的保存位置，单击“保存”按钮。

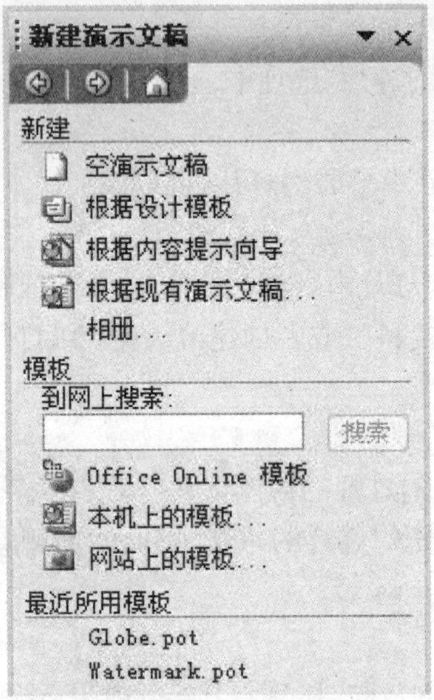

图 4-59 新建演示文稿任务窗格

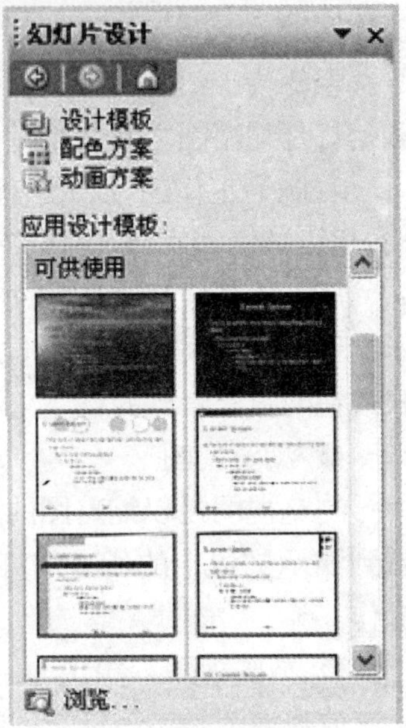

图 4-60 幻灯片设计任务窗格

二、建立演示文稿大纲

根据你的演示文稿的设计方案和其中的主要内容，首先建立你的主题演示文稿的大纲。

● 单击选择普通视图中左侧大纲区的“大纲”选项卡。

● 单击幻灯片图标，直接输入演示文稿的标题，按“Ctrl＋Enter”键在标题下输入作者和日期信息。

● 选择【插入】→【新幻灯片】命令，或者单击工具栏上的“新幻灯片”按钮，插入一张新的幻灯片。在其中根据你的规划，建立演示文稿的内容目录。

● 重复上一步骤，可以连续建立多张幻灯片的大纲。如果想删除某一张幻灯片，可在选中后，按“Delete”键删除。

建立的演示文稿大纲如图 4-61 所示。

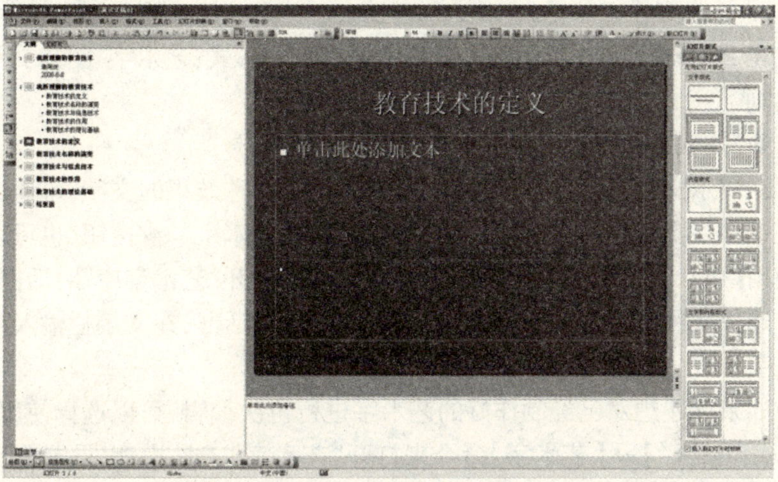

图 4-61 PowerPoint2003 的工作环境

三、编辑幻灯片

根据事先的规划，对每张幻灯片进行编辑，添加与主题内容相关的文本、图片、声音或视频等信息。

1. 编辑文字

在 PowerPoint2003 中编辑文字有以下两种方法：

● 在占位符中输入

若用自动版式创建幻灯片，幻灯片上以包含文本框，其中的文字称为文本占位符。在占位符中单击，则文字消失，出现闪烁的光标，此时可以直接在其中输入文本。

● 使用文本框输入

若想在空白幻灯片中或幻灯片的任意位置输入文本，单击绘图工具栏中的“文本框”或“竖排文本框”按钮，也可以选择使用【插入】→【文本框】→【水平】或【垂直】命令，将光标移动到幻灯片中，光标成↓形状。

此时，若在幻灯片中单击，则会出现一个固定大小的文本框，输入文字后，文本框的宽度会随着输入文本的长度而改变。若在幻灯片中拖动，则可按需要的尺寸拖动出一个文本框，这样的文本框宽度不会改变，输入的文字会自动换行，文本框高度会自动变化。

2. 添加图片

在 PowerPoint2003 中添加图片主要有三种形式：艺术字、图片文件和剪贴画。

● 插入艺术字

在演示文稿的制作中，常常需要使用一些特殊效果的文字，可通过插入艺术字来实现。单击绘图工具栏中的"插入艺术字"按钮，也可以选择使用【插入】→【图片】→【艺术字】命令，即可打开"艺术字库"对话框，在其中选择一种样式，打开"编辑'艺术字'文字"对话框，在文字栏输入需要的文字，单击"确定"按钮，就完成了艺术字的制作。

如果你还想对已经制作好的艺术字进行再次编辑，可以选择使用【视图】→【工具栏】→【艺术字】命令来打开"艺术字"工具栏，以设置艺术字格式、对齐方式、字符间距等。

● 插入图片文件

对于独立的外部图片文件，单击绘图工具栏中的"插入图片"按钮，也可以选择使用【插入】→【图片】→【来自文件】命令，即可打开"插入图片"对话框，在其中选择所需要的图片，单击"插入"按钮，就可以将图片添加到演示文稿中。

对已经添加到演示文稿中的图片可以通过"图片"工具栏进行编辑，选择使用【视图】→【工具栏】→【图片】命令来打开"图片"工具栏，可实现图片亮度和对比度调节、图片裁切、设置透明色等操作。

● 插入剪贴画

单击绘图工具栏中的"插入剪贴画"按钮，也可以选择使用【插入】→【图片】→【剪贴画】命令，即可打开"剪贴画"，在其中可以选择所需要插入的剪贴画。通过单击"剪贴画"中的"搜索"按钮，即可将所有类型的剪辑都在其下方的结果框中呈现出来。

3. 插入电影剪辑

选择【插入】→【影片和声音】→【文件中的影片】命令，在打开的"插入影片"对话框选择电影文件。在演示文稿中常用的影片是 AVI 和 MPEG 格式文件。

在插入影片到幻灯片时，选择是自动播放影片还是在单击时播放影片。此时在幻灯片上会显示影片的第一帧画面。

可以通过鼠标拖动影片,还可以放大缩小影片播放窗口。在编辑状态下,鼠标双击幻灯片上的影片对象,可直接播放影片。

4. 插入声音

选择【插入】→【影片和声音】→【文件中的声音】命令,在打开的“插入声音”对话框选择声音文件。在演示文稿中常用的声音文件是WAV、MIDI和MP3。

在插入声音到幻灯片时，选择是是自动播放声音还是在单击时播放声音。此时,在幻灯片上会出现一个小喇叭图标,双击小喇叭可以播放声音。

四、幻灯片切换效果

在演示文稿放映时，幻灯片按顺序以屏幕切换的方式进行,在PowerPoint2003中提供了丰富的幻灯片动态切换效果。

选择【幻灯片放映】→【幻灯片切换】命令,打开“幻灯片切换”任务窗格,如图4-62所示。在其中选择切换效果,切换速度,换片方式和配音。单击“应用于所有幻灯片”可以将切换效果应用在演示文稿中的所有幻灯片上，否则只是将效果应用在所选择的幻灯片上。

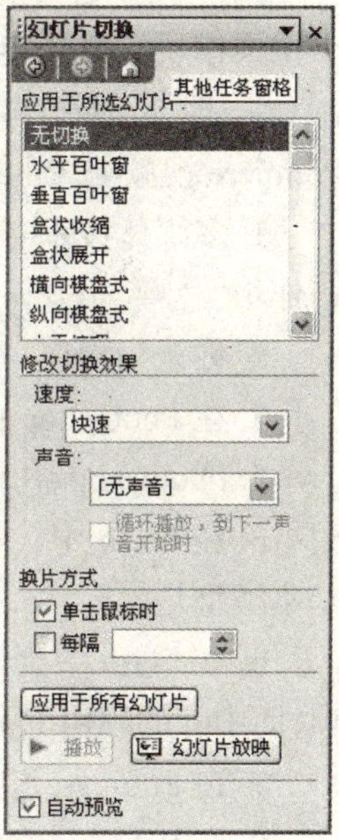

图4-62 PowerPoint 2003的幻灯片切换窗格

五、演示文稿保存为PowerPoint放映格式

演示文稿文件(PPT)只能在PowerPoint编辑环境里打开播放。PowerPoint软件还可以将演示文稿保存为PowerPoint放映文件(PPS)。PowerPoint放映文件可以直接运行放映演示文稿，放映结束后会自动关闭程序退出演示窗口。

选择【文件】→【另存为】命令,在弹出的“另存为”对话框中,选择文件所要存放的位置,在文件保存类型列表中选择“PowerPoint放映(*.pps)”类型。单击“保存”按钮,演示文稿被保存为放映格式。

活动三 制作一份演示文稿(200 分钟)

在前一章《教学设计原理》中,我们已经要求同学们结合自己的学科专业背景,确定与自己所学专业相关的课程,完成 1–2 节课的教学方案设计。接下来,请同学们依据自己的教学设计方案,设计和制作一个课堂演示型演示文稿。要求做到内容丰富、结构完整、美观实用的演示文稿。

在演示文稿制作过程中,请注意以下几点:

● 你可以在中国学术期刊网上或使用搜索引擎等方式查找所需资源;

● 你可以在演示文稿中使用前面制作的图像、动画或视频等多媒体素材,当然在使用素材的时候注意它的使用原则。

● 最后,以小组学伴对小组成员的演示文稿进行评议,同时交流制作演示文稿的经验。评议时建议从目标、内容、布局设计、视觉效果等方面考虑。

思考与练习

本模块主要介绍了多媒体技术的基本概念及其作用、多媒体课件的制作一般步骤和方法,以及 Photoshop 图像处理、Flash 动画制作和 Premiere 视频编辑的基本方法和步骤。请思考并回答下列问题:

1. 多媒体技术有哪些主要特点?如何看待多媒体技术在课堂教学中的作用?

2. 你认为制作一个多媒体课件的主要过程应包括哪些环节?

3. 在 Photoshop 中制作选区可以有哪几种方法?

4. Photoshop 中,Alpha 通道有什么作用?

5. 在 Flash 中,_______是 Flash 中一种可重复使用的对象,它的三种基本类型是_______、_______和_______。

6. 在 Flash 中制作补间动画,只需要创建_______和_______两个关键帧,而中间的帧由 Flash 通过计算机自动生成。

7. 在 Premiere 中,要从起始处渲染项目,应按_______键。

8. 在 Premiere 的素材源监视器面板中如何设置入点和出点?

9. 演示文稿通常应有哪几部分组成?

第五章　信息技术与课程整合

<table>
<tr><td colspan="2">时间:6学时</td></tr>
<tr><td colspan="2">内容提要:
本章通过引导学生进行案例研讨,帮助学生理解信息技术与课程整合的内涵和实质。通过研习信息技术与课程整合的模式,帮助学生掌握四种信息技术与课程整合主要模式的实施步骤及设计方法。理解并掌握信息技术与课程整合的策略,根据实际情况应用策略。</td></tr>
<tr><td colspan="2">核心概念:
信息技术;信息技术与课程整合;模式;策略</td></tr>
<tr><td>学习环节:
☐　信息技术与课程整合概述
☐　信息技术与课程整合的模式
☐　信息技术与课程整合的策略</td><td>学习主要成果:
☐　案例分析记录表</td></tr>
</table>

学习导入

信息技术的飞速发展对教育提出了前所未有的挑战，同时也提供了应对这些挑战的模式和方法，信息技术为教育的变革提供了前所未有的可能性,正是这样,各个国家都把发展信息化教育作为国家发展的战略来抓,比如美国启动了“国家教育技术工程”,欧盟发布了“信息社会中的学习：欧洲教育创新行动规划”，新加坡在1996年推出全国教育信息化计划,马来西亚启动了多媒体走廊计划,我国启动了农村中小学现代远程教育工程、“校校通”工程、新教育课程改革工程等等。正是在这种大的发展背景下,信息技术与课程整合的概念迅速普及、深入人心。

第一节 信息技术与课程整合概述

时间:2 学时	
学习目标: 通过案例观摩与研习,初步理解信息技术与课程整合的内涵与实质。	
学习活动: ☐ 观摩研讨教学案例——《影子》 ☐ 理解信息技术与课程整合的概念 ☐ 理解信息技术与课程整合的目标 ☐ 理解信息技术与课程整合的内涵 ☐ 探索信息技术与课程整合的实现方法	**学习作品:** ☐ 案例《影子》分析记录表

活动一 观摩研讨教学案例——《影子》(15 分钟)

(案例来源:英特尔(R)未来教育 3.0 版教材,http://www.jeast.net/old/000578.html,有整理)

1. 课程概述

学生记录影子的测量值,并每隔一小时或半小时画出在白天天空中太阳的位置。使用诸如 Microsoft Excel 这样的一个电子表格程序,让学生用所测量到的影子数据来制作一个图。学生将使用绘图程序来制作一个人物或角色。他们将复制这个图,并把它填充为黑色以便制作出人物的一个影子。学生将被分配负责白天中的一个时间。利用他们了解有关影子的信息,他们必须在绘图程序中旋转和缩放影子,以便制作给定时间的人物的精确的刻画,通过拍摄数码照片可以检查精确度。在春天记录的影子测量值将要和其他每个季度的影子测量值相比较。学生将利用诸如 PowerPoint 应用程序来建立一个演示文稿以便展示他们所了解的有关影子的信息。通过利用一个演示程序,学生将使用他们的影子测量值、太阳位置图来制作一个可移动的影子演示,此外,他们将通过 E-mail 和朋友将信息发送出去,并接收来自其他国家某个地方的影子数据。

2. 目标/课程成果

1. 就他们收集的数据,使用电子表格程序制作一个图示。

2. 应用太阳运动的概念,使用绘图程序来制作一个精确的影子。

3. 通过把画出的影子和学生及影子的数码照片进行比较,来验证他们制作出的影子的精确度。

4. 比较春、秋两季的影子来确定地球的旋转是如何影响影子的。

5. 通过因特网与 E-mail 网友(e-pals)共享影子数据,与另一国家某个地方的影子作比较。

6. 制作一个演示文稿来共享他们的学习。

7. 通过共享他们的演示文稿、发布到网页上和传递给 E-mail 网友(e-pals),与其他学生进行交流。

3. 过程

由于学生的技术培训, 这个项目将开展完整的一个学年。如果学生已经掌握了技能,培训时间可以缩短或省略。如果你只选择一个季度测量影子,本项目需要 4 至 6 周。学生要结对成组。在秋日的一个晴天,带学生到外面去找一个地方来标记影子(查看有关收集测量值的附带文档)。学生轮流相互测量,和标记他们的位置,这样他们就能得到每一小时或半小时的测量值。他们记录影子的测量值以及每次测量的时间。让他们画上从测量点看到的视野和风景。然后他们也要画上那个时候以他们的视野看到的太阳位置。每次他们出来测量他们的影子,他们也要画出从他们的视野看到的太阳的位置,创建一个"太阳位置图"目录。这个数据将被保存起来,与春季相似的数据作比较。

在春、秋两季之间,学生将获得完成这个项目所需要的每一个技术领域的培训。十到十八个学生将被选到去参加技术培训而成为学生带头人。那些学生中的五个将花一到两周的时间学习如何使用电子表格,例如 Microsoft Excel。他们将学习如何输入数据、将数据转化成柱状图。另外五位学生将花费一到两周时间学习作图程序，例如画图工具。他们将学习如何使用简单的工具、如何缩放物体、如何画物体的影子和如何旋转、颠倒和组合物体（对象）。还有五名学生的小组将花三至四周时间学习如何使用诸如 PowerPoint 的演示程序。他们也将学习如何操作一个数码相机和下载图像到计算机中。三名学生将花三至四周时间学习基本的设计，以便制作一个简单的网页，以及学习如何使用电子邮件。然后每一组受训的学生带头人将教室里的其他学生如何使用他们已经学会的每个部分。当全班已经学会如何使用电子表格程序的时候，秋天的影子数据就能做成一个图形。一旦全班已学会电子邮件，建立网友（e-pals），这样就能在整整一学年与网友共享、交流。学生带头人也将走进其他教室，去培训那边将成为教室中的学生带头人。

在春天，当所有学生已经学会每个技术片段时，就是再去测量影子的时候了。此外，学生需要与他们的网友（e-pals）交流，以便他们能够比较其他国家的某个地方的影子。当学生已收集了他们的影子数据，他们把数据 E-mail 给他们的网友（e-pals）。他们也在电子表格程序中输入他们的信息，并生成一个柱状图形，描述在不同时间影子的长度。当数据从网友（e-pals）那儿获得，如果他们的网友没有将数据图形化，学生就能从网友的数据生成图形。每对伙伴能够检查他们的太阳图画，也能相互寄出。允许每个学生共享他们的发现和解释他们的柱状图形。讨论影子的发现与太阳位置图画的关系。让学生比较秋、春两季的数据。也比较各个季节太阳与地球相对位置的差异，把这与影子的变化联系在一起。讨论影子测量值、太阳位置图画和网友数据的比较情况。使用作图程序，如 Microsoft Paint，每个合作小组画一个任务（人或物体）。他们复制这个人物，再将它填上黑色表示人物的影子。这时，每个对子被分配负责白天中的一个时间。他们的任务是监视影子来制作分配给的那个时候合适大小和位置的影子（参阅附带的影子图形例子）。当计算机化的影子完成的时候，允许学生出去，在分配给的时间使用数码相机拍摄真实的影子。然后，他们下载图像到计算机中，并将他们构造出的影子与真实的影子作比较。合作伙伴使用他们的图形、计算机图形和数码化的影子来制作一个 PowerPoint 的演示文稿，与班级的其他人共享。使用他们的太阳位置图画、影子测量值、计算机图画和演示软件，如 PowerPoint，学生能够制作一个有动感的幻灯演示，这个演示反映了一天中他们的影子是如何变化的。这些也可以寄给他们的网友浏览。

在学生网站管理员的帮助下，学生选择一个信息主题来发布到网页上。他们可以选择发布他们的数码化影子图像以及用作图程序制作的影子图像。他们也可以选择将春、秋两季作比较的影子图形发布出去。他们可以选择将他们自己的影子和网友的影子图形发布出去。他们可以选择发布他们的 PowerPoint 演示文稿。无论他们选择什么，他们都要写一个简短的叙述(1 至 5 句话)，与网页上的图形相配合(参阅在 Sunny Hill web site 上的影子网页例子)。当完成后，学生就发布他们的网页。不要忘了在学校的时事通讯中包含你的项目。邀请家长来检查网站或来看学生的演示文稿。

4. 有用的因特网资源

- http://www.omsi.org
- http://www.exploratorium.edu/
- http://www.abc.net.au/juniors/ftjpsun1.htm
- http://web.physics.twsu.edu/stampede/slinks.htm
- http://cc.owu.edu/~mggrote/pp/physics/sundials2.html
- http://www.lalc.k12.ca.us/laep/smart/Sunrise/k3plan.html
- http://www.geocities.com/Heartland/7134/Shadow/groundhog.htm
- http://www.mos.org/sln/wtu/activities/patterns.html
- http://kids.msfc.nasa.gov/

5. 对学生的评价

根据完整的数据、制作的图形、在绘图程序中描述影子的精确度和在网页上发布的信息来评价学生，此外，教师将为学生评判他们的 PowerPoint 演示文稿制作一个评价量规模板。

根据上述案例，结合表 5-1 中所列的相关分析主题，进行自由讨论，并将结论填入表中。

表 5-1 《影子》案例分析记录表

教学过程	信息技术的作用
创设情景	
信息呈现	
学习交流	
效果评价	

活动二　理解信息技术与课程整合的概念（15 分钟）

一、整合的含义

整合（Integration）一词的从字面上理解其主要含义是“使……结合（with）；使并入（into）；使一体化，使其成为一体”。“结合”、“并入”之后是“一体化”，也就是说，原有的事物发生了结构上的变化。这种变化既可以表现在事物内部，也可以表现在事物之间。因此，实质上，整合就是指一个系统内各要素的整体协调、相互渗透，使系统各要素发挥最大效益。相应地，我们可以把教育、教学中的整合理解为"教育、教学系统中各要素的整体协调、相互渗透，以发挥教育系统的最大效益"。

理论上，课程整合（Curriculum Integration）的内涵指的是对课程设置、各科课程教育教学的目标、教学设计、评价等诸要素作系统的考察与操作，也就是说要用整体的、联系的、辩证的观点来认识、研究教育过程中各教育因素之间的关系。狭义的课程整合通常是指，考虑到各门原来相互分裂的课程之间的有机联系，将这些课程综合化。而广义的课程整合是指课程设置的名目不变，但相关课程的课程目标、教学与操作内容（包括例子、练习等）、学习的手段等课程要素之间相互渗透、互相补充。

二、信息技术与课程教学整合的定义

目前国内关于信息技术与课程整合（Integrating Information Technology into Curriculum）的说法与定义很多。以下列举了一些比较有代表性的观点：

前教育部长陈至立在报告中的定义："在开好信息技术课程的同时，要努力推进信息技术与其他学科教学的整合，鼓励在其他学科教学中广泛应用信息技术手段，并把信息技术教育融合在其他学科的学习中。各地要积极创造条件，逐步实现多媒体教学进入每一间教室，积极探索信息技术教育与其他学科教学的整合。技术与课程的整合就是通过课程把信息技术与学科教学有机地结合起来，从根本上改变传统教和学的观念以及相应的学习目标、方法和评价手段。"

北京师范大学何克抗教授："信息技术与课程整合的本质与内涵是要求在先进的教育思想、理论，尤其是主导——主体教学理论的指导下，把计算机及网络为核心的信息技术作为促进学生自主学习的认知工具与情感激励工具、丰富的教学环境的创设工具，并将这些工具全面应用到各学科教学过程中，使各种教学资源，各个教学要素和教学环节，经过整合、组合、相互融合，在整体优化的基础上产生聚集效应，从而促进传统教学方式的根本变革，从而达到培养学生创新精神与实践能力的目标。"

华南师范大学李克东教授："信息技术与课程整合是指在课程教学过程中把信息技术、信息资源、信息方法、人力资源和课程内容有机结合，共同完成课程教学任务的一种新型的教学方式。"

《中小学教师教育技术能力标准(试行)》:信息技术与课程整合是指在学科教学过程中把信息技术、信息资源和课程有机结合,建构有效的教学方式,促进教学的最优化。

综观这些观点,我们发现主要是基于对课程概念的不同理解而产生的分歧。我们可以将目前信息技术与课程整合的定义分为“大整合论”和“小整合论”。

“大整合论”主要是指课程是一个较大的概念。这种观点主要是指将信息技术融入到课程的整体中去,改变课程内容和结构,变革整个课程体系。信息技术与课程整合是指通过基于信息技术的课程研制,创立信息化课程文化。它针对教育领域中信息技术与学科课程存在的割裂和对立问题,通过信息技术与课程的互动性双向整合,促进师生民主合作的课程与教学组织方式的实现和以人的学习为本的新型课程与教学活动方式的发展,建构起整合型的信息化课程结构、课程内容、课程资源以及课程实施等,从而对课程的各个层面和维度都产生变革作用,促进课程整体的变革。“大整合论”观点有助于从课程整体的角度去思考信息技术的地位和作用。

“小整合论”则将课程等同于教学。这种观点将信息技术与课程整合等同于信息技术与学科教学整合,信息技术主要作为一种工具、媒介和方法融入到教学的各个层面中,包括教学准备、课堂教学过程和教学评价等。这种观点是目前信息技术与课程整合实践中的主流观点。课程与信息技术整合,是教师和学生在课程中恰当地运用信息技术来促进教学。

信息技术与课程整合概念的分化反映了人们看待信息技术作用的不同视角。在研究与实践中,持“大整合论”的人一般都是专家学者,而一线教师和教研人员则比较认可“小整合论”。从整个基础教育改革的角度出发,“小整合论”是符合当前的发展趋势和实践要求的。信息技术与课程整合特别需要关注教学实践层面的问题。

活动三 理解信息技术与课程整合的目标(20 分钟)

信息技术与课程整合的根本目标是培养学生的自我生存能力、实践能力、解决问题的能力和创新能力,最终实现面向时代发展的创新人才的培养。具体地讲,信息技术与课程整合的目标主要是。

一、充实课程学习内容,为社会需要的多种专业人才的培养打下基础

通过信息技术与课程内容的整合,可能充实、完善、拓展、提高课程的学习内容。在此基础上,可培养学生对该学科的兴趣,为培养相关学科的专业人才打下基础。比如通过信息技术与物理课程内容的整合,不仅有效地帮助学生理解了学科内容,同时也丰富、拓宽了学科的学习内容。在此基础上,可培养学生对物理学科的兴趣和爱好,为学生今后的发展打下基础,为我国建设所需的各种专业人才的培养打下基础。

二、信息技术与课程整合是学校信息技术教育的重要组成部分

实现学校教育的信息化,应该包括三个基本要素,即:学校教学环境的信息化,这主要是指学校的信息化设施;教师、学生的信息化,主要通过教师、学生的信息教育实现;教学的信息化,这主要通过数字化的教学资源的完善予以实现。三个要素中,教师、学生的信息化是最重要的一项。信息技术教育在学校教育中占有十分重要的位置。学生的信息技术教育可通过在学校设置信息技术课来实现。不仅如此,信息技术与课程的整合也是信息技术教育的重要组成部分。通过信息技术与课程的整合,可以使信息技术教育深入到各门课程的教学中。从内容看,信息技术与课程整合,不仅作为学校信息技术教育的一部分,它也是对信息技术课程内容的补充。信息技术课程所涉及的信息技术是信息技术中最基础的内容,许多内容在课程教学中不可能涉及,而信息技术与课程整合极大地充实了信息技术及其应用的学习。

三、完善学习过程,促进学生实现课程内容的有效学习,促进创新人才的培养

学习的过程是一种信息过程,信息技术与课程的整合应有利于这一信息过程的实现。应首先考虑以信息技术与课程整合来促进课程内容的学习,它是课程整合的首要目标,我们不能为了整合而整合。通过信息技术与课程整合,不仅能用于呈现学习内容,帮助学生理解、掌握有关的学科内容,同时,通过整合,可帮助学生实现探究学习、发现学习,主动地建构知识。在信息技术的支持下,还可促进学生间进行充分的信息交流,实现小组协同学习。

四、培养学生的信息素养

以信息技术解决问题的能力应在解决问题的过程中培养。因此，在信息技术教育中，十分强调任务驱动。信息技术与课程整合的实质是以信息技术解决课程和课程学习中的各种问题。它是十分具体的，又是对学习具有重要意义的任务。通过信息技术与课程的整合，可以有效地培养学生用信息技术解决问题的能力，可以有效地培养学生的信息素养。

五、培养学生的自我生存能力

近年来，随着教育改革的不断深入发展，人们的教育理念发生了重大的变革。这些变革主要表现在以下的三个方面：

(1)教师的作用：知识的传授、对学习的指导——对学生学习的支援、帮助。

(2)学生的学习：被动地接受式学习——主动地获取知识。

(3)知识的学习：注重学科知识的专业学习——注重知识应用的综合学习。

为了培养面向21世纪的创新人才，在教学中，与学科知识的专业学习相比较，我们更应重视知识综合应用的综合学习。综合学习是以培养学生自我生存能力为基本目的的学习形态。自我生存能力为基本目的的学习形态。自我生存能力是指人们在自己的生活、工作、学习过程中，能自主地确定课题、自主学习、自主思考、主体判断、相互交流、自主地解决问题的能力。学校教育中，这种能力可通过综合学习、研究性学习予以培养。在综合学习、研究性学习中，信息技术的应用占有十分重要的位置。基于信息技术及其应用的综合性学习是当前综合学习的主要形式。

活动四 理解信息技术与课程整合的内涵（15分钟）

信息技术与课程整合的实质是通过将信息技术有效地融合于各科的教学过程来营造一种信息化教学环境，实现一种既能发挥教师主导作用又能充分体现学生主体地位的以“自主、探究、合作”为特征的教与学方式，从而把学生的主动性、积极性、创造性较充分地发挥出来，使传统的以教师为中心的课堂教学结构发生根本性变革——由以教师为中心的教学结构转变为“主导—主体相结合”的教学结构。由此可见，信息技术与课程整合包含了三个基本属性：

- 营造信息化教学环境；
- 实现新型教与学方式；
- 变革传统教学结构。

应当指出，这三个属性并非平行并列的关系，而是逐步递进的关系——信息化教学环境的营造是为了支持新型教与学方式；新型教与学方式是为了变革传统教学结构；变革传统教学结构则是为了最终达到创新精神与实践能力培养的目标(即创新人才培养的目标)。可见，“整合”的实质与落脚点是要变革传统的教学结构——改变“以教师为中心”的教学结构，创建新型的、既能发挥教师主导作用又能充分体现学生主体作用的“主导——主体相结合”教学结构。我们认为，只有从这三个基本属性，特别是从变革传统教学结构这一属性去理解“整合”的内涵，才能真正理解信息技术与课程整合的实质。而要最终达到创新精神与实践能力培养的目标，就需要我们理解以下几点：

- 信息技术与课程整合不是简单地把信息技术仅仅作为辅助教师教学的演示工具，而是要实现信息技术与学科教学的高层次“融合”。我们必须改变传统的单一辅助教学的观点，从课程的整体观考虑信息技术的功能与作用。创造数字化的学习环境，创设主动学习情景，创设条件让学生最大限度地接触信息技术，让信息技术成为学生强大的认知工具，最终达到改善学习的目的。

- 信息技术与课程整合，不是被动的纳入，而是主动地适应和变革课程的过程。信息技术与课程整合，它要求突出作为整合主动因素的人的地位，并且以实现人与物化的信息之间、网络虚拟世界与现实世界之间的融合。究其实质，信息技术不是简单的结合，是指信息技术有机地与课程结构、课程内容、课程资源以及课程实施等融合为一体，成为课程的有机组成部分。并由此引发课程的变革，因此，信息技术与课程整合是信息技术主动的适应过程。

- 信息技术与课程的整合，将对课程的各个组成部分产生变革影响和作用。确切地说，信息技术本身不能自然地引发课程的变革，但却是课程改革的不可缺少的条件，正是信息技术的快速发展，产生了学习革命，诞生了知识经济，人类迈入信息化社会，信息技术与课程整合本身就要求变革人的传统的课程观、教育观和教学观以及学习观等，应该尊重人的独立性、主动性、首创性和反思性、合作性。信息技术与课程整合将有利于营造新型的学习型社会，营造全方位的学习环境。

- 信息技术与课程整合，其主体是课程，而非信息技术，切勿为使用技术而使用技术，甚至不惜以牺牲课程目标的实现为代价。应以课程目标为最根本的出发点，选用合适的技术。避免在使用传统教学手段能够取得良好效果的时候，生硬地使用信息技术。

- 信息技术与课程整合是一项庞大的工程，不可能一蹴而就。另一方面，我们强调信息技术与课程整合不是一种固定的模式，而应该倡导一种观念。引用台湾学者徐新逸教授的话："信息科技可以是一个工具、一位助手，却不能取代教师的地位而成为教学的全部。只要教师能抓住课程内容的重点，以最适当最有效的方式传达出来，其实最简单常见的 Word 和 PowerPoint，就可以做出很有效的教材，达到所需的学习效果。戏法人人会变，各有巧妙不同。同样的教材，不同背景和特质的教师与学生，从不同的角度切入与互动，就可以赋予教学与学习不同的生命力，产生不同的学习效果。这也是教育可称为一门创造性艺术的迷人之处。"

活动五　探索信息技术与课程整合的实现方法(35 分钟)

"教无定法"，谁也不可能提出一套适合所有学科的"包医百病"的整合方法。但是不同学科要实现与信息技术的整合都需要信息技术环境的支持，因而需要遵循共同的指导思想与实施原则。只要掌握了这种指导思想与实施原则，各学科的老师完全可以八仙过海、各显神通，在教学实践中结合相应的学科创造出多种多样、实用有效的整合模式与整合方法来。从此意义上说，各学科的整合都应遵循的共同指导思想与实施原则，也未尝不可以看作是一种宏观的实施途径或方法(或称之为"大方法")。下面五条经过多年的整合实践和深入的理论思考而形成的、关于各学科的信息技术与课程整合都必需遵循的指导思想与实施原则，也是实施深层次整合的基本途径与方法。

一、以先进的教育理论(特别是建构主义理论)为指导

信息技术与课程整合的过程绝不仅仅是现代信息技术手段的运用过程,它必将伴随教育、教学领域的一场深刻变革。换句话说,整合的过程是教育深化改革的过程,既然是改革,就必须要有先进的理论作指导,没有理论指导的实践是盲目的实践,将会事倍功半甚至徒劳无功。这里所说的先进教育理论包括支持教师讲授为主的教与学理论(其中又以奥苏贝尔的理论为代表),也包括支持学生自主探究为主的教与学理论(其中又以建构主义理论为代表)。不过,考虑到中国的国情,应当特别强调建构主义理论。之所以这样做,并非因为建构主义十全十美,而是因为它对于我国教育界的现状特别有针对性——它所强调的“以学为主”、学生主要通过自主建构获取知识的教育思想和教学观念,对于多年来统治我国各级各类学校的、以教师为中心的传统教学结构是极大的冲击;除此以外,还因为建构主义的学习理论与教学理论以及建构主义学习环境下的教学设计方法可以为信息技术环境下的教学,也就是信息技术与各学科教学的整合,提供最强有力的理论支持。

二、要紧紧围绕“主导－主体型”教学结构的创建来进行整合

在前面分析信息技术与课程整合定义与内涵的过程中,曾经指出:“整合”的实质与落脚点是变革传统的教学结构———改变以教师为中心的教学结构,创建新型的、既能发挥教师主导作用又能充分体现学生主体地位的“主导—主体相结合”教学结构(也称“主导—主体型”教学结构)。既然如此,信息技术与课程的整合当然应该紧紧围绕新型教学结构的创建来进行,才有可能达到有效培养创新人材的目标,取得“整合”的实质性成效。否则,将会迷失“整合”的方向,把一场深刻、复杂的教育革命(教学过程的深化改革)变成简单、机械的技术手段运用与操作。如果进行这样的整合,那是没有多大意义的。事实上,现在有许多被称作典型或示范的所谓“整合课”,其实大多是信息技术能力学习课,或者是信息素养训练课,尽管这类课对于突破教学中的某些重点、难点确有一定的帮助,但是对于学生创新精神与创新能力的培养作用不大——因为这样的“整合课”完全没有触动课堂教学结构问题,传统的师生关系、师生的地位作用无从改变,学生的主动性、积极性(更不用说创造性)也就难以充分发挥。所以

这样的“整合课”充其量只能说是一种浅层次的整合,而非深层次的整合。

由于教学结构是教学系统四个要素(教师、学生、教学媒体、教学内容)相互联系相互作用的具体体现,所以如果想要围绕新型教学结构的创建这一实质来整合,就必须要求教师在进行信息技术与课程整合的过程中,应密切关注教学系统四个要素的地位与作用——看看通过自己实施的整合,能否使这四个要素的地位、作用和传统教学结构相比发生某种改变?改变的程度有多大?哪些要素改变了?哪些还没有?原因在哪里?只有紧紧围绕这些问题进行认真分析,并采取相应的措施,才能实现有效的、深层次的整合。事实上,这也正是衡量整合效果与整合层次深浅的主要依据。

三、要运用“学教并重”教学设计理论进行“整合”课的教学设计

新型教学结构的创建要通过相关的教学模式来实现,能实现新型教学结构的教学模式很多,而且不仅因学科和教学单元而异,还与课堂上的技术支撑环境(多媒体技术、网络通信技术、仿真实验技术……)以及所选择的教学策略、方法有关。可见,采用什么样的教学模式来实现新型教学结构(即“主导—主体型”教学结构),决不是一个简单的问题,其实质与关键是教学设计,而且是信息化环境下的教学设计,即涉及信息技术与课程整合课的教学设计。

信息技术与课程整合的实质既然是新型教学结构的创建,“整合”课的教学设计(即相关教学模式的选择与设计)也必须紧紧围绕“创建新型教学结构”这一目标。那么,应当运用什么样的教学设计理论、方法才能更有效地达到这一目标呢?

目前流行的教学设计理论主要有“以教为主”的教学设计和“以学为主”的教学设计两大类。由于这两种教学设计理论均有其各自的优势与不足,所以最好是将二者结合起来,互相取长补短,形成优势互补的“学教并重”教学设计。这种教学设计理论正好能支持“既要发挥教师主导作用,又要充分体现学生主体地位的新型教学结构”的创建要求。在运用这种理论进行教学设计时,应当注意的是,对于计算机为核心的信息技术(不管是多媒体还是网络),在整合过程中都不能把它们仅仅看作是辅助教师“教”的形象化教学工具,而应当同时强调、甚至更加强调要把它们作为促进学生自主学习与探究的认知工具和协作交流工具。“学教并重”的教学设计，正好能在这方面发挥重要的作用。

四、实施“整合”的先决条件——信息化教学资源建设

如上所述，信息技术与课程整合的实质是变革传统教学结构——将“以教师为中心”的传统教学结构改变为既充分发挥教师主导作用，又能充分体现学生主体地位的“主导—主体相结合”新型教学结构。教学结构变革的实现，有赖于信息化教学环境，这种环境应能支持真实的情境创设、启发思考、信息获取、资源共享、多重交互、自主探究、协作学习等多方面要求的教与学方式，从而能把学生的主动性、积极性、创造性较充分地发挥出来，使创新人材培养的目标能真正落到实处。

而营造信息化教学环境的核心内容则是信息化教学资源的建设。所以，我们也可以说，没有信息化教学资源就没有真正意义上的“整合”。事实上，形成“主导—主体相结合”新型教学结构的关键是要充分调动学生的主动性、积极性乃至创造性；而学生的主动性、积极性乃至创造性的发挥，不仅有赖于教师正确的启发与引导，更要依靠学习者的自主学习、自主探究与合作学习、合作探究。这就需要有能够支持认知、探究的工具、环境和有利于协作交流的工具、环境，以便在学习过程中对学习者或学习小组提供必要的帮助与支持。而信息化教学资源的作用正是要为学习者个人的自主学习、自主探究提供必不可少的认知探究工具与环境，同时也为学习小组的合作学习、合作探究提供快捷方便的协作交流工具与环境。

信息化教学资源通常有以下四种类型：多媒体素材类、多媒体课件类、网络课程类和信息化学习工具类。前三种类型对于所有学科(包括文科、理科)都是适用的，即不管是文科类教学的信息技术与课程整合，还是理科类教学的信息技术与课程整合，前三种类型的信息化教学资源都可以很好地起提供认知探究工具与环境以及协作交流工具与环境的作用。第四种资源(信息化学习工具类)则主要应用于理科类教学的信息技术与课程整合。

一般来说，第一种类型的信息化教学资源(多媒体素材类)只要通过网上搜集、下载、整理即可获得；其余三种类型的信息化教学资源则要由教师自己设计、开发，尤其是信息化学习工具类的研发更为困难——必须要运用专门的计算机软件技术才能完成。这里应当指出的是，重视信息化教学资源的建设，并非要求教师们都自己去搞多媒体课件或计算机软件开发；而是要求广大教师去努力搜集、整理和充分利用因特网上的已有资源。只要是网站上有的，不管是国内的还是国外的，都可以采取“拿来主义”（但“拿来”以后只能用于教学，而不能用于谋取商业利益）。只有在确实找不到与当前教学内容相关的信息化资源（或者找到的资源不够理想），而且教师本人又具备条件的情况下，才有必要由教师自己去进行开发。

五、要结合不同学科特点创建能支持新型教学结构的教学模式

新型教学结构的创建要通过相关的教学模式来实现。教学模式属于教学方法、教学策略的范畴，但又不等同于某一种教学方法或某一种教学策略。教学模式是指教学过程中两种或两种以上方法或策略的稳定组合与运用。在教学过程中，为了达到某种预期的效果或目标（例如创建新型教学结构）往往要综合运用多种不同的方法与策略，当这些教学方法与策略的联合运用总能达到预期的效果或目标时，就成为一种有效的教学模式。

能实现新型教学结构的教学模式很多，而且因学科和教学单元而异。每位教师都应结合各自学科的特点，并通过信息技术与课程的深层次整合去创建既能发挥教师主导作用又能充分体现学生主体地位的“主导—主体相结合”的新型教学结构。

教学模式的类型是多种多样的、分层次的，基于信息技术与课程整合的教学模式也不例外。由于“信息技术与课程整合”也就是“信息技术与学科教学整合”，而学科教学过程涉及三个阶段：一是与课堂教学环节直接相关的“课内阶段”（对于我国的小学来说，这一阶段通常是 40 分钟；对于中学来说，这一阶段通常是 45 分钟），另外两个是“课前阶段”与“课后阶段”（这两个阶段也可合称为一个“课外阶段”），所以从最高层次考虑，基于信息技术与课程整合的教学模式只有两种——即按照所涉及教学阶段来划分的“课内整合模式”与“课外整合模式”两种。

目前西方发达国家比较关注信息技术与“课前”“课后”教学过程的整合（即“课外整合模式”），多年来在这方面作了大量的研究与探索，并取得了许多成功的经验。其中影响最大、也最为有效的课外整合教学模式是WebQuest(基于网络的探究)和Just-in-Time Teaching(适时教学模式,简称JiTT)两种。至于“课内整合教学模式”,由于课堂教学涉及不同学科、不同教学策略和不同的技术支撑环境等多种因素，所以实现课内整合的教学模式分类要复杂一些。例如,若按学科划分,有数学、物理、化学、语文、历史、地理等不同学科的课内整合教学模式;若按教学策略划分,有自主探究、协作学习、演示、讲授、讨论、辩论、角色扮演等不同策略的课内整合教学模式;若按技术支撑环境划分,则有基于网络、基于多媒体、基于软件工具、基于仿真实验等不同技术支撑环境的课内整合教学模式。上述种种实现课内整合的教学模式,都有各自不同的实施步骤与方法,如能掌握这些模式的实施步骤与方法并加以灵活运用,都能取得有效整合、乃至深层次整合的理想效果。只有真正理解、掌握上述整合“途径、方法”的前4条,再结合自身的教学实践与学科特点,每位老师都能创造出能有效支持“主导—主体型”教学结构的新型教学模式来。

第二节　信息技术与课程整合的模式

<table>
<tr><td colspan="2">时间:2学时</td></tr>
<tr><td colspan="2">学习目标:
掌握四种信息技术与课程整合主要模式的实施步骤和设计方法;研习相应的教学案例,理解信息技术在其中的教学作用。</td></tr>
<tr><td>学习活动:
□　观摩研讨教学案例——《光》
□　观摩研讨教学案例——《几何画板》和《电解水》
□　观摩研讨教学案例——《身边的行程问题》
□　观摩研讨教学案例——《水资源的保护和利用》</td><td>学习作品:
□　案例《光》分析记录表
□　案例《几何画板》和《电解水》分析记录表
□　案例《身边的行程问题》分析记录表
□　案例《水资源的保护和利用》分析记录表</td></tr>
</table>

在学习信息技术与课程整合的模式之前，需要同学们理解以下几个问题。

一、教学模式

教学模式的定义目前主要的几种是：

● 教学模式是反映特定教学理论逻辑轮廓，为实现某种教学任务的相对稳定而具体的教学活动结构。具备假设性、近似性、操作性和整合性。

——《教育大辞典》

● 教学模式是构成课程和课业、选择教材、提示教师活动的一种范型或计划。

——美国学者乔伊斯和韦尔

● 教学模式是指在一定的教学思想、教学理论、学习理论指导下，在某种环境中展开的教学活动进程的稳定结构形式。教学活动进程的简称就是通常所说的教学过程。

——我国学者何克抗

二、教学模式与教学方法、教学策略的不同

教学模式属于教学方法、教学策略的范畴，但又不等同于教学方法或教学策略；教学方法或教学策略一般是指教学过程中采用的单一的方法或策略，而教学模式则是指教学过程中两种或两种以上方法或策略的稳定组合与运用。

三、信息技术在教学中的作用

当把信息技术与课程教学进行整合时，其教学应用功能主要体现在下列几个方面：

● 资源获取、加工、利用：用来获取资源信息，并对所获取的资源进行加工和进一步利用。例如，Google、百度等搜索引擎；

● 知识创建、展示、演示：用来创建或形成新的知识，或呈现和展示这些知识。例如，概念图、PowerPoint 等；

● 情境创设和实验模拟：用来模拟事物或实验发生的真实情境或活动过程。例如，交互动画、微世界等；

● 交流、通讯、协作：用来为教学参与人员提供交流、通讯或协作功能。例如，QQ、MSN 等。

● 练习、测试、评估:用来为教学提供练习、测试、考评或评估功能。例如,智能题库、测试软件、电子学档等。

活动一 研习基于情境创设的传递－接受型教学模式(25分钟)

基于情境创设的传递－接受型教学模式源于传统的课堂讲授教学,主要借助教师的讲授来呈现知识,阐明、分析其联系,具有高效率和经济性的特点。随着教育改革的推进,传统的单一讲授型教学的不足日益明显,通过将学科讲授教学与信息技术相融合,对传统讲授教学加以优化、创新,使其符合新课改的要求,进而演化成为一种信息技术与课程整合的主要模式。基于情境的传递－接受型教学模式是指在课堂教学中选择适当的媒体,形成具象化的情境,帮助教师知识传递和学生意义建构的课堂教学形式。

一、模式实施步骤

1. 创设情境,引起注意,导入新课

导入新课时,教师应该用最有效的方法,用最短的时间吸引学生的注意力,可以采取建立新旧知识联系的方法导入,也可以采用激发学生兴趣的方式导入新课。

2. 创设情境,优化知识的传递－接受过程

(1)创设真实的情境,可以提供直观感性的材料。学习的过程是一个由感性认识到理性认识的过程,理性认识的形成以大量感性知识为基础。学生感性知识的获取,一部分是在日常生活中通过观察学习逐步积累的,还有很多是在课堂教学中通过教师演示各种直观材料和播放媒体信息取得的。利用多媒体课件,可以通过视觉和听觉两个最佳的感知通道,以文字、声音、图像、动画和视频等方式为学生提供大量、真实、直观的感性材料。这种方式比传统课堂教学仅凭语言文字讲述要具体、真实、完整和鲜明得多。

(2)利用虚拟现实、人工智能等创设的情境,可以模拟动态过程。传统的课堂教学环境缺少动态模拟。运用信息技术可以创设大量物理过程的微观变化规律,如电学中电流的形成及其流动路径的展示,可以将教学内

容中的变化因素通过形象化的仿真和模拟来展现，这样就可以将不可见的因素及其变化规律呈现在学生面前，起到化无形为有形、化抽象为形象的作用，收到良好的教学效果。

（3）利用计算机创设情境教学，获得学生思想共鸣。在语文等文史类学科教学中，体会作品的思想情感是主要的教学内容之一。一首诗或一篇文章，学生或是通过自己阅读学习，或是听配乐朗诵学习，或是观看有关影视作品学习，对原文的意境和作者思想感情的感受是不同的。通过信息技术给学生创设“情景交融”的环境，使学生通过情境感受更为感性的内容，如人物的感情、眼神等语言文字难以描述的内容。处于此情境之中，学生的思想感情更容易与作者产生强烈的共鸣，从而能够体会作者所蕴含的思想感情。

3. 巩固内容，帮助学生意义建构

知识巩固是课堂教学的重要环节，一般在讲解示范之后进行。可以利用多媒体课件辅助进行课堂知识巩固。一般采用知识提纲或图表的形式。提纲式内容精炼、概括，重点突出；图表式内容有利于学生了解和掌握知识之间的相互关系。也可以用播放教学光盘内容的形式进行知识总结和巩固。一般在知识巩固环节中应注意以下几点：

（1）在理解的基础上强化巩固。理解知识是巩固知识的基础。要使学生知识掌握得比较牢固，首先在传授时要使学生深刻理解，留下极深的印象。所以在教学中要引导学生把理解知识和巩固、记忆知识联系起来。强调理解记忆，并不否定在教学中还要求学生对一些知识作机械记忆。

（2）重视组织各种复习。复习是巩固知识的重要手段。在计算机辅助课堂教学过程中，应根据教学需要，有计划地组织好复习，教师要向学生提出复习与记忆的任务，力求具体、明确。

4. 总结拓展，促进新知识的巩固与迁移

在总结拓展环节中应注意以下问题：

（1）课堂总结要巧妙设疑。大部分教师在新课教学的引入、探究环节非常注重巧妙设疑，但在课堂总结部分往往缺乏这一意识。其实，如果在课堂总结部分巧设疑问，往往能起到“一石激起千层浪”的功效，学生会兴趣大增，进而思维活跃。

(2)课堂总结要适度提升。很多教师的课堂总结好像在机械地完成一个必须完成的任务,总是以“你学会了什么、你掌握了什么?”等问题来草草收场,学生难以达到知识的提升和情感上的升华。这就对教师提出了更高的要求,即在课堂总结部分进行有效的设计,让学生获得更丰富的学习体验。

上述课堂教学结构的四个环节,各有其主要内容,所以相对地区分开来。整个课堂教学始于感知,发展为理解,通过练习巩固,最后总结延伸,形成学生的能力。区分是相对的,互相渗透是绝对的。四个环节环环紧扣,步步深入,层层连续,构成紧密联系的一个整体。

二、案例研习

案例1:《光》(案例来源:北京市永乐中学侯志红老师)

教师:借助多媒体投影展示一些光与影的图片,以吸引学生的注意;与此同时,用话语“光给我们带来了温暖和美丽,今天就让我们来研究光,看看它怎么给我们带来温暖与美丽的?”作开场白,激发学生对“光”进行研究的兴趣。然后呈现教学内容,并通过提问启发学生思考:“从物理的角度来研究光,大家想想看,都要研究些什么?”

学生:展开认真的思考,接着进行小组讨论,并将讨论结果推选代表回答。

教师:引导学生归纳出“认识光源”、“光的传播方式”和“光速”等答案(写在黑板上)。

① 认识光源

教师:呈现另一些光与影的图片,问“在这些美丽景象中,光是从哪儿来的?”

学生:分别进行回答。

教师:由学生的回答概括归纳出“光源”的概念。

② 探究光的传播方式

教师:先提出三个问题:“光可以在哪些介质中传播?”“通过日常经验猜猜光在这些介质中是如何传播的?”“能否通过实验

来证明你的猜想?”

学生:思考教师提出的问题,并分组动手做实验验证猜想。这些实验包括“光在固体中传播的实验”和“光在不同介质中传播的实验”;做完实验后,对实验结果进行讨论。

教师:用动画演示并讲解“太阳光射到地球上时光线会发生弯曲“这一现象,从中归纳出“光在同一种均匀介质中沿直线传播”的规律,并且图解如何用物理符号表示光线。

学生:展开认真的思考,学习用物理符号表示光线。

教师:继续演示和讲解小孔成像、影子成因、日蚀月蚀成因的模拟等物理实验,目标是让学生了解光的直线传播现象是光的一个基本特性,在生活中有大量的应用。要求学生举出生活中的例子。

学生:举出“看物体的边是否直”、“排队站齐”、“射击瞄准”、“激光掘进准直”等实例。

3. 学习光速

教师:提出“打雷时雷声和闪电是同时发生的,我们为什么先看到闪电然后才听到雷声?”这一问题,激发学生对光传播速度的思考,引出光速的概念和量值。

教师:在进行上述几方面内容教学的基础上,对本课的主要内容进行小结,以帮助学生梳理知识要点,并把握其内在联系。此外,为了促进学生对本节课所学知识的巩固与迁移,并培养学生理论联系实际的意识与态度,还为学生留了三个课外设计题目:“利用本节课所学内容设计一个可测出某盏路灯高度的方案”,“参考历史上测量光速的有关材料,设计出一个测光速的实验”,“试设计一个针孔照相机”。

学生:在课后展开对课堂知识的复习及对老师留下的问题的探究。

根据案例,请结合表中所列的相关分析主题,进行自由讨论,并将结论填入表 5-2 中。

表 5-2 案例《光》分析记录表

分析主题	分析结果
案例中的那些教学环节使用了信息技术?	
这些技术在课堂教学中有些什么作用?	
你对本案例有什么感受和建议?	

【专家点评】

从上述以教师讲授为主(包括演示、提问、讲解、总结、布置作业等)、辅以学生实验的物理教学案例中，我们不难发现，教师在导入这个环节中,充分利用信息技术创设真实情境,联系学生自身的生活经验,激发学生对“光”进行学习的兴趣;随后教师提出三个问题让学生思考,接着让学生分组动手做实验，并对实验结果进行讨论——此处正是运用了信息技术融入教学过程、创设仿真情境的教学功能,实现在课堂上不方便实现的教学场景的模拟,最终归纳出三个问题的答案,有利于学生进行知识的内化。总之,本课教学过程的组织围绕“认识光源”、“光的传播方式”和“光速”等三个问题展开,以“光的传播方式”为 重点与难点,综合运用信息技术的获取资源、创设和模拟情境几项教学功能,辅以分组实验、班组讨论、生活实例等多种教学方式予以巩固和深化。最后一个环节的课后迁移设计也很到位——学生完成课外设计的过程，将信息技术与课程整合进一步延伸到课后。从上述案例的整体教学过程看,本节课是在信息化环境下基于情境创设的传递 – 接受式教学模式的典型案例。

活动二 研习基于应用软件的多媒体课堂演示学习模式（25 分钟）

基于应用软件的多媒体课堂演示学习模式是在课堂中教师自制课件或购买利用某一种或几种软件制作的课件，或者利用适当的信息技术资源,辅助课堂教学的形式。该教学模式是以信息技术为核心,利用信息技术来完善和强化传统的课堂教学。这一整合教学模式是针对传统课堂教学的不足而提出的,利用应用软件的技术优势,把教学过程中教师难以用语言准确描述的内容或学生难以理解的抽象内容，直观、形象地表现出来,使学生易于感知和理解,达到对教学内容的理解和掌握,既有效地提高了课堂教学效果,又培养了学生多维化的思维方式。

一、模式实施步骤

在多媒体课堂演示学习模式中，教师可以借助多媒体及应用软件来呈现教学内容,通过课堂讲授的方法将教学内容传递给学生。教师可利用一种或多种应用软件把许多抽象的、难以理解的教学内容变得生动有趣,把复杂的加以简化，把空间的距离变近，就可缩短学生与教材之间的距离;同时,也可把微观的、宏观的、非常抽象的、难以口头表达清楚的教学内容,加以形象化,通过多媒体手段,把宏观的事物变小,微观的事物放大,便可使原来难讲清楚的知识一目了然。

应用软件使用方便、功能强大、能针对教学需要灵活利用其中的部分功能为教师所用，比较成熟的教育教学应用软件有几何画板、仿真实验室、画图软件等等,这种基于应用软件的多媒体课堂演示教学的模式有四大步骤:创设情境—启发思考—学生实践—归纳总结。

1. 创设情境

创设情境不仅是教师导入教学主题的需要，也是激发学生的学习兴趣和学习动机的需要。在这一阶段,教师根据学生已有的认知结构,运用多媒体教学软件播放一段与教学相关的视频,或演示一种实验现象、演示专门制作的课件、呈现图形的变化等等,激发学生的学习兴趣,自然地引出课堂教学的主题。

2. 启发思考

在学生被创设的情境激发学习兴趣后，教师应该及时提出有启发性并能涵盖当前教学知识点的若干问题，让学生带着问题去学习和掌握有关的知识、技能。在问题思考阶段，教师对于学生应当如何解决问题、应当如何利用教学软件给予具体的指导和建议；学生则要认真思考教师给出的问题、明确自己的学习任务，并通过自己的全面思考形成初步的假设。

3. 学生实践

学生根据教师的讲解与启发，通过亲自操作软件，观察不同操作所产生的变化或现象，分析不同现象、数据之间的联系，得出相应的结论，验证或推翻自己的假设，加深对知识的理解。

4. 归纳总结

这一阶段的目的是，通过师生的共同总结来补充和完善全班同学经过思考和实践两个阶段后对当前所学知识在认识和理解方面仍然存在的问题和不足，以便学生更全面地达到当前知识点的教学目标。在实施这一步骤时，学生的活动主要包括讨论、反思、自我评价；教师点评学生的学习情况、拓展有关的问题并对当前所学的知识内容进行概括总结，帮助学生建立当前知识与其他相关知识之间的联系。

在教学实施时，教师要对教学过程进行全面的的教学设计，教师在运用不同的应用软件教学时应了解各种应用软件的优缺点，根据实际教学内容选择合适的应用软件，在教学中学生接受来自教师和传统媒体或者应用软件呈现的信息。在这个教学过程中，信息主要通过教师的教学活动传递给学生，学生的反馈信息主要由教师来接收处理，与传统教学模式相比，这一模式利用不同软件的优势，将一些传统教学无法展现的连续变化过程，形成鲜明、逼真的动态效果，从而调动学生的学习兴趣。

二、案例研习

案例 2:《利用几何画板探索三角形内接矩形的面积变化的规律》(案例来源:杭州二中)

利用著名的数学几何模拟软件“几何画板”，可以非常容易地实现对平面几何、立体几何中的形状、平分线、中垂线等进行动态模拟演示，可以定义各种参数、也可以随机动态改变，非常灵活、方便，教师利用该软件可以演示、创设几何学习的良好情境，方便学生对问题的探索与发现，并在此过程培养学生的兴趣、创新意识与实践能力。杭州二中的数学教师在利用几何画板探索三角形内接矩形的面积变化的规律时，采用了如下方法步骤：

1.创设学习情境

(1)利用几何画板画出△ABC，在△ABC 中的 BC 边上取一动点 P，设 BP=x，并以 P 点为始点作内矩形。并设 P 点在 BC 上作动画运动，使矩形面积随之而发生大小变化(如左图所示)。

(2)测出矩形面积的值 y，并建立 x 与 y 间的关系，让面积值 y 在坐标系中显示，并观察 x 变化时，面积 y 的变化情况(如下图所示)。

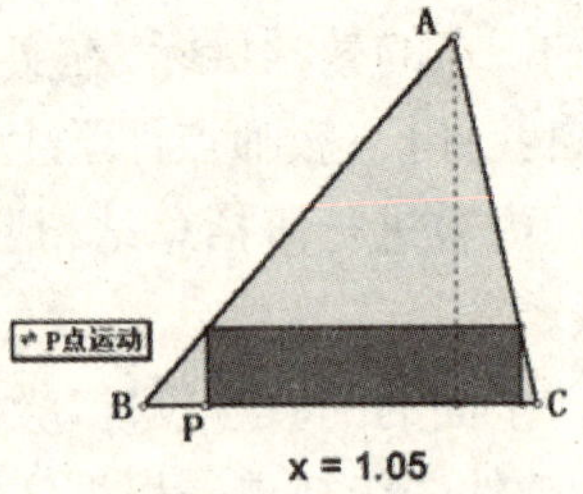

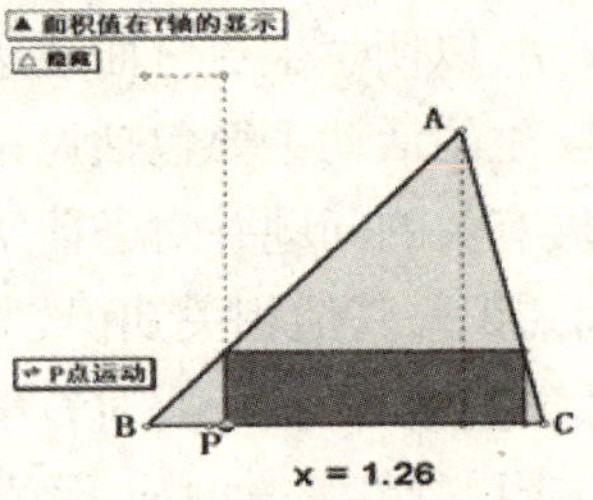

2.教师指导学生观察的事物特征、关系、运动规律并进行思考和发表意见

教师指导思考，如果移动 p 点，矩形面积以及表征面积大小 y 值的会有怎样的变化，有何特征？是否有最大值？让学生把思考的想法说出来并进行讨论。

3.让学生进行操作实践、验证与原来思考的意见是否一致

教师指导学生，实际操作计算机，移动 p 点，观察矩形面积以及表征面积大小 y 值的变化情况，发现其特征，观察是否有最大值，让学生验证与原来思考的意见是否一致。

4.指导学生进行知识重构，把思考和实践的结果进行归纳总结

通过上述例子，将几何画板作为学生探究数学几何问题及规律的情境创设和情境探究工具。在教学领域，类似这种信息技术作为情境——探索工具的手段非常多，它们将在教学在中发挥越来越大的作用。

案例3:《电解水》(案例来源:上海市奉贤区塘外中学,唐宝仙老师,有整理)

flash课件可以把教学内容展现在学生面前，让学生迅速感知教材，并为学生创设出一种直观教学情境。文科教学中可以利用flash放映动画、图片，也可以加入在flash课件中添加朗读录音，恰到好处地再现了文章的语言、节奏、格调乃至其蕴含的情趣，意味，能给学生提供语言、节奏、语气、语调等方面的示范，让学生形象地感知教材理解课文。理科教学中，可以用flash模拟仿真实验，以动画的形式展示整个实验的过程，将一些抽象的东西直观形象的表示出来。

1.创设学习情景

水在加热时变成水蒸气，水的三态变化，只是水分子间隔改变，而“每个水分子由两个氢原子和一个氧原子构成”，这一事实始终不变。那么，如果在水中插入电极，通以直流电，情形是否有所不同呢?

2.教师演示试验，指导学生观察实验现象并进行思考

教师播放用flash软件制作的电解水仿真实验，让学生熟悉实验步骤并让学生仔细观察实验的现象，实验演示完以后，向学生提出问题，水通电产生的气体是什么呢？是不是水蒸汽呢？如何来检验？学生思考老师提出的问题并与同学进行讨论。

3.让学生进行操作实践，验证与自己的思考是否一致

学生观看了演示实验后，在教师指导下，实际操作软件，完成实验并观察实验现象，验证自己的思考是否与实验结果一致。

4.教师对学生实践及学习内容进行概括总结

教师对学生在操作中存在的问题进行纠正，强调实验重点。

从能量、元素、微粒角度对实验进行总结，使学生不仅从宏观上掌握了电解水的知识，同时也从微观上理解了氢、氧原子的分解形成过程，达到深入理解化学反应的实质。

根据案例，请结合表中所列的相关分析主题，进行自由讨论，并将结论填入表5–3中。

表5–3　案例《几何画板》和《电解水》分析记录表

分析主题	分析结果
案例中的那些教学环节使用了信息技术？	
这些技术在课堂教学中有些什么作用？	
你对本案例有什么感受和建议？	

【专家点评】

应用软件以其操作简便、功能强大等优势，在多媒体课堂教学中被广泛应用，而且发挥着很重要的作用。应用软件种类较多，几何画板、flash、author ware是比较常用的几种。以上的两个教学案例是基于几何画板和flash软件的应用案例，从上述两个案例中，我们不难发现，几何画板和flash软件的应用，能设置较丰富的问题情境，并从情境中提出真实问题，从而能较自然地引发学生的认真思考。而且在教学中让学生利用几何画板和flash作为认知工具，进行自主探究、自主发现，从而较充分地发挥了学生的主动性、积极性，提高了学生的学习兴趣，也使信息技术整合于教学过程的优势得到真正的体现。通过将软件操作与实验观察相结合、自主探究与协作交流相结合，有效地促进了学生对知识点的理解，增进了学生的实践意识，形成了相关的操作技能。

活动三 研习基于网络资源的探究性学习模式（25分钟）

探究性学习，是指运用探究的方式进行的学习过程和活动，亦即学生在教师的指导下，主动发现问题，以一种类似科学研究的方法对问题进行分析和研究，从而达到问题解决和知识获得的过程和活动。基于网络资源的探究性学习，是探究学习活动的一种具体形式，它主要依托强大的互联网信息资源来训练学习者的探究能力。

一、模式实施步骤

基于网络资源的探究性学习模式中，教师利用信息技术手段，创设一定的教学情境，以引起学生对问题的思考，在充分思考的基础上，借助丰富的学习资源，形成创新的问题解决思路，并在实践中探索问题解决的具体方法，最终实现问题的解决。在问题解决过程中，学习者独立探究，形成自己独特的见解，从而达到对知识的自我建构，最后学习者对问题的解决过程进行自我评价并与同学进行交流，发现不足，以便对解决方案进行修改和完善。该模式实施的具体过程如下：

1. 提出要探索的问题，创设情境

在基于资源的探究性学习模式中，探究的问题可以是由学生提出来的，而且在教学中教师也必须有意识地培养学生提出问题、质疑问题的能力，而在现实的教学中，由于受到教学计划等因素的影响，学生进行探究的问题一般是由教师提出的。在这一阶段中，为了使探究性学习切实取得成效，教师需要在探究之前向全班学生提出若干富有启发性、能引起学生深入思考并与当前学习目标密切相关的问题，这一环节至关重要，所提出的问题是否具有启发性、能否引起学生的深入思考，这是探究性学习能否取得效果乃至成败的关键因素。针对所提出的问题，教师利用现代信息技术创设特定的学习情景（如观察、实验、案例分析、研究图片等），并通过不同的途径和方式（如教师引导、学生之间的讨论、师生之间的讨论）引导学生进入学习，并为学生提供解决问题所需的信息资料、实验仪器。

2. 学生根据提出的问题进行分析，展开自主探究性学习

在这一阶段中，学生利用教师提供的认知工具和学习资源（或是在教师指导下从网上或者其他途径获取资源和工具），围绕教师提出的问题进行深入的分析、探索，提出自己的假设，对设计的探究方案进行探究，直至得出结论。这阶段是自主探究阶段，具体包括：(1)学生收集与当前知识点相关的各种信息，主动对所获得的信息进行分析、加工和评价，在对知识充分理解的基础上，根据已有的知识、经验或收集的信息做出比较合理的猜想、假设和设计探究方案；(2)由学生通过网络访问教师提供的网络资源库。学生带着问题或实验方案通过网络的必要帮助独立进入网络学习环境进行探究；或者通过现代信息技术与多媒体实验辅助系统进行实时实验探究，收集实验数据。

3. 学生展示、交流所形成的问题解决方案

在自主探究的基础上，学生或学生小组通过网络的辅助，将各自的实验方案或得出的问题解决方案带入网络讨论区进行展示和交流，比较各小组的探究过程和思维结论，从中获取成功的经验和失败的教训，使自己的思维过程更趋合理。在此过程中教师应为学生提供协作交流的工具，同时要对如何开展集体讨论、如何面对小组成员的分歧等协作学习策略做适时的指导，在必要时教师也应参与学生的讨论和交流。

4. 教师和学生对各种解决方案做出评价

在这一阶段，教师和学生们一同对通过探究而形成的解决方案进行分析，确定各种方案是否可行以及各种方案的优缺点。学生对各自的探究过程进行小结，陈述各自的探究结论或实验现象与结论，并对各自的探究过程和结论进行反思、评价；并对他人的探究过程和结论进行反思、评价，提出建设性的意见和建议。教师对本课的学生小结及学生探索的情况，进行概括总结和评价。这一步既是对探究学习的巩固，又是对探究结果进行检验的阶段，其作用在于帮助学生学会解决问题的具体方法，使学生学会举一反三，为今后解决类似或相关的问题提供方法上的指导。

基于网络资源的探究性学习模式强调以学生为中心，通过学生自主探索及与他人合作交流的方式来学习，同时也不能忽视教师在教学过程中的主导作用，教师在教学过程中起到组织、指导和促进学生学习的作

用。这种探究性学习模式不仅关注学生“知道什么”，更关注学生“怎样才能知道”，在“让学生自己学会并进而会学”方面下功夫，通过学生的主动参与、亲身体验促进学生对科学知识的“动态建构”。

二、案例研习

案例4:《身边的行程问题》(案例来源：深圳南山实验学校易伟湘老师)

《身边的行程问题》是小学五年级的一堂数学课。《身边的行程问题》是在学习了“速度、时间、路程间的数量关系”、“24时记时法”、“小数乘、除法”等知识的基础上进行的教学活动课，训练学生对大量数学知识进行综合运用的能力。深圳南山实验学校的易伟湘老师，采用基于网络资源的探究性学习模式对该课进行了教学，过程如下：

创设情景、激趣引题：五一节即将来临，同学们可以结伴出游南京、杭州或北京。教师展示地图及三个城市的图片资料，对这三个城市的景点进行介绍，让学生对所到之地的方位及特点有一个感性了解。通过这种情境创设，激发学生浓厚的旅游兴趣，并把学生的注意力集中与本课的主题，如何来做出一个假日旅行计划？

提出问题、启发思考：教师提出出行前要明确的问题，如：去杭州、北京、南京各有多远？你打算去什么地方？你打算选择什么交通工具去目的地？选择的理由是什么？

自主学习、协作探究：学生分组进行网络环境下的探究学习。学习中学生自行分工，有人查询路程，有人查询时刻表及票价，有人记录数据，有人进行数据整理、比较，并计算结果。选择经济、舒适，又适合自己的出行方式。同组整理数据，交流意见。了解本组同学查询到的各种信息，利用这些信息可以计算出什么，运用哪个数量关系？然后同组学生讨论解决本活动提出的三个问题。小组汇总对活动的发现及其它问题(可以在提供的软件中完成)。一份对本活动提出的三个问题的解决方案；一份对此次出游的目的及过程的简单描述；一份填满各种发现及问题的文件。

全班交流、深化理解：学生在小组内探索、交流、思考后，提出了很多方案及想法，并把形成的方案及想法在全班展示，教师指导全班同学对提出的方案和想法进行讨论、交流和汇总。

总结提高、突出主题：教师对学生探究的过程及形成的方案进行总结和评价，分析其可行性及优缺点，给出建设性的建议。通过教师的总结不仅达到巩固知识的目点，更重要的是侧重帮助学生建立数学与实际生活的联系，强调要应用所学知识去解决实际问题，培养学生利用信息解决实际问题的能力。

根据案例，请结合表中所列的相关分析主题，进行自由讨论，并将结论填入表 5–4 中：

表 5–4 案例《身边的行程问题》分析记录表

分析主题	分析结果
案例中的那些教学环节使用了信息技术？	
这些技术在课堂教学中有些什么作用？	
你对本案例有什么感受和建议？	

【专家点评】

本案例较好地体现了“主导 – 主体相结合”的教学结构理论。教师的主导作用在创设情境、激趣引题、启发思考、组织学生讨论交流和总结提高等环节中得到了较充分的发挥;学生的主体地位则在自主学习、自主探究、小组讨论形成方案、协作探究实施方案等环节中得到了较突出的体现。在教学过程中,学生在教师提出问题的引导和启发下,以自主学习与小组协作相结合的方式去探究学习,而不是像传统教学那样由教师直接向学生灌输知识;与此同时,还注重培养学生解决问题的实践能力,引导学生关注现实生活中的问题——把课本知识与生活实际紧密联系起来,使学生能够将所学知识学以致用,从而增强了学生们迁移知识与运用知识的能力。

活动四　研习基于专题学习的研究性学习模式(25 分钟)

研究性学习一般指结合实际的科学研究活动来进行学习。具体来说,是指这样一种学习方式:学生在教师指导下,从自然界或社会生活中选取某一真实问题作为专题去进行研究,要求学生在研究的过程中要主动的去获取知识,并要应用所学的知识去解决所选定的真实问题。所以,基于专题学习的研究性学习模式实际上是在学科教师的组织与指导下,将上述研究性学习方式与学科的教学过程相结合而形成的一种全新教学模式。

一、模式实施步骤

1. 创设问题情境,提出研究主题

在进行研究性学习的初始阶段,学生一般还没有形成待研究的专题,此时一般由教师根据学科教学的需要创设一个问题情境,以此来激发学生学习和研究的兴趣,同时这也是教师对教学研究方向的控制。随着研究性学习的开展,学生对研究性学习的了解逐步增多,就会自主的或者在教师的引导帮助下形成有兴趣去解决的问题。然后在此基础上进一步筛选,再从中提出比较有意义、有价值的真实问题作为研究性学习的专题。

2. 分析问题,提供研究支持

研究性学习的对象是自然界和社会生活中的真实专题,这些专题一般比较复杂,所以应该设法将一个大的专题进一步分解为若干子问题(子任务)。这个过程中教师应引导学生对这个真实的问题进行分析:提供给学生分析问题的思维方式、研究问题的科学方法、和已有知识经验的关联以及与该真实问题相关的资料等,让学生拥有足够的策略和资源上的支持,同时也保证学生走在有意义有价值的研究轨道上。

此环节的成果是研究主题被划分为若干项子问题，由对各子问题感兴趣的同学组织成若干研究小组，各小组拥有了一定的策略和资源的支持,为下一步的解决问题做好了准备。

3. 通过协作共同完成专题研究

这个环节首先要求学生在教师的支持或指导下通过讨论交流得出解决问题的具体方案。解决方案要明确两个方面的问题：

- 阐明“是什么问题”(问题的基本性质、解决这个问题的关键点,即要害在哪里)；
- 讲清楚“如何解决这个问题”。

如上所述,一般都要先把一个大的专题分解为若干个子问题,然后再为每一个子问题给出可行的解决方案;而要能够找到有效的解决方案,除了需要学习有关的知识与技能以外，还必须进行广泛、深入的调查研究(主要可以运用上网搜集有关资料、个别访谈、问卷调查、实际测量等多种其他手段来获取相关的信息与资料),并且还要掌握科学的研究方法。研究性学习中的研究主体,可以是学习者个人,也可以是学习小组。

如果研究主体是学习者个人,前一个子环节(提出解决问题的初步方案)由学习者个人在深入分析问题的基础上自主完成;后一个子环节(优化解决问题方案）由学习小组集体完成——以学习小组活动形式对本组内各成员(即学习者个人)所提出的解决问题的初步方案,从科学性、有效性、可行性等几个方面进行审核,提出修改意见,使之逐步完善并优化。

如果研究主体是学习小组，则前一个环节（提出解决问题的初步方案)由各个学习小组在深入分析问题的基础上集体完成;后一个环节由全班来共同完成——以全班讨论形式对本班内各个学习小组所提出的解决问题的初步方案,从科学性、有效性、可行性等几个方面进行审核,提出修改意见,使之逐步完善并优化。

不管研究主体是个人还是学习小组，教师在解决问题过程中的主要活动都是协助组织好(各学习小组或全班的))讨论交流活动。教师可以充分利用信息技术促进小组交流协作活动,实时监控讨论交流活动的内容、进度、效果,对需要帮助的小组或个人及时提供资源、技术、方法等方面的指导，而不应越俎代庖。

综上所述，实施这一步骤的关键是学习者能掌握相关的研究方法并组织好小组或全班的讨论交流活动，使解决问题方案真正得到优化。

4. 汇报与总结评价

研究性学习中的总结包括个人自我总结、小组总结和教师总结。而且小组总结应在个人自我总结基础上进行，教师总结又要在个人总结和小组总结的基础上进行。个人自我总结和小组总结都应将研究成果的汇报、展示与书面总结相结合（研究成果可能是调研报告、重要数据的统计分析、某种应用软件、某种仪器设备、某种产品的原型、某种解决问题方案……）。总结内容应包括该项研究的背景（国内外的研究现状）、意义、目标、主要研究内容、主要研究成果与创新点、以及努力方向（或不足之处）等。教师的总结不是要取代学生个人的或小组的总结，而是要帮助他们把自己原来的总结做得更全面、更深入；特别是要帮助他们把对客观事物的认识由感性上升到理性，使他们对科学概念与原理的认识和理解由片面、零碎、局部过度到全面、系统、完整，尽量使每一个学生都能做到不仅知其然，而且知其所以然。

因此，实施这一步骤的关键是首先做好个人自我总结和小组总结，与此同时，也不应忽视教师在这方面的促进与提升作用。

二、案例研习

案例5：《水资源的保护和利用》（案例来源：北京理工大学附中徐泓老师）

第一阶段：选定课题，分析课题，确定小组。

通过对人民教育出版社高级中学课本地理上册中“水资源的利用”一节教材的学习，全班同学深切地感到水资源对生活、生产及社会的进步和发展意义重大，对目前淡水资源的危机有了清醒的认识，同时产生迫切的责任感。于2001年12月开始，对我们身边的水问题、水环境进行调查、研究。同学们根据自己的兴趣，自愿结合组成七个小组。各自选择研究的方向主要有：理工大附中周边的水环境、居民用水情况调查、理工大附中用水情况调查、长河的历史、长河的整修与保护、长河的利用与发展等。

第二阶段：小组合作，综合调查。

1月份，各小组分别向老师交小组计划。通过老师修改完善后，各组在假期开始调查研究活动。2月份，总结前一阶段工作后，同学们的兴奋点更多地集中在我们身边的这条河流—长河。我们天天路过、天天看见的这条河，它曾经淹没在历史的长河中。它拥有古老的历史，是北京城内现存的唯一一条由明、清两代皇朝钦定的御用河道，为京城的辉煌产生过重要作用。随着"北京市城市水系治理工程"的开工，长河又披上美丽的外衣，这些吸引着我们思考：长河的兴衰，其历史根源、社会根源是什麼？以史为鉴，现代的长河，如何才能更好地发挥其经济效益、社会效益和生态效益。对长河进行深入的调查研究。各小组的活动主要有：肖晶晶、张丽等同学于2月28日到滨角园码头了解情况、索要资料；杨欧等同学到玉渊潭公园管理处调查；通过老师与河湖管理处的杜玲英高级工程师联系；3月22日乘坐游船在长河段实地调查。在船上，全体师生聆听长河悠久的历史介绍，看到了两岸遗留的古迹，感受到了"船在水中走，人在画中游"的美景。但是，也观察到了许多水面的漂浮物、钓鱼者、游泳者等问题。随后，请杜玲英高级工程师到学校与同学们座谈。座谈会上，同学们就关心的京城水系整治情况、长河水质的保护、岸边植被的种类及养护、长河今后的利用方向等问题与专家进行热烈的讨论。

第三阶段：以论文形式总结研究性学习的成果并作交流汇报。

学生在调查、研究之后，针对不同问题，以小组为单位进行讨论，并最终写出研究性论文。在老师的指导下，多次修改，对长河的不同侧面进行深入的论证。4月份，以区级研究课的形式进行交流。课堂中由学生主持，以"欣赏长河美景，体味长河文化，发展长河事业"为题目，主要对"长河的兴衰对今天的意义"、"长河水的保护"、"岸边植被的养护"、"长河今后的利用方向" 四个问题进一步探讨，使同学们认识到了解长河、保护长河，其最终目的是最大地发挥其生态效益、社会效益和经济效益。5月份，老师对学生在本次活动中的表现进行评价，学生对本次活动中的收获进行反馈。

根据案例，请结合表中所列的相关分析主题，进行自由讨论，并将结论填入表5–5中。

表5–5　案例《水资源的保护和利用》分析记录表

分析主题	分析结果
案例中的那些教学环节使用了信息技术?	
这些技术在课堂教学中有些什么作用?	
你对本案例有什么感受和建议?	

【专家点评】

研究性学习从根本上改变学生被动接受的学习方式，注重培养学生终身学习和终身发展所需的主体精神与能力，让学生走出课堂和书本，走向社会，通过小组活动，培养学生小组分工协作精神；通过问卷调查、实地考察、追踪观察、专家座谈等多种形式，促使学生积极思考、主动探究、深入钻研，培养学生的创新精神和实践能力。

第三节　信息技术与课程整合的策略

时间:2学时

学习目标:

理解并掌握信息技术与课程整合的策略，能够根据实际情况应用策略。

学习活动：	学习作品：
□ 理解信息技术与课程整合的常用策略 □ 观摩案例，研讨如何更好地使	□ 信息技术与课程整合策略自我理解表

信息技术与课程整合的关键，是如何有效应用信息技术的优势来更好地达到课程学习的目标，培养学生的信息素养、创新精神以及实践能力。因此，要培养学生学会把信息技术作为获取信息、探索问题、协作讨论、解决问题和构建知识的认知工具，而不仅仅只是一个简单的工具。技术是为支持教学而服务的，整合不代表技术的滥用误用，更不能用技术来取代学科教学。信息技术与课程整合效果的关键，最终还是要看技术能否用得恰到好处。

为此，信息技术与课程整合需使各种教学方法互相协调、相互促进，而信息技术的运用则适时、适用、适度。为了体现整合优势，真正发挥信息技术的支持作用，就必须对信息技术与课程整合的有效性进行考虑。这要求教学设计者尽量减少和避免各种整合误区或问题，优化教学中技术整合的选用种类、应用方法、使用时机等因素。适时、适当的采用一些策略，才有可能实现真正的有效整合。

活动一　理解信息技术与课程整合的常用策略（50 分钟）

信息技术与课程整合，应依据各学科的具体实际来进行，即要根据学科的教学内容、教学目标、教学对象及教学策略，找到整合的切入点，并结合学科教学的各个环节来展开。在信息技术与课程整合的过程中可采用以下一些策略。

一、知识切入点策略

信息技术与课程整合，应以学科的知识点为切入点来进行。在各门学科教学过程中，信息技术可切入的知识点甚多，教师应充分利用可切入的知识点，围绕知识点的揭示、阐述、展开、归纳、总结等环节，运用现代信息技术进行有效的教学，有效地开展课程整合。学校应建立各门学科的信息技术媒体资源库，并对所有的资源建立详细的目录，保证所有师生都能方便查找和利用这些资源，并在教学过程中发挥其特有的功效。

案例 6:《看月食》

(案例来源:http://www.1jyw.cn/article/sort06/sort0480/sort0447/info-81613.html 有整理)

教学要求:

(1)使学生懂得发生月食的科学道理,了解月亮从初亏到食甚然后复原的过程,激发他们观察自然,学习科学的兴趣。

(2)通过对重点勉励的理解,读懂第一节的意思。

(3)学会本课 14 个生字,会用“担心”“仍旧”造句,积累 10 个词语。

(4)会朗读课文,背诵第 3、5 节。

教学重点:通过对重点句子的理解,读懂每一节的意思。

教学难点:理解月食发生的原因。

教学准备:多媒体(看月食的过程)

教学时间:二课时

教学过程:

一、引入

师:同学们,你们看到过月食吗?今天,我们就一起来看月食。

师:小朋友想不想亲眼看一看月食的全过程?在看之前,老师要提三个要求,

谁来读一读(媒体 1)

(1)月食之前,月亮什么样儿?

(2)月食开始了,月亮的形状有什么变化?

(3)月亮复原时,形状又有什么变化?

师:请小朋友带着这三个问题来观察,看谁观察得最仔细,最认真?(放动画 1)

师:刚才,小朋友观看了月食发生的全过程,课文中 3、5 节介绍了月食的过程。就请同学读好这两节。

二、理解月食发生的过程

师:请一个小朋友读第 2 小节,大家思考,月食之前,月亮什

么样？请用“—”画出描写月亮的句子。（多媒体 2）

师：这句话把月亮比作什么？（大玉盘）这样比有什么好外，比出了月亮的什么？（圆，大，美）

师：你看，通过打比方就把月亮的形状颜色写得更加形象生动。

师：同学们，月食之前，圆圆的月亮像个大玉盘挂在天空，银光落在河面上，闪闪发亮，此时的景色怎么样？

师：能不能将这种美的景色读出来？（读读、背背）

师：（过渡）这是月食之前看到的景色多美啊！可是，月食就要开始、月亮的形状会发生怎样的变化呢？请大家读第 3 节，完成练习。（多媒体 3）

师：作者通过打比方写出了月亮的形状变化过程，像……像……像……像…… 月亮是不是变得像这些形状呢？我们再来仔细看一看。（放动画 2）请小朋友边看边跟着老师一起说，月食开始了，只见月亮已经……慢慢的，月亮成了…… 接着……一会儿细钩也不见了，整个月亮……

师：在刚才的变化过程中月亮是不是一下子就变成一面红铜色的锣？从课文中哪些词可以看出来，请打上圆点（慢慢的、接着、一会儿）

师：谁能把这些词用上，说一说月亮的变化过程。

师：请小朋友再一起读一读第 3 小节月亮的变化过程？感受一下月食开始的情景。

师：刚才，姐妹俩看到的是月食开始的过程，再过一会儿，他们又看到了怎样的情景呢？ 请小朋友小声读第 5 小节。

师：谁告诉我，过了一会儿，他们又看到了怎样的情景？

师：请同学们比较一下，第 3 小节和第 5 小节都是写月亮的形状变化，有什么不同？（变化过程完全相反）（说具体一些，怎样完全相反？）

师：是不是这样呢？我们一起来看一看，（放动画）你看，过了一会儿，月亮又露出了……接着……最后，月亮又是……

师：谁会像老师一样用箭头表示月亮复原的过程。

师:我们一起读一读第5小节。

三、理解月食形成的原因

师:刚才,我们学习了课文的2、3、5小节,和作者一起观看了月食这一有趣的现象。那么,为什么会产生这种现象呢?课文有2种不同的说法。

师:第一种说法:请男生读第1节,大家思考:过去,人们把月食叫做什么?人们是怎么做的?

师:这是过去人们的看法,现在的人们又怎样看呢?请女同学读第4节爸爸说的话。

想一想:爸爸一共说了几句话?哪几句在讲月食发生的原因,把描写原因的句子用"——"画出来。(多媒体4)

师:那么,奶奶和爸爸,小朋友认为谁说得对呢?

师:爸爸说得正确。那为什么爸爸说的是正确的呢?请小朋友看录像。

师:(放动画2)现在要请小朋友仔细观察,当地球转到太阳和月亮中间时会产生什么现象?

师:通过刚才的演示,同学们更清楚的了解月食形成的原因。请同学们再一次读好月食发生的全过程,再来读读3、5这两小节。

师:那谁能用自己的话说一说,月食是怎样产生的?

四、总结发散

师:好,这节课,小朋友和老师一起了解了月食这样一个有趣的自然现象。可是,小朋友知道吗?我们生活的地球只是太空中一颗小小的行星,在无边无际的太空中,每一颗星星对我们人类来说都是一个奥秘,谁能说一说,你还知道太空中有哪些奇特的现象?(学生交流)

师:对,太空中的奥秘是无穷无尽的,你们说,这些奥秘将来靠谁去探索呢?

师:很有志气,老师就等待着你们的好消息。

这节课教师通过实时的动画切入，并与课文的内容相结合，使得学生更直观的理解了课文的内容，同时激起了学生学习的兴趣。

二、多种感官参与学习策略

在教学中，通过信息技术与课程整合，力求为学生提供多种感官参与学习的氛围，充分让学生动眼、动耳、动脑、动手、动口，并通过动手实验、操作学具，边想、边做、边练来感知事物、领悟概念、掌握原理。多种感官参与学习，能大大提高学生的感知效果，并使学生由被动学习变为主动学习。

三、思维训练核心策略

思维训练是教学的核心，信息技术与课程整合激发了学生思考的热情，有助于教师加强对学生思维的一般品质（思维的敏捷性、灵活性、深刻性和广阔性）的训练，还有助于对学生思维的创造性，如思维的发散性、求异性、逆向性等进行有效的培养。当前，许多教学软件都可以在思维训练方面提供良好的支持。如在中学数学教学中，几何画板可为学生提供自己动手、探索问题的机会，当面对问题时，学生可以通过积极主动参与新知识的学习，极大地激发学生探索和发现。

四、情感激励策略

从影响学习过程的内部因素中可以看到，学习者的学习动机、情感态度、努力程度是影响学习过程的主要内部因素。因此，在学生非智力因素方面，教师有必要采取有效的策略来激发和维持学生的学习兴趣、培养学生良好的心理品质和激励学生努力学习。信息技术环境下，由于人机交互功能日趋完善，致使师生间的情感交流往往被忽视。但研究表明，师生之间的情感交流是人机交互不可替代的。因此，信息技术与课程整合中，更需要教师的情感驱动策略。教师更需要注意非智力因素，如兴趣、情感、意志、性格等心理特征在学生学习中所发挥的重要作用，做到以情励学、以趣激学、调动学生的主动参与意识、注重培养学生的创新意识、创新精神和创新能力。教学实践中，教师可从以下三个方面实施信息技术与课程整合中的情感驱动策略：

- 运用肯定和鼓励的情感诱导功能，为学生创设良好的心理情境；
- 恰当运用评价用语，有效提高学生的学习信心；
- 优化师生关系，建立互尊互爱、民主平等的师生关系；

● 充分利用多媒体教学软件提供的情感驱动功能，调动学生的情感，有效的培养学生的注意力、观察力、意志力、记忆力。

五、情境激励策略

学科教学的成功与否，很大程度上取决于学生对本门学科的兴趣，首先要解决学生想学、爱学的问题。情境激励策略，就是通过信息技术与课程整合来创设教学情境，开展课堂智力激励，要求学生对问题情境积极迅速设想出解决的各种可能性。并通过增进师生的情感交流等有效的手段，引发学习动机，使学生积极主动参与新知识的学习，极大地激发学生探索和发现的热情。

人机交互是计算机的显著特点，利用多媒体计算机可以产生出一种图文并茂的、丰富多彩的人机交互方式，并且可以实现即时反馈。这种类似于游戏的一种交互方式对于教学过程具有重要意义，它能有效地激发学生的学习兴趣，使学生产生强烈的学习欲望，从而形成学习动机。

多媒体计算机为学生提供了文本、声音、视频和动画等多种形式的信息内容。整洁美观、布局合理的界面设计；清晰美观的图片显示；生动形象的动画表现；和谐悦目的色彩搭配；清晰悦耳的音频刺激等使得创设一种引人入胜、生动活泼的教学情境成为可能。这种多媒体教学情境能引起学生的情感共鸣，唤起学生的学习动机，增强学生的注意力、想象力、思维能力和记忆能力。

案例7：《我是小小设计师——长方形和正方形的周长及面积的计算》（案例来源：江苏省滨海县实验小学 徐红梅 单小梅，有整理）

一、教材简析

《长方形和正方形面积的计算》一课是人教版义务教育课程标准实验教科书三年级下册《第六单元——面积》中的教学重点。这部分内容的教学，是在学生已经掌握了长方形和正方形的特征，知道了面积的含义，初步认识面积单位和学会用面积单位直接测量面积的基础上进行教学的。学好本单元的内容，不仅有利于发展学生的空间观念，提高解决简单实际问题的能力，而且还能为以后学习其它平面图形的面积计算打下基础。教学时，教师注意创设适当的问题情景，使学生经历比较完整的探究过程。本节课，主要使学生探究并掌握长方形、正方形的面积公式，经历探究学习的过程；会应用公式正确计算长方形、正方形的面积。

二、活动目标

1. 巩固长方形、正方形的周长及面积的计算方法；

2. 使学生能根据乘除法的含义及实际情况预算所需材料；

3. 在操作、观察、想象等学习活动中，发展学生的空间观念；

4. 培养学生综合运用知识解决实际问题的能力。

三、活动准备

教师准备多媒体软件一套；学生准备房子造型模型。

四、活动过程

(一)诙谐激情，活动引入

有一首儿歌说得好"人有两个宝——双手和大脑……动手又动脑，定能有创造"我们每个人都有这两样宝贝，今天这节课我们要充分发挥两个宝贝的作用，帮一帮那愁眉苦脸的小明吧。

(二)多层探究，活动展开

创设第一个问题情境——当会计师。

1. 教师叙述。小明家买了一套住房(电脑显示)，室内外要进行简单的装修，室内的平面图及有关数据如下(电脑显示)，数据的单位是米，问题：

(1)请算出每间屋是多少平方米？一共多少平方米？

(2) 有边长 4 分米、5 分米、6 分米的三种规格的地板砖，各个房间选哪一种地砖最整齐？尽可能多地用整块地砖。

(3)地板砖的价格分别为 5 元、8 元、10 元，各个房间需要多少元钱？

(4)如果在客厅、饭厅的顶面四周装上装饰条，需要多少米装饰条？

【设想；这几道题不仅巩固了长(正)方形的周长、面积计算方法，而且注意了学生解决实际问题能力的培养，既让学生计算要买多少块地板砖、需要多少钱以及多少米装饰条等实际问题，同时也让学生感知长（正）方形周长和面积的不同点，为学习其他图形作铺垫。】

2. 协作研讨，探求方法。

（1）小组活动。发给每个小组模型，组长带头，一起思考解题思路。

（2）小组汇报。每个小组派一名代表总结大家的意见并发言，说出解题方法。

3. 联系实际，解答题目。

（1）问题（1）较简单。

（2）问题（2）要根据各个房间的尺寸灵活选择地板砖的尺寸，例如客厅长 9 米，宽 4 米，可以选 5 分米或 4 分米的规格，最好选 5 分米的，因为 90 分米、40 分米都是 5 分米的倍数，这样地板砖就不需要切割，看起来较美观。讨论发现，所有房间的地板砖都应选 5 分米规格最合理。

4. 深入研究，再次选择。

师：卫生间需多少块砖？需花多少元？

$20\div5=4$（块）　　$4\times4=16$（块）　　$8\times16=128$（元）

师：还可以选用哪一种规格的地板砖？

生：4 分米。

师：为什么？

生：因为 20 也是 4 的倍数，算出需多少块砖？花多少元？

$20\div4=4$（块）　　$5\times5=25$（块）

$25\times5=125$（元）

师：看看算出的数据，想一想，你想说什么？

【设想：在让学生运用已有知识解决了实际问题的同时，以变化激趣，在不变中找变，使学生养成多层次思考的习惯，培养思维的广阔性，同时也有机地渗透了经济意识。】

创设第二个问题情境——释放锦囊袋。

小明还想把室外美化一下，他想把住房后面的一块长方形场地建成休闲场所，必须有草坪、花园、假山、喷泉、雕塑。现在我们来帮小明参谋一下草坪种什么草（实物展示两种草），如果种植“马尼拉”，每平方米约需15元，如果种植“普通水草”，每平方米约需9元。

估算：种植哪一种水草更省钱？为什么？

生：面积相等，种便宜的普通水草更省钱。

师：你在购买草籽时除了考虑价格外，还考虑了哪些情况？

生：草坪的质量、美观等。

师；老师带来一些资料，请同学们分小组讨论，到底种植哪一种草坪更合算？

小组讨论后一致得出：从所需资金、存活年限、美观角度选择种植“马尼拉”更合算。

【设想：再一次渗透成本效益比较意识，启发学生看待问题目光要长远，思考要严密、周全，同时使学生感觉到生活中处处有数学，可以学以致用。】

创设第三个问题情境——百花园。

现在我们来帮小明设计休闲场所的建造方案。

1. 讨论。首先让各小组讨论设计休闲场所建设方案时应注意哪些问题？

美观、新颖、占地面积、比例恰当等。

2. 设计。

（1）学生设计。

（2）老师设计一幅，由电脑先给出平面图形，然后慢慢地变成立体图形。（休闲场所建成）

【设想：让学生发挥操作能力和空间想象能力，学会审美，通过自己的双手美化生活。】

五、提出希望，活动小结

（1）总结方法；（2）评选“创新奖”、“协作奖”和“优秀设计师”。

总的活动设想：

针对当前学生实际应用能力较弱的状况，本方案选取了小明家室内外布置这一生活中常见的事例，从培养学生的数学意识出发，在提高学生实践能力的同时，力求做到以下几点：

1. 以学生为主体，面向全体学生。

三个环节始终把学生放在“活动主体”的位置，为学生创设一个积极参与、主动学习的课堂环境，通过小组活动，全班讨论、独立设计等形式，为每个学生提供了表现自己才华的舞台，充分体现学生活动的集体性、自主性。

2. 注意培养学生的创新意识。

从不同侧面、不同角度引导学生大胆尝试、大胆猜测，提出合理的、独特的解决的问题方法，体现活动的开放性，培养学生的创新意识。

3. 注意对学生协作精神的培养。

经常采用小组活动和讨论的形式，培养学生团结协作的意识和能力，从而增强实践能力。

六、因势利导策略

在各学科教学展开之前，教师可以先展示多媒体课件，向学生展现各种事物现象和发展过程，在学生对展现的内容深感兴趣的情况下，教师因势利导，提出问题，铺设悬念，激发学生的好奇心和求知欲，进而引导学生进行深入的学习，起到事半功倍的效果。

七、实践感知策略

有些学科的实践内容，由于受到种种条件的限制，不可能让学生亲临其境。通过信息技术，可以给学生呈现出一个真实的或者虚拟的学习环境，让学习者真正在其中体验，学会在环境中主动建构、积极建构，构筑自己的学习经验。运用模拟教学课件，或者计算机外接传感器来演示某些实验现象，向学生展示教学实践的过程和方法，帮助学生理解所学的知识。并模拟动态的变化过程，通过模拟实践使学生尽快把握实践要领和具体操作方法，并通过学生的模拟操作，尽快掌握操作要领。

案例8:《细胞膜》(案例来源:上海市晋元高级中学 毛晓栋,有整理)

一、教学目标

1. 绘画协助扩散的过程简图,用文字陈述协助扩散的过程。

2. 绘画主动运输的过程简图,用文字陈述主动运输的过程。

3. 在学习协助扩散、主动运输时,训练"观看动态过程—绘画过程简图—使用文字陈述"行为链。

4. 通过协助扩散、主动运输的学习,感受细胞或生命的奇妙。

二、教学重难点

重点:

1. 绘画协助扩散的过程简图,用文字陈述协助扩散的过程。

2. 绘画主动运输的过程简图,用文字陈述主动运输的过程。

3. 训练"观看动态过程—绘画过程简图—使用文字陈述"行为链。

难点:

1. 绘画主动运输的过程简图,用文字陈述主动运输的过程。

2. 训练"观看动态过程—绘画过程简图—使用文字陈述"行为链。

三、教学环境资源

印刷资料;

- 协助扩散动画片、主动运输动画片;
- "协助扩散、主动运输"解构型专题页;
- 电脑、局域网控制软件。

四、教学或学习过程

教学环节	教师行为	学生行为
复习"细胞膜的结构"、"自由扩散"	提问一些关于"细胞膜的结构"、"自由扩散"的问题	回答关于"细胞膜的结构"、"自由扩散"的问题
提出学习目标: 1. 观看协助扩散动态过程,绘画过程简图,使用文字陈述。 2. 观看主动运输动态过程,绘画过程简图,使用文字陈述。	利用媒体展示学习目标	观看、倾听学习目标

观看协助扩散动态过程，绘画过程简图，使用文字陈述。	巡视和督导学生学习情况；针对协助扩散，与学生进行问答；视情况指导学生“观看动态过程－绘画过程简图－使用文字陈述”行为链。	利用媒体观看协助扩散动态过程；在笔记上绘画协助扩散过程简图；在笔记上使用文字陈述协助扩散。
观看主动运输动态过程，绘画过程简图，使用文字陈述。	巡视和督导学生学习情况；针对主动运输，与学生进行问答	利用媒体观看协助扩散动态过程；在笔记上绘画协助扩散过程简图；在笔记上使用文字陈述协助扩散。
小结“协助扩散”、“主动运输”		

八、习作强化策略

将单调强化的练习，用计算机辅助练习的方式呈现练习内容，通过即时的反馈、强化，可以让学生尽快掌握学习内容，提高学习的效率。如利用《轻轻松松背单词》、《四则运算》、《苏琳英语》、北京树人的《中考物理模拟试卷》等教学软件，对学生的习作强化都具有积极的作用。

九、合作学习策略

在科技高度发展的今天，合作已成为人们相互作用的基本形式之一，成为人类社会赖以生存和发展的重要动力。在学科教学中，充分利用计算机网络，让学生在课内和课外进行合作学习、研究性学习，提高学生的综合素质和知识的应用能力。例如在“台湾岛”一课中让学生围绕台湾情况，如民俗、经济、风光、军事、历史、两岸关系等进行分组选题，各组同学先是利用网上资源，围绕选题收集的资料，下载并保存网上信息资源；其次，每个同学根据选题需要，筛选、整理所收集的资料，并利用已掌握的信息表达工具写出一篇小论文；每组根据组内同学意见和观点完成一篇所选题的研究报告在全班进行发表；每个同学都将文章发布在校园网上，并与其他选题相近的同学，通过 E-mail 或聊天室交流意见。通过合作探究，同学们不仅较好地掌握了学习的内容，并且提高了自学、探究、表达和合作的能力。

案例 8:《帽子大观园》(案例来源：校本研究网 http://xbyj.e21.edu.cn/e21web/content.php?id=11168)

知识目标：了解帽子的种类、用途、历史等知识。

能力目标：

(1)通过上网学习，培养学生获取信息、处理信息、形成知识的能力。

(2)有计划地做事，能与他人合作互助，培养协调能力。

发展目标：会发现问题、分析问题、解决问题。

实施方案：

(1)学习内容：帽子各方面的知识。

(2)学习形式：小组合作学习

(3)学习流程：创设情境——合作探究——交流评价——拓展延伸

(4)评价方法：目标评价、师生评价、小组评价、生生评价

(5)教学重点：了解帽子的种类和用途等知识。

(6)教学难点：指导学生收集信息、整理信息、填写研究报告。

一、导言

创设情境：帽子大观园里来了一批客人，可是他们一进门就让人啼笑皆非，原来他们的帽子都戴错了，现在我们来瞧瞧这群糊涂的客人吧！

课件展示：古代皇帝、现代厨师、圣诞老人、国外军人、小朋友、警察一组人物戴帽子的图片。

谁来帮他们改正错误。

导入：他们戴的帽子有什么不同？你有什么发现？

对，不同的时期，不同的身份、不同的环境里人们戴的帽子都是不同的。现在，我们就随着这批客人，一起走进帽子大观园去欣赏各种各样的帽子，了解帽子的历史和帽子与人们生活的关系，并且在参观完之后，为自己喜欢的帽子写一份优秀的解说词。

二、任务

(1)讨论：你想了解有关帽子的什么知识？学生自主选择研究课题。

(2)学生自由组合,根据自己的爱好组建研究小组,每一组4—6人(若一组人数较多可以分为几个小组)讨论计划与分工。

(3)确定研究方案。

①生活专家组:研究帽子的用途与分类。

②历史专家组:了解帽子的历史。

③军事专家组:研究了解不同国家警帽的样式。

④礼仪专家组:帽子与礼仪的关系。

⑤特殊专家组:收集一些特殊帽子的信息。

⑥社会专家组:研究在不同行业中,帽子的样式特征及其意义。

每一个专家组将探究有关帽子的信息。小组成员都必须在他们特定的任务中,认真负责的收集数据和资料,以研究报告或图表的方式写出自己的研究摘要。每一个专家组都必须完成有关专题的简要的研究报告。

在共享信息的基础上,各小组的每一位成员都应该学会怎样获取有价值的信息、整理信息。

三、过程

你需要研究的领域:

现代帽子及古代帽子、帽子与社会文化的关系、帽子与军事的关系、帽子与礼仪的关系、帽子的其他知识。

在开始操作前,提供给大家的参考建议:

(1)每小组需要讨论小组每个人的任务,即每个人必须探究的领域。

(2)如果有人发现了可以帮助其他人的探究信息,请与别人共享。

(3)这是一个团队协作的项目,而不是由单独一个人去完成。

(4)你的小组必须决定研究简报的表达形式,例如:表格、研究报告或幻灯片等。

(5)记住,规定一个完成任务的截止期限,以便督促每个人按时完成计划。

6. 请观看“评价”项目，你的研究将被判定等级，请尽可能达到“你真棒”级别。

四、资源

(1)上网查询：http://www.whlxx.com，校本研究网中《帽子大观园》。

(2)上因特网查找相关信息。步骤：进入“百度”网站，利用其收索功能，键入“帽子”查找相关网站、网页。点击相关文章或图片、选定所需内容，点击右键选定“另存为”。以便随时阅读，查看。

五、作品交流

每个小组成员必须把自己的收集到的资料向同学展示和交流，并相互讨论。

六、评价

进行自评、互评，并争取教师、家长、社会的评价，比较切合实际地为自己评定级别。肯定成绩，找出不足，促使自己有更大的提高。自评、互评时，你可以参阅以下评价标准及评价量表。评一评，给自己或自己的研究成果一个客观公正的评价。

过程评价			
内容	需努力	你真棒	为你骄傲
兴趣与态度	积极性不高，被动参与	有兴趣，态度较好	兴趣浓厚，态度积极
资料查阅	有资料，不全	资料齐全	资料广，内容丰富
信息来源	信息来源途径单一	有2、3种信息途径	有多种信息途径
资料搜集	资料不全，与观点基本一致	资料较全，能支撑观点	资料丰富，能较好支撑观点
结果评价			
内容	需努力	你真棒	为你骄傲
图片	没有图片	有图片	图片精美
语句流畅	语句结构有错误	语法、句子结构错误少	语法、句子结构或仅有少量错误，文字流畅

七、结论

(1)师述：将自己的学习成果输入留言板，并为自己喜欢的帽子写一份优秀的解说词。如果你还想了解关于帽子的其它知识，以后我们可以利用网络学习到更多的内容。

(2)小结：希望同学们在以后的学习中能学会通过网络及资源库体会到收集、保存、下载、整理资料的乐趣。并且从中提高综合分析归纳，获取有效价值的能力。

十、自主探究学习策略

信息技术与课程整合，为学生的自主学习提供了一个良好的学习环境，教师可根据教学目标对教材进行分析和处理，决定用什么形式来呈现什么教学内容，并以课件或网页的形式呈现给学生。学生接受了学习任务以后，在教师的指导下，利用教师提供的资料（如 CD－ROM），或利用 Internet 自己查阅资料，开展个别化和协作式相结合的自主学习。该策略主要培养学生分析信息、加工信息的能力，强调学生在对大量信息进行快速提取的过程中，对信息进行重整，加工和再应用。最后，师生一起进行学习评价、反馈。教师在学生学习过程中，提供基本框架、总目标、指导和建议，起到组织者和促进者的作用。

十一、寓教于乐策略

在学科教学中，利用计算机教学游戏软件，把科学性、趣味性、教育性集为一体，能够激发学生的学习兴趣，寓教于乐，由此锻炼学生的反应速度、决策能力和操纵能力。此外，利用信息技术媒体，开展艺术欣赏、制作比赛、学生作品展示等活动，亦能激发学生的学习热情，有助于学生掌握知识、发展能力，培养创新意识，提高创新能力。

案例 9：《电影主题音乐之魅力》（案例来源：上海市晋元高级中学 朱红，有整理）

一、教学目标

（1）通过对影片《熊的故事》的片段进行再欣赏的活动，让学生了解同一音乐旋律经过不同配器手法所产生的不同效果，以及对影片内容的不同烘托作用。

（2）通过对影片《桥》的片段的赏析活动，让学生学会在欣赏影片的过程中关注主题音乐，关注其不同的变化给影片带来的不同影响。

（3）在亲身实践活动中培养想象、联想与创作的能力，并能深刻认识两部影片的人文价值。

二、教学重点

不同配器的主题音乐在影片中所呈现的不同色彩及作用

三、教学设备

音响、电脑、软件支撑(Mindmanage 、Flash)

四、教学过程

课前准备(观赏影片《熊的故事》1-4 课时)

(一)交流观后感(导入课题)

围绕课前的思考题,互相陈述自己的感受与见解。如:

1、在观赏影片的过程中,你关注了哪些方面?

2. 影片表现了什么主题?最感动你的场景有哪些?

3. 你记得影片的音乐吗?与其他影片相比,它有什么特殊性?

(二)听赏实践——《熊的故事》片段

1. 细细回味

活动要求:聆听影片主题的四个片段,关注每段音乐的不同配器及表现的情绪,回想与音乐相匹配的影片情节或画面。

2. 牵线搭桥

活动要求:观看四组画面,尝试选择合适的音乐进行搭配。在此基础上,即兴创作一些能与画面与音乐相匹配的旁白或台词。

配器	情绪	场景
管弦乐	悲怆感人	痛失母爱
管弦乐	温婉凄恻	情谊至上
短笛演奏	虚幻缥缈	梦魂萦绕
双簧管演奏	温馨祥和	相依冬眠

3. 比较揣摩

活动要求:对比欣赏主题音乐原型 --《四季》之《六月船歌》,进一步理解电影主题与音乐之间的关系,进而深刻认识影片的人文价值。

(三)拓展欣赏(异曲同工)——《桥》的片段

1. 歌声飞扬

活动要求：欣赏南斯拉夫电影《桥》的主题曲《啊，朋友再见》，并跟着哼唱旋律，体会其音乐情绪。

2. 你歌我乐

活动要求：观赏影片的三段画面（默片），根据主题曲的旋律和画面展示，自由创作设计或构想不同面貌的主题音乐。

3. 创意无限

活动要求：让学生哼唱或即兴演奏所设想的音乐。

4. 深刻品味

活动要求：在深刻体会主题音乐的变化所带来的不同艺术效果的同时，领悟影片的人文价值。

画面	情绪	配器
痛失战友	惨烈、激昂	管弦乐，加重铜管乐力度
舍身炸桥	抒情、悲壮	管弦乐
不辱使命	轻松、活泼	手风琴

五、课后实践

要求：回顾你所看过或留意你将看的电影与电视，学会关注音乐的表现作用。

通过理论分析和案例研习，我们对信息技术与课程整合的常用策略有了初步的了解和认识，请你和你同学交流学习心得，并将你的认识填写在表 5–6 中。

表 5–6 信息技术与课程整合策略的自我理解表

常用策略	自我理解	教学启示
1		
2		
3		
4		

5	
6	
7	
8	
9	
10	
11	

活动二 观摩案例，研讨如何更好地使用策略（50分钟）

信息技术与课程整合不是零敲碎打的行为，而应该进行系统性的思考与规划，要有明确的目标，找到整合实践点，形成一套比较全面的、切实可行的解决方案，才能使课程整合有效进行和持久发展。在应用信息技术与课程整合的策略时，并不是说一个策略和另一个策略是不相容，而是各个策略之间可以相互兼容。事实上，在进行教学时，不可能只用一种策略，往往是几种策略的综合利用。下面我们就给出一个案例，这个案例中综合应用了几种策略，同学们注意在教学时不同的策略所起的作用：

案例10:《雷雨》（案例来源：鞍山市第二中学张陈老师，有整理）

一、创设情境，导入新课

【导语】1933年，一位年仅23岁的清华学子带着梦幻，带着爱恨无奈，带着对旧中国家庭和社会的无比愤懑，奋笔完成了一部他曾痛苦酝酿了五年之久的剧本。一年后，时任《文学季刊》编委的巴金在编辑部的故纸堆里发现了它，并感动得为它掉下了激动的眼泪。它的发表立刻引起了中国剧坛的强烈震动。从1935年在日本东京第一次演出以来，我国许多重要剧团都竞相排演，并相继拍成电影、电视连续剧，这部经久不衰的剧本就是我国现代著名戏剧作家曹禺的处女作《雷雨》。今天，我们终于有机会走近它了。

【板书】雷雨

【投影】名家评说《雷雨》

《雷雨》是一部不但可以演，也可以读的作品。

——巴金

一出动人的戏，一部具有伟大性质的长剧。

——李健吾

说到《雷雨》，我应当告白，亏了他，我才相信中国确乎有了近代剧。

——黎烈文

……真正吸引他的，不仅是情节本身的曲折性，而是在这曲折背后所隐藏着的“人”的生命形态，或者说，他是自觉地把自己的生命体验与认识注入多少有些现成的“情节”中的。

——钱理群

《雷雨》的创作标志着曹禺是以一个具有自己创作个性的剧作家出现在剧坛上的；他写出了一部杰出的现实主义作品；并成功地进行了一次话剧民族化、群众化的初步的尝试。

——田本相

【学生活动】实话实说(一句话评说)：我看《雷雨》

二、审美感知，整体把握

【课件展示】剪截话剧表演的场景，配以音乐和解说词

解说词示例：

这是一个令人心酸的悲情故事。

三十年前，一个风雪交加的大年夜，替周家少爷周朴园生下第二个孩子(鲁大海)才三天的鲁侍萍，竟被周朴园一家凶狠地逼着留下其长子(周萍)，抱起奄奄一息的新生儿走向河边……

三十年后，在畸形情爱中挣扎的周萍，自知罪孽深重，为摆脱后母繁漪的苦苦纠缠，拼命地引诱了使女四凤，而四凤就是周

萍同母异父的妹妹。此刻“恨人像一把刀，爱人像一把火”的繁漪妒心大发。恰好，鲁大海又正在周朴园的矿上做工，并作为罢工工人的代表，与周朴园进行着一场针锋相对的斗争……待一切真相大白之后，一场罪恶的悲剧不可避免地发生了：四凤羞愧难当，雷雨之夜仓惶出奔，不幸触电身亡，单纯、热情、充满着幻想的周冲（周朴园与繁漪之子）跑去救四凤，也遭不测，周萍开枪自杀，不幸的繁漪疯了，善良的侍萍痴呆了……

【投影】曹禺和《雷雨》简介

曹禺（1910—1996），原名万家宝，原籍为湖北潜江，现代著名剧作家。其作品有《雷雨》、《日出》、《北京人》、《原野》和《王昭君》等。《雷雨》和《日出》是他的代表作。

《雷雨》是曹禺先生的处女作，也是他的成名作，更是一部杰出的现实主义悲剧。《雷雨》写的是一个封建资产阶级大家庭的矛盾，这些矛盾的酝酿，激化，在一个“天气更阴沉、更闷热，低沉潮湿的空气，使人异常烦躁”的下午趋向高潮，最终这个罪恶的大家庭崩溃了。这一切都是在雷电交加的狂风暴雨之夜进行的，整个故事的背景、情节都和雷雨有关。同时，作者以象征的手法告诉人们：在半封建半殖民地社会沉闷的空气里，一场大雷雨即将到来。这就深刻地反映了酝酿着一场大变动的中国社会的现实。

【设问】

（1）课文节选部分，与周朴园的矛盾冲突主要同哪些人有关？

（明确：周朴园与鲁侍萍，周朴园与鲁大海）

（2）课文中这两组主要矛盾冲突是从课文的哪里断开的？

（明确：“周朴园可是你——”）

（3）请用简要的语言描述周朴园和鲁侍萍矛盾冲突的发展过程。

（明确：周朴园由对自己以为“死去”的侍萍的所谓“怀念”，到对已经知道还活着的侍萍的惊慌以及对站在眼前的离开了自己三十年的侍萍的冷酷等情感变化过程。）

【板书】怀念——惊慌——冷酷

【学生活动】看看、听听、读读。 学生讨论。 指名回答。

三、品读语言，评析人物

【投影】戏剧人物鉴赏方法：① 把握戏剧冲突；② 揣摩戏剧语言；③ 分析人物形象

【品读鉴赏】周朴园的语言鉴赏

(1)品一词，解读周朴园的"怀念"

◇设问：开头至"我们想把她的坟墓修一修"，这部分对话中，哪个单音节词出现的频率最多(哦)，一共有多少个(10 个)，在周朴园的语言中出现过多少次(6 次)。

◇揣摩解读：

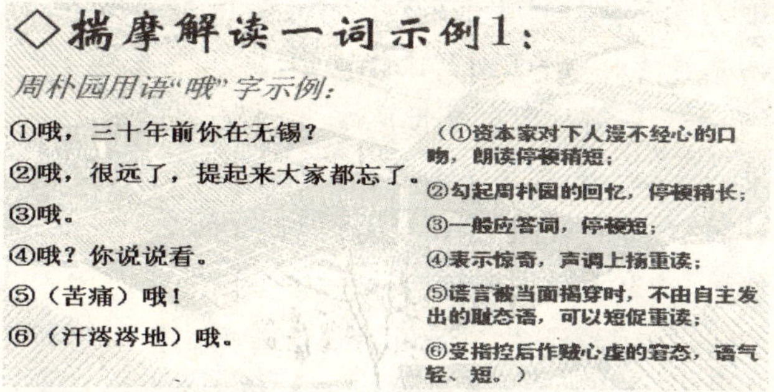

方法一：根据上下文语境和舞台说明来挖掘人物潜台词丰富的意蕴

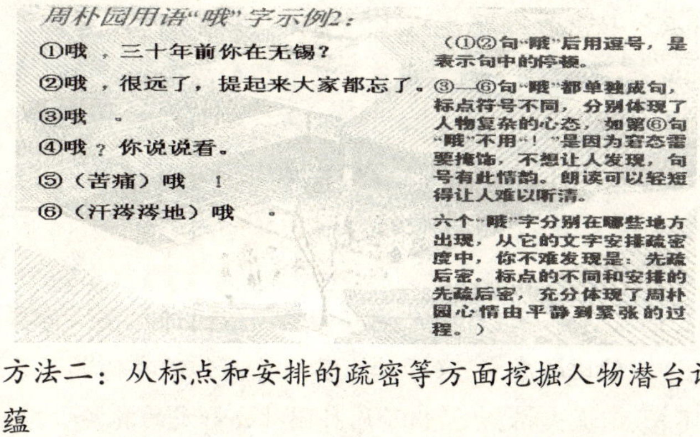

方法二：从标点和安排的疏密等方面挖掘人物潜台词丰富的意蕴

【学生活动】

◇分角色演读(重逢片段,约4分钟),注意读出剧中角色的情感。

◇品读一词,体味人物语言中蕴涵丰富的潜台词。

◆小结:刚才在品读"哦"字过程中,我们不仅从中"哦"出了周朴园由漫不经心到作贼心虚的情态变化过程,而且也"哦"出了挖掘人物潜台词的方法。

(2)析一种句子,探究周朴园的"惊慌"

◇设问:课文从"鲁侍萍 哦,——那用不着了"到"周朴园 好,你先下去吧",这部分中周朴园的语言又有一个不可忽视的特点。就是一类语气相同的句子特别多。哪一类?(明确:疑问句)我们再来看看,这些问句长不长?一般有多少字?(大多在2—3个字)

◇揣摩解读:周朴园问话比较鉴赏:

(将开头两个简短问句改长)

鲁侍萍 哦,——那用不着了。

周朴园 怎么?(怎么就用不着?)

鲁侍萍 这个人现在还活着。

周朴园 (惊愕)什么?(她真的还活着吗?)

(明确:改了以后,似乎是在问旁人的事情,有点漠不关心了,突然、惊奇、紧张、激动的感觉就少了几分。)

(课文P82页三个疑问句连用改简洁)

"什么?她就在这儿?此地?"(什么?)

(引导学生体会三个疑问句连用所表现的惊恐和急迫心情。)

【学生活动】

◇观看视频(回忆片段,3分钟左右)

◇析一种句子,探究人物的内心世界

◇比较鉴赏。

◆小结:这部分我们又从周朴园的简短问话入手,再拓展开去,通过语言的比较赏析,终于读出了周朴园知道鲁侍萍还活着时的惶恐不安、惊慌失措,也读出了周朴园叶公好龙的真实心态。

(3)挑一句话，体验周朴园“冷酷”

◇设问：当周朴园知道站立眼前的人就是离开自己30年的鲁侍萍时，周朴园又会怎样呢？请同学们快速阅读从“周朴园（忽然严厉地）你来干什么”到“周朴园　可是你——”，从中找出一句你认为最能体现周朴园性格、心理的话，运用我们刚才获得的揣摩人物语言的体验，去大胆地走近周朴园的心灵，前后左右的同学可以先相互交流交流。我还想再听听大家的声音。

（鼓励学生各抒己见，并注意在解读文句的基础上引导学生有感情地朗读。）

【板书】揣摩戏剧人物语言的基本方法：

1. 择取最能体现人物性格、心理的语言

2. 联系上下文语境品读

3. 反复体会其语言表现方式

【学生活动】

◇快速阅读，尝试走近人物。

◇学生进行个性化鉴赏。

◇明确学法

【总结】选取点：周朴园与鲁侍萍矛盾冲突；

鉴赏视角：戏剧人物语言；

探究内容：周朴园在与鲁侍萍的矛盾冲突中所表现出来的所谓“怀念”、惊慌到冷酷的心路历程；

目的达成：揭开了周朴园虚伪、冷酷、自私的真面目。

四、拓展延伸，探究学习

【投影1】

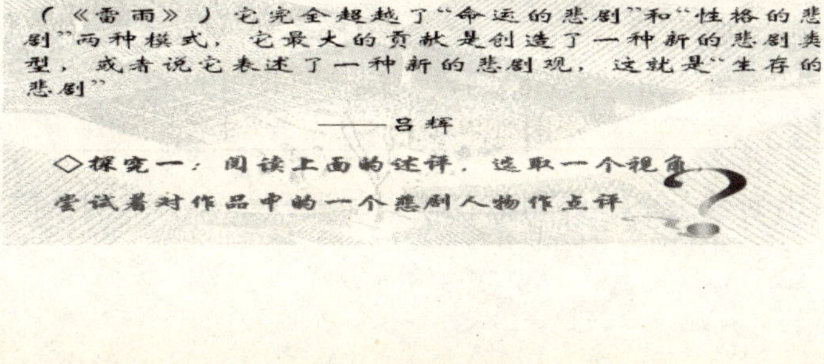

【投影2】

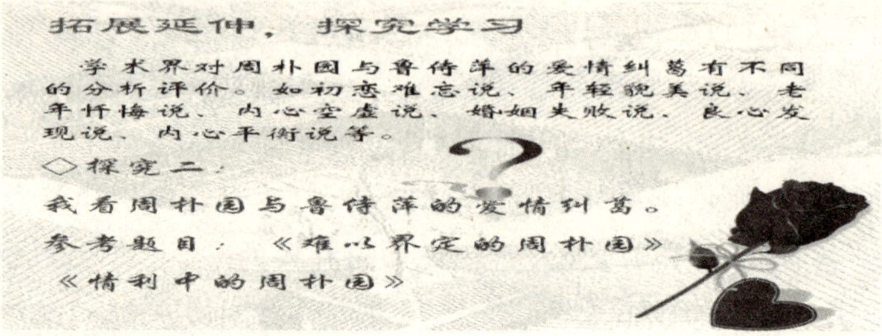

【学生活动】

◇师生互动

◇从以上两个探究题目中任选一题写一篇随笔，也可自选角度，自拟文题。

通过对《雷雨》案例的研习和活动中我们对信息技术与课程整合策略的学习，请结合表5-7中所列的相关分析主题，以小组为单位进行分组讨论和交流，并将讨论结论填入表5-7中。

表5-7 《雷雨》案例分析表

分析主题	分析结果
教师使用了哪些技术？	
教师使用了怎样一些策略？	
策略与技术配合是否合适？ 存在哪些优点和缺点？你有什么意见和建议来帮助改进？	

下面给出的是一个国外的信息技术与课程整合的案例，请同学思

考这个案例中都使用了哪些策略？对我国信息技术与课程整合有什么启示？

案例 11:《加速度》(案例来源:国际教育技术协会《国家教育技术标准》项目组.祝智庭,刘雍潜,黎加厚译.面向学生的美国国家教育技术标准——课程与技术整合[M]北京.中央广播电视大学出版社.2002 第 1 版,有整理)

本学习活动为学生提供下列活动：通过例子促进他们对正负加速度、正负速率的理解；在演示作品中嵌入合适的超级链接;和同伴共享结果……

主题:加速度

教学对象:美国高中 9~12 年级

教学目标:本学习活动为学生提供下列活动:

(1)通过例子促进他们对正负加速度、正负速率的理解。

(2)在演示作品中嵌入合适的超级链接。

(3)和同伴共享结果。

说明:

该学习活动是根据对加速度和速率的研究设定的。学生设计一个网页,包括以下内容:(1)正负加速度,(2)零加速度,(3)正负速率。

在学习活动开始时，需提出一个基本的标准帮助学生确定网页将涉及到的范围。学生至少找到 3 个合适的网站。这些网站能够说明上面提到的三种情形下加速度的作用。

网页应把声音、扫描图片、动感图片和数字图像手段结合起来,以表现加速度的作用,同时提供多种学习风格。

活动开始时,学生应和老师一起提出标准,以便学生进行自我评价。

活动:

注:该活动以 3 天为宜,但也可以调整以适应其他的安排。

准备:

将全班学生分组，每组4人。每组建立一个包含我们生活中加速度的例子的各种资源的网页。在每个小组里面，每个学生每天扮演不同的角色。

领导者：主管小组的研究方向

拉拉队队长：支持该小组、给小组打气

工作者：惟一接触计算机的成员

发问者：惟一与老师讨论课题的人

过程：

第一天

分配任务。分组以头脑风暴法集体讨论创建有关加速度的网页夹(文件夹的网页形式)。学生查找网站时，需要找寻五种不同类型的网站(参见评价部分)

使用Excel等电子表格软件，学生在图表中生成一系列数据，显示所要求的一种加速度/速率(参见评价部分)，学生绘制每种加速度和速率的图表。

第二天

如果前一天寻找数据有困难，让学生们利用因特网查找处理加速度的数据并用五种网站中的四种制表。查找声音片段，获取并修改图片，下载电影片段，以便综合运用于网页夹中。

第三天

学生用自己的语言就任务提出一个目标陈述，要求这一项登在网页上。应用背景和主题提高网页的设计水平。学生用四段文字描述所学到的内容。回顾所有的工作。检查确保所有的目标都实现了，进行最后的修改，在网络上保存最后的作品。

第四天

让小组演示他们的网页夹。注意根据年级进行评分。

工具和资源：

软件：网页声成器、电子表格和演示软件

网站：网页夹信息：www.cesa8.kwi.us/it/webfolios.htm

评价：

在制作网页夹之前，教师可以和学生共同提出评价标准。这个标准包括对网页夹所有可评价的方面，同时还包括学生相互评分时的小组标准。

每个网页夹包括下列组成部分：

(1)标题

(2)目标陈述

(3)指向15个网站的链接，分类如下(超级连接之前，每个网站都有一小段总结，评价选择该网站的原因)：

正加速度——正速率

负加速度——正速率

正加速度——负速率

负加速度——负速率

零加速度——正/负速率

(4)四段文字用来解释下面五个概念中的四个概念：

正加速度——正速率

负加速度——正速率

正加速度——负速率

负加速度——负速率

零加速度——正/负速率

(5)一个合适的声音处理速率、加速度和它们的作用

(6)一个合适的涉及加速度和它的作用的扫描图像或数字图像。

(7)一个合适的涉及加速度的动感电影

(8)从网页中获得许多有趣的加速度数据制成一个电子数据图表。

(9)解释学生所学到的有关加速度的知识的四段文字。

(10)结论。

课程评论：

用过这个网页夹的学生说它便于激发创造力。学生没有一固定目标：他们只需要做自己要做的。由于学生参与确定评价标

准,他们可以相互帮助评价彼此的文章。这要求老师做得很少或者完全放手。而且,以学生为中心的班级风气有利于学生成长。网页夹的模式很容易学习，而且可以加到任何一个教学单元中去,教师也感到轻松。教师只是一个向导或集体协调人,只与发问者讨论问题,不回答问题。教师只有在确定学生们的独立思维已经得到充分发挥的情况下,才可以直接指导。本节课最重要的是:必须由学生主持这个课题。让学生教老师一些不懂的知识,是多么美妙的事:教师当学生是对学生的最好鼓励。

思考与练习

本模块主要介绍了信息技术与课程整合的基本概念、信息技术与课程整合的四种常用模式、信息技术与课程整合的策略。请回答并思考以下问题:

1. 什么是信息技术与课程整合？大整合论和小整合论的主要观点是什么?

2. 信息技术与课程整合的目标和内涵是什么?

4. 实现信息技术与课程整合的方法有哪些?

5. 教学模式和教学策略有什么区别?

6. 结合本章介绍的几种策略,以某一学科的一个具体任内容为任务,选择你最感兴趣的一种或几种策略,设计一份教学方案。

附件

一、中小学教师教育技术能力标准(试行)

为提高中小学教师教育技术能力水平,促进教师专业能力发展,根据《中华人民共和国教师法》和《中小学教师继续教育规定》有关精神,特制定《中小学教师教育技术能力标准(试行)》。本标准适用于中小学教学人员、中小学管理人员、中小学技术支持人员教育技术能力的培训与考核。

第一部分　教学人员教育技术能力标准

一、意识与态度

(一)重要性的认识

1. 能够认识到教育技术的有效应用对于推进教育信息化、促进教育改革和实施国家课程标准的重要作用。

2. 能够认识到教育技术能力是教师专业素质的必要组成部分。

3. 能够认识到教育技术的有效应用对于优化教学过程、培养创新型人才的重要作用。

(二)应用意识

1. 具有在教学中应用教育技术的意识。

2. 具有在教学中开展信息技术与课程整合、进行教学改革研究的意识。

3. 具有运用教育技术不断丰富学习资源的意识。

4. 具有关注新技术发展并尝试将新技术应用于教学的意识。

(三)评价与反思

1. 具有对教学资源的利用进行评价与反思的意识。

2. 具有对教学过程进行评价与反思的意识。

3. 具有对教学效果与效率进行评价与反思的意识。

(四)终身学习

1. 具有不断学习新知识和新技术以完善自身素质结构的意识与态度。

2. 具有利用教育技术进行终身学习以实现专业发展与个人发展的意识与态度。

二、知识与技能

(一)基本知识

1.了解教育技术基本概念。

2.理解教育技术的主要理论基础。

3.掌握教育技术理论的基本内容。

4.了解基本的教育技术研究方法。

(二)基本技能

1.掌握信息检索、加工与利用的方法。

2.掌握常见教学媒体选择与开发的方法。

3.掌握教学系统设计的一般方法。

4.掌握教学资源管理、教学过程管理和项目管理的方法。

5.掌握教学媒体、教学资源、教学过程与教学效果的评价方法。

三、应用与创新

(一)教学设计与实施

1.能够正确地描述教学目标、分析教学内容,并能根据学生特点和教学条件设计有效的教学活动。

2.积极开展信息技术与课程的整合,探索信息技术与课程整合的有效途径。

3.能为学生提供各种运用技术进行实践的机会,并进行有针对性的指导。

4.能应用技术开展对学生的评价和对教学过程的评价。

(二)教学支持与管理

1.能够收集、甄别、整合、应用与学科相关的教学资源以优化教学环境。

2.能在教学中对教学资源进行有效管理。

3.能在教学中对学习活动进行有效管理。

4.能在教学中对教学过程进行有效管理。

(三)科研与发展

1.能结合学科教学进行教育技术应用的研究。

2.能针对学科教学中教育技术应用的效果进行研究。

3.能充分利用信息技术学习业务知识,发展自身的业务能力。

(四)合作与交流

1.能利用技术与学生就学习进行交流。

2.能利用技术与家长就学生情况进行交流。

3.能利用技术与同事在教学和科研方面广泛开展合作与交流。

4.能利用技术与教育管理人员就教育管理工作进行沟通。

5.能利用技术与技术人员在教学资源的设计、选择与开发等方面进行合作与交流。

6.能利用技术与学科专家、教育技术专家就教育技术的应用进行交流与合作。

四、社会责任

(一)公平利用努力使不同性别、不同经济状况的学生在学习资源的利用上享有均等的机会。

(二)有效应用努力使不同背景、不同性格和能力的学生均能利用学习资源得到良好发展。

(三)健康使用促进学生正确地使用学习资源,以营造良好的学习环境。

(四)规范行为能向学生示范并传授与技术利用有关的法律法规知识和伦理道德观念。

第二部分 管理人员教育技术能力标准

一、意识与态度

(一)重要性的认识

1.能够认识到教育技术的有效应用对于推进教育信息化、促进教育改革和实施国家课程标准的重要作用。

2.能够认识到教育技术能力是教师专业素质的必要组成部分。

3.能够认识到教育技术的有效应用对于优化教学过程、培养创新型人才的重要作用。

（二）应用意识

1.具有推动在管理中应用教育技术的意识。

2.具有推动在教学中开展信息技术与课程整合、促进教育教学改革研究的意识。

3.具有支持教师运用教育技术不断丰富学习资源的意识。

4.具有密切关注新技术的价值并不断挖掘其教育应用潜力的意识。

（三）评价与反思

1.具有促进对教学资源的利用进行评价与反思的意识。

2.具有促进对教学过程进行评价与反思的意识。

3.具有促进对教学效果与效率进行评价与反思的意识。

4.具有对教学管理的效果进行评价与反思的意识。

（四）终身学习

1. 具有不断学习新知识和新技术以提高自身管理水平的意识与态度。

2.具有利用教育技术进行终身学习以实现管理能力与个人素质不断提高的意识与态度。

3.具有利用教育技术为教师创造终身学习环境的意识与态度。

二、知识与技能

（一）基本知识

1.了解教育思想、观念和教育技术的发展趋势。

2.了解教育技术的基本概念和应用范畴。

3.了解教育技术的基本理论。

4.掌握绩效技术、知识管理和课程开发的基本知识。

（二）基本技能

1.掌握信息检索、加工与利用的方法。

2.掌握资源管理、过程管理和项目管理的方法。

3.掌握教学媒体、教学资源、教学过程与教学效果的评价方法。

4.掌握课程规划、设计、开发、实施与评价的方法。

三、应用与创新

（一）决策与规划

1.制定并实施教育技术应用计划以及应用技术来促进教育教学改革的条例与法规。

2.能够根据地区特点和实际教育状况,宏观调配学习资源,规划和设计教育系统。

3.能够有效应用信息技术和统计数据辅助决策过程。

(二)组织与运用

1.能组织与协调各种资源,保证教育技术应用计划的贯彻和执行。

2.能组织与协调各种资源,促进信息化学习环境的创建。

3.能组织与协调各种资源,支持信息化的教学活动。

4.能运用技术辅助教学组织和教学实施。

(三)评估与发展

1.能使用多种方法对教师和管理人员的教育技术应用效果进行评价。

2.能运用技术辅助对管理体制和运行机制进行评价。

3.能采取多种措施推动技术体系的不断改进,支持技术的周期性更新。

4.能充分利用技术手段为教师、学生和管理者的发展提供更多机会。

5.能充分运用技术改善教育教学条件,并为教师提供教育技术培训的机会。

(四)合作与交流

1.能利用技术与教学人员就教学工作进行交流。

2.能利用技术与技术人员就学习支持与服务进行交流。

3.能利用技术与家长及学生就学生发展与成长进行交流。

4.能利用技术与同事就管理工作进行合作与交流。

四、社会责任

(一)公平利用能够在管理制度上保障所有的教师和学生均能利用学习资源得到良好发展。

(二)有效应用

1.能够促进学习资源的应用潜能得到最大化的发挥。

2.能够促进技术应用达到预期效果。

(三)安全使用

1.能确保技术环境的安全性。

2.能提高技术应用的安全性。

(四)规范行为

1.努力加强信息道德的宣传与教育。

2.努力规范技术应用的行为与言论。

3.具有技术环境下知识产权保护的意识,并能够以实际行动维护这种知识产权。

第三部分 技术人员教育技术能力标准

一、意识与态度

(一)重要性的认识

1.能够认识到教育技术的有效应用对于推进教育信息化、促进教育改革和实施国家课程标准的重要作用。

2.能够认识到教育技术应用能力是教师专业素质的重要组成部分。

3.能够认识到教育技术的有效应用对于优化教学过程、培养创新型人才的重要作用。

(二)应用意识

1.具有研究与推进信息技术与课程整合的意识。

2.具有利用技术不断优化学习资源和学习环境的意识。

3.具有积极辅助与支持教学人员和管理人员应用教育技术的意识。

4.具有不断尝试应用新技术并探索其应用潜力的意识。

(三)评价与反思

1.具有对技术及应用方案进行选择和评价的意识。

2.具有对技术开发进行评价与反思的意识。

3.具有对技术支持进行评价与反思的意识。

4.具有对教学资源管理进行评价与反思的意识。

(四)终身学习

1. 具有积极学习新知识与新技术以提高业务水平的意识。

2. 具有利用教育技术进行终身学习以不断提高个人素质的意识。

二、知识与技能

(一)基本知识

1. 了解教育思想、观念和技术的发展趋势。

2. 了解教育技术的基本概念和应用范畴。

3. 掌握现代教学媒体特别是计算机与网络通信的原理与应用。

（二）基本技能

1. 掌握信息检索、加工与利用的方法。

2. 了解教学系统设计与开发的方法。

3.掌握教学媒体的设计与开发的技术。

4. 掌握教学媒体的维护与管理的方法。

5. 掌握学习资源维护与管理的方法。

6. 掌握对教学媒体、学习资源的评价方法。

三、应用与创新

（一）设计与开发

1. 参与本单位教育信息化建设方案的整体规划与设计。

2. 能够设计与开发本单位的信息化学习环境。

3. 能够收集、整理已有学习资源并设计与开发符合教学需要的学习资源。

（二）应用与管理

1. 能够为教学人员的教学和科研工作提供技术支持与服务。

2. 能够为管理人员的管理和评估工作提供技术支持与服务。

3. 能够对学习资源与学习环境的使用进行有效的管理与维护。

（三）评估与发展

1. 能够对学习资源和学习环境的开发与应用效果进行评估，并提出发展建议。

2. 能够对自身的技术服务和管理工作进行评估，并反省自身的技术服务和业务水平。

3. 能够参与本校教师教育技术应用效果的评估工作，并提出发展建议。

4. 能够参与制定本校教师教育技术培训方案并实施。

（四）合作与交流

1. 能利用技术与教师就教育技术在教学中的应用效果进行交流。

2. 能利用技术与管理人员进行交流。

3. 能利用技术与学生及家长进行交流。

4. 能利用技术与同行及技术专家进行交流。

四、社会责任

(一)公平利用能够通过有效的统筹安排保障所有的教师和学生均能利用学习资源得到良好发展。

(二)有效应用

1. 能不断加强信息资源的管理。

2. 能不断提高教育技术应用的有效性。

(三)安全使用

1. 努力提高技术应用环境的信息安全。

2. 能为教师和学生提供安全、可靠的技术服务。

(四)规范行为

1. 努力加强技术环境下信息资源的规范管理。

2. 努力规范技术应用的行为方式。

术语与定义:

教育技术(Educational Technology)教育技术是指运用各种理论及技术,通过对教与学过程及相关资源的设计、开发、利用、管理和评价,实现教育教学优化的理论与实践。

教学系统(Instructional System)教学系统是教育系统的子系统,是指为了实现某种教学目的、由各教学要素有机结合而成的具有一定教学功能的整体。

教学设计(Instructional Design)教学设计又称为教学系统设计(Instructional System Design),是指主要依据教学理论、学习理论和传播理论,运用系统科学的方法,对教学目标、教学内容、教学媒体、教学策略、教学评价等教学要素和教学环节进行分析、计划并作出具体安排的过程。

信息(Information)信息是人、生物和自动机等控制系统所接收和加工的事物属性或运动状态。在教育教学领域有表示教学内容的信息、描述师生特征的信息、反映教学动态过程的信息等等。

信息资源(Information Resources)信息资源是指以文字、图形、图像、声音、动画和视像等形式储存在一定的载体上并可供利用的信息。

信息技术(Information Technology)信息技术是指能够支持信息的获取、传递、加工、存储和呈现的一类技术。其中,应用在教育领域中的信息技术主要包括电子音像技术、卫星电视广播技术、多媒体计算机技术、人工智能技术、网络通信技术、仿真技术和虚拟现实技术等。

教育信息化(Educational Informationization)教育信息化是指在教育教学的各个领域中,积极开发并充分应用信息技术和信息资源,促进教育现代化,以培养满足社会需求人才的过程。

信息道德(Information Morality)信息道德是指在信息领域中用以规范人们相互关系的思想观念与行为准则。

信息安全(Information Security)信息安全是指个人、组织和国家在信息领域的利益保护状态。它涉及到信息的保密性、完整性、可用性和可控性。

信息技术与课程整合(Integrating Information Technology into Curriculum)信息技术与课程整合是指在学科教学过程中把信息技术、信息资源和课程有机结合,建构有效的教学方式,促进教学的最优化。

学习资源(Learning Resources)学习资源是指在学习过程中可被学习者利用的一切人力与非人力资源,主要包括信息、资料、设备、人员、场所等。在课堂教学中所利用的学习资源也称教学资源。

教师专业化(Teacher Professionalization)教师专业化是指教师在整个职业生涯中,通过专门训练和终身学习,逐步习得教育专业的知识与技能并在教育专业实践中不断提高自身的从教素质,从而成为一名合格的专业教育工作者的过程。

终身学习(Lifelong Learning)终身学习是指社会每个成员为适应社会发展和实现个体发展的需要,贯穿于人的一生的,持续的学习过程。

教学媒体(Instructional Media)媒体是指承载、加工和传递信息的介质或工具。当某一媒体被用于教学目的时,则被称为教学媒体。

教学资源管理(Instructional Resources Management)教学资源管理是指通过对教学资源的计划、组织、协调和评价,以实现既定教学目标的活动过程。教学资源管理包括硬件资源的管理和软件资源的管理。

项目管理(Project Management)项目是指致力于完成具有独特性的产品或服务的一次性工作。学校教育中的项目管理,是指对学校特定教育教学项目的计划、组织、监督与调控。项目管理在学校教育中主要应用于教学系统设计、教学资源开发、教育技术应用和教育改革实验等开发项目与研究课题中。

教学过程管理(Process Management)教学过程是教学活动展开的过程。教学过程管理就是对这一过程所涉及的各种要素及活动的管理。

学习环境(Learning Environment)学习环境是指直接或间接影响个体及群体学习的全部外在因素。在学校教育中,学习环境主要包括校园、教室、图书馆、实验室和教学软件平台、学习工具、各种学习资源等硬软件物质条件,以及校风、学风、校园文化等精神因素。此外,家庭和社区通常被认为是学生的校外学习环境。

绩效技术(Performance Technology)绩效是指人们在工作场所中通过一定的活动完成任务所形成的业绩或成果。绩效技术是指应用系统方法,通过对目标和行为的分析、设计、开发、实施、管理和评价,以达到工作业绩最大化的技术。

知识管理(Knowledge Management)知识管理是指利用适当的技术、方法和机制来促进知识的有效生成、传播和利用的过程。

课程开发(Curriculum Development)课程开发是指通过需求分析确定课程目标,再根据这一目标选择某一个学科(或多个学科)的教学内容和相关教学活动进行计划、组织、实施、评价、修订,以最终达到课程目标的整个工作过程。

二、所罗门学习风格量表

所罗门(Barbara A. Soloman)从信息加工、感知、输入、理解四个方面将学习风格分为4组对8种类型,它们是:活跃型与沉思型、感悟型与直觉型、视觉型与言语型、序列型与综合型。你属于什么样的学习风格?不妨利用下面的自测问卷表和分析表来测试一下。

所罗门学习风格自测问卷表

1. 为了较好地理解某些事物,我首先
   (a) 试试看。
   (b) 深思熟虑。
2. 我办事喜欢
   (a) 讲究实际。
   (b) 标新立异。
3. 当我回想以前做过的事,我的脑海中大多会出现
   (a) 一幅画面。
   (b) 一些话语。
4. 我往往会
   (a) 明了事物的细节但不明其总体结构。
   (b) 明了事物的总体结构但不明其细节。
5. 在学习某些东西时,我不禁会
   (a) 谈论它。
   (b) 思考它。
6. 如何我是一名教师,我比较喜欢教
   (a) 关于事实和实际情况的课程。
   (b) 关于思想和理论方面的课程。
7. 我比较偏爱的获取新信息的媒体是
   (a) 图画、图解、图形及图象。
   (b) 书面指导和言语信息。
8. 一旦我了解了
   (a) 事物的所有部分,我就能把握其整体。
   (b) 事物的整体,我就知道其构成部分。
9. 在学习小组中遇到难题时,我通常会
   (a) 挺身而出,畅所欲言。
   (b) 往后退让,倾听意见。
10. 我发现比较容易学习的是

23. 当要我到一个新的地方去时,我喜欢
   (a) 要一幅地图。
   (b) 要书面指南。
24. 我学习时
   (a) 总是按部就班,我相信只要努力,终有所得。
   (b) 我有时完全糊涂,然后恍然大悟。
25. 我办事时喜欢
   (a) 试试看。
   (b) 想好再做。
26. 当我阅读趣闻时,我喜欢作者
   (a) 以开门见山的方式叙述。
   (b) 以新颖有趣的方式叙述。
27. 当我在上课时看到一幅图,我通常会清晰地记着
   (a) 那幅图。
   (b) 教师对那幅图的解说。
28. 当我思考一大段信息资料时,我通常
   (a) 注意细节而忽视概貌。
   (b) 先了解概貌而后深入细节。
29. 我最容易记住
   (a) 我做过的事。
   (b) 我想过的许多事。
30. 当我执行一项任务是,我喜欢
   (a) 掌握一种方法。
   (b) 想出多种方法。
31. 当有人向我展示资料时,我喜欢
   (a) 图表。
   (b) 概括其结果的文字。

(a) 事实性内容。
(b) 概念性内容。

11. 在阅读一本带有许多插图的书时，我一般会

(a) 仔细观察插图。
(b) 集中注意文字。

12. 当我解决数学题时，我常常
(a) 思考如何一步一步求解。
(b) 先看解答，然后设法得出解题步骤。

13. 在我修课的班级中，
(a) 我通常结识许多同学。
(b) 我认识的同学寥寥无几。

14. 在阅读非小说类作品时，我偏爱
(a) 那些能告诉我新事实和教我怎么做的东西。
(b) 那些能启发我思考的东西。

15. 我喜欢的教师是
(a) 在黑板上画许多图解的人。
(b) 花许多时间讲解的人。

16. 当我在分析故事或小说时，
(a) 我想到各种情节并试图把他们结合起来去构想主题。
(b) 当我读完时只知道主题是什么，然后我得回头去寻找有关情节。

17. 当我做家庭作业时，我比较喜欢
(a) 一开始就立即做解答。
(b) 首先设法理解题意。

18. 我比较喜欢
(a) 确定性的想法。
(b) 推论性的想法。

19. 我记得最牢是
(a) 看到的东西。
(b) 听到的东西。

20. 我特别喜欢教师
(a) 向我条理分明地呈示材料。
(b) 先给我一个概貌，再将材料与其他论题相联系。

21. 我喜欢
(a) 在小组中学习。
(b) 独自学习。

22. 我更喜欢被认为是：

32. 当我写文章时，我通常
(a) 先思考和着手写文章的开头，然后循序渐进。
(b) 先思考和写作文章的不同部分，然后加以整理。

33. 当我必须参加小组合作课题时，我要
(a) 大家首先“集思广益”，人人贡献主意。
(b) 各人分头思考，然后集中起来比较各种想法。

34. 当我要赞扬他人时，我说他是
(a) 很敏感的。
(b) 想象力丰富的。

35. 当我在聚会时与人见过面，我通常会记得
(a) 他们的模样。
(b) 他们的自我介绍。

36. 当我学习新的科目时，我喜欢
(a) 全力以赴，尽量学得多学得好。
(b) 试图建立该科目与其他有关科目的联系。

37. 我通常被他人认为是
(a) 外向的。
(b) 保守的。

38. 我喜欢的课程内容主要是
(a) 具体材料(事实、数据)。
(b) 抽象材料 (概念、理论)。

39. 在娱乐方面，我喜欢
(a) 看电视。
(b) 看书。

40. 有些教师讲课时先给出一个提纲，这种提纲对我
(a) 有所帮助。
(b) 很有帮助。

41. 我认为只给合作的群体打一个分数的想法
(a) 吸引我。
(b) 不吸引我。

42. 当我长时间地从事计算工作时
(a) 我喜欢重复我的步骤并仔细地检查我的工作。
(b) 我认为检查工作非常无聊，我是在逼迫自己这么干。

43. 我能画下我去过的地方

(a) 对工作细节很仔细。 (b)对工作很有创造力。	(a) 很容易且相当精确。 (b) 很困难且没有许多细节。 44. 当在小组中解决问题时，我更可能是 (a) 思考解决问题的步骤。 (b) 思考可能的结果及其在更广泛的领域内的应用

所罗门学习风格分析表

活跃型 / 沉思型			感悟型 / 直觉型			视觉型 / 言语型			序列型 / 综合型		
问题	a	b	问题	a	b	问题	a	b	问题	a	b
1			2			3			4		
5			6			7			8		
9			10			11			12		
13			14			15			16		
17			18			19			20		
21			22			23			24		
25			26			27			28		
29			30			31			32		
33			34			35			36		
37			38			39			40		
41			42			43			44		
总计			总计			总计			总计		
(较大数 – 较小数)+ 较大数的字母											

1. 在下表适当的地方填上“1”（例：如果你第 3 题的答案为 a，在第 3 题的 a 栏填上“1”；如果你第 15 题的答案为 b，在第 15 题的 b 栏填上“1”）。

2. 计算每一列总数并填在总计栏地方。

3. 这 4 个量表中每一个，用较大的总数减去较小的总数，记下差值(1 到 11)和字母(a 或 b)。例如：在“活跃型 / 沉思型”中，你有 4 个“a”和 7 个“b”，你就在那一栏的最后一行写上“3b”(3 = 7–4，并且因为 b 在两者中最大)；又如若你在“感悟型 / 直觉型”中，你有 8 个“a”和 3 个“b”，则在最后一栏记上“5a”。

解释：每一种量表的取值可能为 11a、9a、7a、5a、3a、a、11b、9b、7b、5b、

3b、b 中的一种。其中字母代表学习风格的类型不同,数字代表程度的差异。若得到字母“a”,表示属于前者学习风格,且“a”前的系数越大,表明程度越强烈;若得到字母“b”,表示属于后者学习风格,且“b”前的系数越大,同样表明程度越强烈。例如:在活跃型/沉思型量表中得到“9a”,表明测试者属于活跃型的学习风格,且程度很强烈;如果得到“5b”,则表明测试者属于沉思型的学习风格,且程度一般。在视觉型/言语型量表中得到“a”,表明测试者属于视觉型的学习风格,且程度非常弱;如果得到“3b”,则表明测试者属于言语型的学习风格,且程度较弱。

三、脚本设计的范例《I’m more outgoing than my sister》

课件名称	Unit 6 I'm more outgoing than my sister.		适用年级	8 年级	学科	English
脚本教师	姓名		所属学校			
编写时间	2008-10-15		集成平台	powerpoint		

Unit 6 I'm more outgoing than my sister.	主页面
GAMES	场景一
CONVERSATION	场景二
GRAMMAR	场景三
MOVIE	场景四

场景序号	场景描述	参照素材	备注
主页面	1. 标题：Unit 6 I'm more outgoing than my sister. 居顶部中间。 标题下方居中注明 Section A 2. 四个场景名称放在首页突出位置，要有矩形反应区； 3. 选一个漂亮的图片做为背景。 4. 将提供的素材 dogandcat.gif 放在主页面的左边. 5. 主场景上只需要退出按钮，位于左下角或右下角。 6. 如果有合适的背景音乐，可以加上，但必须设置音乐控制按钮。	dogandcat.gif	
场景一 GAMES	1. 仿照动画 game.exe 的制作方式和排版位置，但内容要全部更换为： taller shorter thinner heavier longer hair shorter hair calmer wilder 2. 上面的单词末尾的 er 或 ier 或 ner 应该用红色或其它颜色突出显示。 3. 单词上方的图片已在素材库中给出，需要的单词和图片应该对应，对应的图片已给出相应的文件名。 4. 当拖动右边的单词到左边横线上时，横线上应该给出合适的矩形反应区。 5. 右边的单词也应该设置矩形反应区，即当鼠标放在单词的字母之间的空白处也能拖动。 6. 当拖放单词到场景的横线上的反应区内，如果正确，给出奖励，如在屏幕上显示一两秒钟的红花，并在返回后，让该单词保留在原先的横线上；如果错误，给出表情，如果错误，也应该给出相应的错误表情提示两秒钟。并让拖动的单词返回原来的地方。 7. 此场景中应设置返回主页在按钮，与“清除”按钮，当点击“返回”时，返回到主页面。当点击“清除”时，将此场景中还原来初始状态，即未回答任何提的状态。 此场景还应该给出标题在上方，标题为“Drog and Drop”	动画 game.exe 图片： heavy.gif talland short.gif thin.gif calm.jpg long hair.jpg short hair.jpg wild.jpg	
场景二 CONVER- SATION	1. 图片 unit 6.jpg 插入此场景首页中，如可以，可将此图片的部分地方设置动画，使场景看上去美观一些。 2. 场景中设置声音图标或声音按钮，当鼠标放上去时，在按钮上方处提示“Play”，点击此图标或按钮时，播放录音文件 1b.wav. 并再设置一个眼睛按钮或其它任意按钮形状，当点击声音按钮前，此按钮显灰色，为不可用。当点击声音按钮后，即在播放录音过程中，此按钮为活动状态，当鼠标放上去时，提示“View or Hide the Sentence”，当点击时，显示或隐藏听力原文。	unit 6.jpg 1b.wav	

	3. 在场景中画两个孩子，所有的听力内容由这两个孩子说出来。 4. 当在播放录音文件时，在场景的某一适当位置依次打出字幕。字幕内容在文件“录音原文. txt 文件中。”	录音原文.txt	
场景三 GRAMMAR	1. 选择一个合适的背景，然后做两个按钮，一个按钮叫“文字版”；另一个按钮叫“动画版”；两个按钮都设置矩形反应区，另外再设计返回主页面按钮。点击不同的按钮，跳转到不同的内容，详情见下面说明。 2. “文字版”，点击后页面显示内容参考 word 文件“形容词比较级.doc”，其中设置相应按钮进行翻页。并在此场景中设置返回场景三首页按钮。 3. “动画版”，参考动画文件“形容词比较级.swf”中的大部分内容。首先应该将里面的英文翻译内容由繁体字全部改为简体中文，宋体。 然后，将打开动画时的那个载入内容去掉，再把最后的“即时练习”“查看对话”那个页面去掉。 也要设置播放，暂停，停止，快进，快退和返回按钮。	Word 文件：形容词比较级.doc 动画：形容词比较级.swf	
场景四 Movie	1. 参考视频 6a.mpg，仿照此视频中的猫和老鼠部分，做一个动画。 2. 动画中的场景内容和视频素材内容相同或相近。 3. 声音文件就用此视频中的声音文件。 4. 放置播放，暂停，停止和返回主页面按钮。	视频 music.asf	

参考文献

[1]张剑平主编.现代教育技术——理论与应用[M]. 北京:高等教育出版社,2003.

[2]伊俊华主编.教育技术学导论[M]. 北京:高等教育出版社,2002.

[3]祝智庭主编.现代教育技术——走进信息化教育[M]. 北京:高等教育出版社,2001.

[4]李克东. 新编现代教育技术基础[M]. 上海:华东师范大学出版社,2002.

[5]张舒予主编.现代教育技术学[M]. 合肥:安徽人民出版社,2003.

[6]袁晓斌主编.现代教育技术——理论与实践[M]. 合肥:安徽人民出版社,2005.

[7]祝智庭主编.全国中小学教师教育技术培训教程(教学人员版初级)[M].北京:北京师范大学出版社,2006.

[8]何克抗主编.教育技术培训教程(教学人员?初级)[M]. 北京:高等教育出版社,2008.

[9]胡来林等.现代化教育技术——面向信息化的教师专业发展[M]. 北京:电子工业出版社,2007.

[10]梁斌等.多媒体课件设计与制作[M].北京:国防工业出版社,2006.

[11]李运林,徐福荫编著.教学媒体的理论与实践[M]. 北京:北京师范大学出版社,2003.

[12]符绍宏等.因特网信息资源检索与利用[M]. 北京:清华大学出版社,2000.

[13]何克抗,郑永柏,谢幼如编著.教学系统设计[M]. 北京:北京师范大学出版社,2003.

[14]R·M·加涅等. 教学设计原理 [M]. 上海: 华东师范大学出版社,

1999.

[15]加里·鲍里奇.有效学习方法(第四版)[M].南京:江苏教育出版社,2002.

[16]闫寒冰.学习过程设计——信息技术与课程整合的视角[M].北京:教育科学出版社,2005.

[17]张豪锋,孔凡士主编.教育信息化评价[M].北京:电子工业出版社,2005.

[18]汪可,闫晶,张明真编著.Adobe Photoshop CS2 标准培训教材[M].北京:人民邮电出版社,2006.

[19]胡海,赵育山,乔奇臻编著.Adobe Flash CS3 标准培训教材[M].北京:人民邮电出版社,2006.

[20]兴图科技产品研发中心编著.网页设计基础与上机实训[M].南京:南京大学出版社,2006.

[21]Adele Droblas,Seth Greenberg 著.Premiere Pro CS3 宝典 [M].北京:人民邮电出版社,2008.

[22]李葆萍,王迎,鞠慧敏.信息技术教育应用[M]. 北京:人民邮电出版社,2004.

[23]余胜泉,吴娟.信息技术与课程整合——网络时代的教学模式与方法[M]. 上海教育出版社,2005.

[24]张建伟,孙燕青. 建构性学习[M]. 上海: 上海教育出版社, 2005.

[25]孙杰远. 信息技术与课程整合[M]. 北京:北京大学出版社,2002.

[26]谢幼如. 信息技术与小学课程整合[M]. 北京:高等教育出版社,2007.

[27]美国国际教育技术协会项目组编写, 祝智庭、刘雍潜、黎加厚等译.《美国国家教育技术标准 -- 课程与技术整合》[M].北京:中央广播电视大学出版社,2003.

[28]雷钢.从 AECT 定义演变看教育技术发展趋势[J].中国电化教育,2008,(12):13-15.

[29]高利明,朱本军.技术支持下的有效学习——从 AECT04 定义谈起[J].电化教育研究,2005,5:3-8.

[30]黎加厚.2005AECT 教育技术定义:讨论与批判[J].现代远程教育研究,2005,1:11-16.

[31]彭绍东.AECT 教育技术新定义的解读与启示[N].中国教育报,2004-9-27.

[32] 胡根林. 中美教师教育技术标准之比较 [J]. 中国电化教育,2006,6:92-96.

[33]教育部关于印发《中小学教师教育技术能力标准(试行)》的通知[EB/OL]. http://www. moe.edu.cn /edoas/website18/95/info13495.htm,2008-3-25.

[34]教育部关于启动实施全国中小学教师教育技术能力建设计划的通知[EB/OL].

http://www.moe.edu.cn/edoas/website18/83/info13483.htm,2007-12-20.

[35]何克抗.《标准》的主要内容及其实施[J].中国教师,2005,3:16-19.

[36]何克抗.关于《中小学教师教育技术能力标准》[J].电化教育研究,2005,4:37-40.

[37]何克抗.正确理解"中小学教师教育技术能力培训"的目的、意义及内涵[J].中国电化教育,2006,11:20-21.

[38]黄荣怀,刘雍潜,张进宝.《标准》制定的背景[J]..中国教师,2008,(3):9-12.

[39]黄荣怀,张进宝.关于《中小学教师教育技术能力(试行)》的对话[J].信息技术教育,2005,(3):22-25.

[40]邱婧玲.行为主义学习理论对现代学习的启示与指导[J].软件导刊,2006,(16):6-7.

[41]叶增编.建构主义学习理论与行为主义、认知主义关键特征之比较[J].现代远程教育研究,2006,(3):64-66.

[42] [美]Peggy A.Ertmer, Timthy J.New by 著,盛群力译.行为主义、认知主义和建构主义(上)——从教学设计的视角比较其关键特征[J].电化教育研究,2004,(3):34-37.

[43] [美]Peggy A.Ertmer, Timthy J.New by 著,盛群力译.行为主义、认

知主义和建构主义(下)——从教学设计的视角比较其关键特征[J].电化教育研究,2004,(4):27-31.

[44] 何克抗. 建构主义——革新传统教学的理论基础[EB/OL].http://www.jswl.cn/course/kczh/IT/IIS/llxx/theory/zt1/zt1.htm,2009-7-1.

[45]赵强.传播理论在现代远程教育过程中的应用[J].现代教育技术,2008,18(13):29-31.

[46]柳栋译.什么是 WebQuest?[EB/OL].

http://www.being.org.cn/webquest/whatarewebquests.htm,2009-5-10.

[47]张来春.WebQuest——探究式学习的一种形式[EB/OL].

http://www.being.org.cn/webquest/tjwq.htm,2009-5-10.

[48]秦卫东.WebQuests:因特网环境下的研究性学习[EB/OL].

http://www.being.org.cn/webquest/nr.htm,2009-5-10.

[49]曾祥霖,张绍文.论信息技术与课程整合的内涵、层次和基础[J].电化教育研究,2006,(1):50-54.

[50]黄甫全.试论信息技术与课程整合的实质及基本原理[J].教育研究,2002,(10):36-41.

[51]李克东.数字化学习(上)——信息技术与课程整合的核心[J].电化教育研究,2001,(8):46-49.

[52]李克东.数字化学习(下)——信息技术与课程整合的核心[J].电化教育研究,2001,(9):18-22.

[53]马宁,余胜泉.信息技术与课程整合的层次[J].中国电化教育,2002,(1):9-13.

[54]唐文和,刘向永,徐万胥.信息技术与课程整合的内涵[J].中国远程教育,2003,(5):54-55+58.

[55]何克抗,吴娟.信息技术与课程整合的教学模式研究之一——教学模式的内涵及分类[J].现代教育技术,2008,18(7):5-8.

[56]何克抗,吴娟.信息技术与课程整合的教学模式研究之二——“传递—接受”教学模式[J].现代教育技术,2008,18(8):8-13.

[57]何克抗,吴娟.信息技术与课程整合的教学模式研究之三——“探究性”教学模式[J].现代教育技术,2008,18(9):5-10+27.

[58]何克抗,吴娟.信息技术与课程整合的教学模式研究之四——“研究性学习”教学模式[J].现代教育技术,2008,18(10):8-14.

[59]何克抗,曹晓明.信息技术与课程整合的教学模式研究之五——“WebQuest”教学模式[J].现代教育技术,2008,18(11):5-12.

[60]何克抗,刘春萱.信息技术与课程整合的教学模式研究之六——“适时教学(JiTT)”模式[J].现代教育技术,2008,18(12):9-13.

[61]赵文龙,盘俊春.信息技术与高中数学新课程整合的模式与方法初探[J].中国现代教育装备,2007,7.

[62]俞伽. 对信息技术与课程整合的再认识[J]. 中小学信息技术教育,2008,9.

[63]李芒. 论信息技术与课程整合的含义、意义及原则[J]. 电化教育研究,2006,6.

[64]李龙. 信息技术与课程整合的理论和方法[J]. 电化教育研究,2007,5.

[65]何克抗. 信息技术与课程整合的目标与意义[J]. 教育研究,2002,4:39-43.

[66] 何克抗. E-learning 的本质——信息技术与学科课程的整合[J]. 电化教育研究,2002,1:3-6.

[67]刘晓莹. 信息技术与课程整合的研究现状与趋势分析[J]. 电化教育研究,2007,4.